AF723575

natürlich oekom!

Mit diesem Buch halten Sie ein echtes Stück Nachhaltigkeit in den Händen. Durch Ihren Kauf unterstützen Sie eine Produktion mit hohen ökologischen Ansprüchen:

- 100 % Recyclingpapier
- mineralölfreie Druckfarben
- Verzicht auf Plastikfolie
- Kompensation aller CO_2-Emissionen
- kurze Transportwege – in Deutschland gedruckt

Weitere Informationen unter www.natürlich-oekom.de und #natürlichoekom

natürlich oekom · nachhaltig seit 1989

Bibliografische Information der Deutschen Nationalbibliothek:
Die Deutsche Nationalbibliothek verzeichnet diese Publikation in der Deutschen Nationalbibliografie; detaillierte bibliografische Daten sind im Internet über www.dnb.de abrufbar.

Deutsche Erstausgabe

Gesellschaft für ökologische Kommunikation mbH
Waltherstraße 29, 80337 München

ISBN 978-3-96238-414-2
Korrektorat: Maike Specht
Druck: Friedrich Pustet GmbH & Co. KG

FSC www.fsc.org RECYCLED Papier aus Recyclingmaterial FSC® C014889

Reinhard Schneider

DIE ABLENKUNGS FALLE

Die versteckten Tricks der Ökologie-Bremser

Wie wir unsere Umwelt nicht länger aufs Spiel setzen

oekom

Inhalt

Danksagung

Auch wenn ein Thema in einem bereits lange »gearbeitet« hat – ein Buch darüber zu schreiben ist eine ganz andere Sache. Ich möchte an dieser Stelle vor allem meiner Frau für ihre große Geduld und manche Aufmunterung in heiklen Phasen meines Buchprojektes danken.

Für die vielen hilfreichen Einblicke und den Austausch insbesondere zu Konzepten der Psychologie und unserer Mediengesellschaft danke ich Prof. Dr. Jo Groebel. Auch bei Dr. Uwe Stilkenböhmer möchte ich mich für aufschlussreiche Gespräche zum Thema Patentrecht herzlich bedanken.

Ein ganz besonderer Dank gilt all meinen Mitarbeiterinnen und Mitarbeitern, die täglich viel dazu beitragen, unseren Frosch zu weit mehr als einem Amphibium zu machen!

Für Conny, Leonie und Kai

Kapitel 1

Mein Ausgangspunkt

»Wir sind nicht nur verantwortlich für das, was wir tun, sondern auch für das, was wir nicht tun.«

Molière

Wie kann es sein, dass rund die Hälfte der deutschen Managerinnen und Manager* Nachhaltigkeit nur als eine Art »Imageaufhübschung« betrachtet und sogar in einer Umfrage zugibt, in den Produktionsprozessen nichts davon umzusetzen, sondern die Zuständigkeit ausschließlich in den Kommunikations- und PR-Abteilungen sieht!

Dies berichtete die *Frankfurter Allgemeine Zeitung* und das *Handelsblatt* zu einer Befragung unter Führungskräften durch die Personalberatung Russell Reynolds aus dem Jahr 2022. 46 Prozent der dort interviewten Führungskräfte nehmen Nachhaltigkeit nicht ernst. Wenn überhaupt, geht es ihnen um das Image und den PR-Vorteil gegenüber Wettbewerbern, nicht um den Umweltschutz als fundamentalen Bestandteil der Firmenstrategie aus Überzeugung.

Wie kann das sein? Wie können gebildeten Menschen, die es eigentlich besser wissen müssten und denen ihre Rolle als Entscheidungsträger sicherlich bewusst ist, die dramatischen Folgen von Klimawandel und Umweltverschmutzung für unseren Planeten so egal sein? Ich war überrascht über diese Zahl, die

* Ein Hinweis zur Sprache: Ich verwende in diesem Buch abwechselnd die männliche und die weibliche Form. Alle Geschlechter seien dabei immer mitgemeint.

in Wirklichkeit wahrscheinlich noch höher ist – man kennt aus der empirischen Forschung selbst bei anonymen Umfragen ja das Wirken sozial erwünschter Antworten. War dies nur ein begrenzter Befund, eine schräge Momentaufnahme, oder muss man von einer viel größeren Tendenz bei einem einflussreichen Teil unserer Gesellschaft ausgehen? Und falls ja, welche Erklärungen gibt es für eine solche Ignoranz an der Spitze, wo doch die Notwendigkeit zur ökologischen Transformation schon längst Common Sense zu sein scheint?

Viele, sehr viele derartige Fragen hatten mich schon länger beschäftigt, sodass die Neugier über mögliche Ursachen, Zusammenhänge und Lösungsmöglichkeiten die Grundidee zu diesem Buch ergab: Ich wollte der Sache einmal systematisch auf den Grund gehen. Zunächst unvoreingenommen schauen, ob und wo es mehr Indikatoren für solch fatale Phänomene gibt. Aber ebenso, wie man so einer Entwicklung auf breiterer Ebene gegensteuern kann. Immerhin verfolgen wir in unserem Unternehmen Werner und Mertz mit der Marke Frosch schon seit Jahrzehnten nachhaltige Strategien aus Überzeugung und sind damit auch ökonomisch durchaus erfolgreich. Warum denken und handeln andere oft so grundlegend anders?

Ich sammelte also Indikatoren für beides: für die Dynamiken der Abwehr gegen jede systematische Nachhaltigkeit und die Interessen, die dem zugrunde liegen könnten. Aber ebenso für die Möglichkeiten, Firmenchefinnen zu umweltbewussterem Denken und Handeln zu bewegen. Daraus begann ich Konsequenzen abzuleiten, die möglicherweise geeignet sind, sich auch in anderen Teilen der Gesellschaft praktisch niederzuschlagen, in der Politik, bei den Bürgern und Bürgerinnen, in den Medien.

Ich machte nicht nur rosige Erfahrungen bei dem Versuch, andere Unternehmen von deutlich mehr Umweltschutz zu überzeugen. Auch meine Recherchen in Studien und Medienberichten offenbarten, dass diejenigen, die echte Nachhaltigkeit umsetzen, überall auf der Welt systematisch behindert werden. Besonders drastisch zeigte sich dies, als Ende 2022 die Weltklimakonferenz in Ägypten krachend scheiterte. Beobachter berichteten von einer fatalen Verbindung aus staatlichen und privatwirtschaftlichen Aktionen – insbesondere die Fossilindustrie spielte hier ein ungutes Spiel. UNO-Generalsekretär António Guterres bewegte das zu der Forderung: »Die Interessenvertreter fossiler Brennstoffe sollten weniger Zeit und Geld investieren, um PR-Desaster zu verhindern, und mehr, um ein planetares Desaster zu verhindern.«[1] Das bringt es auf den Punkt. Es ist zugleich ein guter Leitgedanke für mein Denken und Handeln und für ein dringliches Plädoyer an alle aus Wirtschaft, Politik und der Gesellschaft insgesamt, funktionierende Mechanismen für mehr Nachhaltigkeit wie die Kreislaufwirtschaft umzusetzen und damit konstruktive Umweltfakten zu schaffen, statt nur PR-Tricks einzusetzen. Ich habe nichts gegen Öffentlichkeitsarbeit und werbende Kommunikation, aber sie sollten auf tatsächlichem Handeln zum Nutzen der Allgemeinheit und der Welt basieren.

Zu meinem Metier gehört, für die Verpackung unserer Produkte, das Thema Plastikverwertung. Daran sind fossile Stoffe und ihre Verarbeitung beteiligt. Damit wir aber keinen ständigen Nachschub solcher umweltschädlichen Rohmaterialien benötigen, setzen wir auf Kreislaufwirtschaft. Sie ist eines der zentralen Themen dieses Buches. Nur mit einer funktionierenden Kreislaufwirtschaft können wir uns aus den Zwängen des fossilen Geschäftsmodells und der Ressourcenverschwendung lösen.

Den Öl- und Gasproduzenten und benachbarten Branchen gefällt eine solche Entwicklung naturgemäß weniger, denn für sie stehen dabei gigantische Profite auf dem Spiel, die diese Unternehmen sicherlich ungern preisgeben. Mit welchen Strategien sie gegen den wachsenden Erfolg nachhaltiger Energiegewinnung und schonender Materialproduktion vorgehen, um ihr Geschäftsmodell aufrechtzuerhalten, fand ich besonders spannend. Guterres benannte dies in seinem Kommentar zum Weltklimagipfel in Ägypten unverhohlen: »Die fossile Brennstoffindustrie tut sich an Hunderten Milliarden Dollar Subventionen und Übergewinnen gütlich, während die Haushaltseinkommen schrumpfen und der Planet brennt.«[2] Ein anderer Kommentar wagte sogar den Vergleich, die Fossilkonzerne verhielten sich wie rücksichtslose Psychopathen. Starker Tobak. Sind solche Begriffe aus der Kiste der Psychologie wirklich gerechtfertigt?

Eines sei vorweg schon mal gesagt: Es geht in diesem Buch leider nicht nur um rücksichtslose Machenschaften einschlägig verdächtiger US-amerikanischer Großunternehmen. Die deutsche und europäische Wirtschaft muss vor der eigenen Haustür kehren. Denn auf perfide Methoden, die Verbraucher vom Wesentlichen abzulenken und ihr grünes Gewissen vordergründig zu beruhigen, ohne wirklich nachhaltig zu sein, stieß ich bedauerlicherweise auch in unseren Breitengraden – nicht nur in der Fossilindustrie, sondern ebenso in anderen Branchen. Vielleicht nicht so unverhohlen, sondern etwas verschleierter, aber deshalb nicht weniger fatal. Diese Methoden gaben dem Buch schließlich seinen Titel: *Die Ablenkungsfalle.*

Aber noch mal einen Schritt zurück nach Übersee: Die US-amerikanischen Erdölkonzerne setzen – ähnlich der Tabak- und der Automobilindustrie in der Mitte des zwanzigsten Jahrhunderts – so ungefähr jeden miesen Trick ein, um keine Gewinneinbußen durch Gesetze, Regulierungen oder Imageeinbrüche zu erleiden. Dies geschieht vor allem durch massiven Lobbyeinfluss auf Abgeordnete und Regierungen, mit Arbeitsplatzargumenten oder schlicht Spenden und sonstigen Finanzzuwendungen. Mit Ablenkungsfallen wie lügnerischen Greenwashing-Kampagnen. Mit Verwirrungsstrategien wie eingekauften Forschungsergebnissen, die unabhängige Studien relativieren sollen, und vielem mehr.

Ein eklatantes Beispiel dazu berichtete die deutsche Tagesschau am 12. 1. 2023 unter Verweis auf einen zusammenfassenden Report der renommierten Wissenschaftszeitschrift *Science* vom Januar 2023. Unter der Überschrift »Schwere Vorwürfe gegen Exxon« hatte der Nachricht zufolge der Ölkonzern Exxon Mobil bereits seit den siebziger Jahren regelmäßig interne Klimafolgenforschung betreiben lassen. In einer Harvard-Analyse hatte sich gezeigt, dass an mehr als hundert Studien zum Klimawandel und den negativen Auswirkungen der fossilen Brennstoffe auf die Umwelt auch Exxon-Forscher beteiligt gewesen waren und diese sogar präzise Prognosen über die beschleunigte Erderwärmung abgegeben hatten. In den Folgejahrzehnten aber negierten die Unternehmens-CEOs diese Studien oder bezeichneten sie als rein 'ingenieurstechnisches Problem.

Der Wissenschaftsjournalist Christian Stöcker übertitelt einen Artikel zu derlei Machenschaften »Im Würgegriff der Feinde der Menschheit«.[3] Er spricht zu Recht von »Feinden der Menschheit«, auf Basis von Tatsachen, welche die nur noch als unanständig und skrupellos zu bezeichnenden Akteure ganz offen ankündigen und propagieren. Gestützt werden sie von einem Netzwerk aus Großunternehmen, politischen Parteien und willfährigen Gerichten. Das Verbrecherische lässt sich aus dem schließen, was dem Treiben dieses Netzwerkes zugrunde liegt. In den Worten Stöckers arbeitet es bewusst und sehenden Auges zugunsten kurzfristiger ökonomischer Vorteile am langfristigen Untergang der menschlichen Zivilisation.

Als ich mit dem Buch begann, entschied ich mich zu einer sachlichen Analyse, auch wenn mich das, was ich über die Motive und das Verhalten von Menschen in Unternehmen und Organisationen weiß, oft wütend macht. Geleitet haben mich dabei die Theorie der kognitiven Dissonanz und verwandte Konzepte. Danach reagieren wir Menschen vielfältig und manchmal geradezu unsinnig, wenn Wunsch und Wirklichkeit, soziale Normen und

Handlungsmöglichkeiten, als notwendig empfundenes Verhalten und emotionaler Impuls auseinanderklaffen. Diese psychologische Perspektive hilft, um zu verstehen, warum wir häufig aus Eigennutz oder vermeintlicher Hilflosigkeit wider besseres Wissen nicht das tun, was für die Umwelt (und damit uns selbst) richtig wäre. Wir fokussieren uns dann auf einen passenden sozialen Bezugsrahmen – zum Beispiel nur das Unternehmen oder nur die eigene Karriere – und nicht auf das Allgemeinwohl. Wir leugnen eindeutige Forschungsergebnisse oder blenden einfach alle Informationen aus, die unseren persönlichen Interessen entgegenstehen.

Warum aber haben so viele Menschen das Gefühl, dass sie nicht wirklich nachhaltig leben können, und leiden daher an dieser kognitiven Dissonanz? Experten sprechen hier von der sogenannten erlernten Hilflosigkeit: Wenn eigenes Handeln regelmäßig nicht zum angestrebten Erfolg führt, geben Menschen irgendwann auf und entwickeln im Extremfall depressive Symptome. Beides – die kognitive Dissonanz und die erlernte Hilflosigkeit – spielt zusammen, wenn Menschen persönliche oder unternehmerische Eigeninteressen durchsetzen, um den Preis, dafür Werte wie Umweltschutz zu vernachlässigen. So vermitteln Unternehmen Verbraucherinnen eine beruhigende Botschaft, die ihr Gefühl der Hilflosigkeit durch die Vorstellung ersetzt, normativ richtig zu handeln. Zum Beispiel, indem sie auf trickreiche Slogans und Label setzen, die Nachhaltigkeit suggerieren, von der bei genauerer Prüfung kaum etwas übrig bleibt außer Bluff und Ablenkungsfallen. Es greifen dann zwei psychologische Mechanismen ineinander: die Ziele derer, die fast um jeden Preis etwas verkaufen wollen. Und das Bedürfnis derer, die etwas (günstig) kaufen und dennoch vermeintlich richtig handeln wollen. An diesem kurzen Ausflug in die Psychologie sieht man, dass es zu kurz greift, Nachhaltigkeit und Umweltschutz nur unter technologischen, wirtschaftlichen und naturwissenschaftlichen Aspekten zu betrachten.

Im September 2022 vermutete die renommierte Wissenschaftszeitschrift *Science*, dass der sogenannte Klimakipppunkt (Climate Tipping Point, kurz CTP) bereits erreicht sein könnte. Dieser CTP kennzeichnet den Moment, an dem jede weitere Bemühung, den Klimawandel noch aufzuhalten oder gar umzukehren, vergebens ist. Stattdessen findet ab diesem Moment eine Beschleunigung der Klimakrise an immer mehr Orten statt. Die Ereignisse in den Jahren 2021 und 2022 sprechen laut dem Magazin dafür, dass wir den CTP erreicht haben: Hitzerekorde, Überflutungen, Dürrekatastrophen und Stürme fanden plötzlich auch an Orten statt, die bislang kaum davon betroffen waren – im wörtlichen Sinne vor unserer Haustür.

Wenn das stimmt, mag der Gipfel in Ägypten zufällig mit dem Erreichen des CTP zusammengefallen sein. Nicht zufällig ist allerdings das Versagen der politischen und wirtschaftlichen Weltelite zu diesem Zeitpunkt. Finanzinteressen, Machtkalkül und Überkomplexität trugen auch bei diesem Gipfel zum Scheitern bei. Man konnte die allerorten beobachtbare Verantwortungsverlagerung, Täuschung und Selbsttäuschung auch hier nicht stoppen. Unabhängig von der Frage, ob der CTP bereits dieses Jahr erreicht wurde oder (noch) nicht, sehe ich daher die Gefahr eines Psychological Tipping Point, eines PTP, am Werk. Des Punktes, an dem Ablenkungsfallen und Ausreden ein Maß erreicht haben, das keine Rückkehr zu konstruktiven Verhaltensweisen mehr erlaubt. Weil sich im Sinne eines strukturellen Opportunismus die Verhältnisse so verfestigt haben, dass selbst größtes Bemühen nichts mehr bewirken würde.

Ich spreche von einer Gefahr, nicht von einem überschrittenen Punkt. Und ich halte Menschen immer noch für lernfähig und gemeinsam zu großen Kraftanstrengungen in der Lage, wenn sie Gefahren erkennen. Dieses Lernen ist der Schlüssel zu einer nachhaltigen Zukunft. Daher sind psychologische Erkenntnisse aus der Lernforschung und die Mechanismen der menschlichen Kooperation weitere Schwerpunkte dieses Buchs. Sie liefern positive Auswege aus den globalen Krisen der Menschheit. Evolution heißt im Anthropozän nämlich nicht mehr, dass die Natur schon alles von selbst regelt. Dafür ist es zu spät, wenn wir unser eigenes Überleben in dieser Natur sicherstellen wollen. Dazu müssen wir jetzt schon selbst aktiv werden.

Um diesen Überlegungen für eine nachhaltige Zukunft eine geerdete, realistische Basis zu geben, gehe ich auch von meinen eigenen Erfahrungen aus der Unternehmenspraxis bei Frosch aus. Sie dienen als Beispiel dafür, was sich durch konsequentes wirtschaftliches und zugleich umweltfreundliches Handeln erreichen lässt: für mehr Umweltschutz, aber ebenso ein langfristig erfolgreiches Unternehmen.

Leider komme ich vor den positiven Perspektiven nicht um eine realistische Diagnose der heutigen Zustände herum. Erst die wirklichkeitsnahe Analyse erlaubt die Identifizierung von Wegen aus dem Dilemma. Die vorderen Kapitel widmen sich daher etlichen der Widerstände und blockierenden Faktoren, die auf breiter Ebene ihre Wirkung zeigen. Die Nachhaltigkeitsdebatte um Klimawandel und Umweltverschmutzung überschneidet sich spätestens seit dem Ausbruch der Coronapandemie mit weiteren Herausforderungen durch Krisen wie Krieg, politischer Verunsicherung und wachsendem Populismus, wirtschaftlichen Einbrüchen und ganz allgemein dem Gefühl zunehmender Orientierungslosigkeit und der Angst vor Kontrollverlust. Welche sozialen und psychologischen Mechanismen spielen dabei eine Rolle? Wie sind diese Krisen erd- und menschheitsgeschichtlich einzuordnen, und wie können mögliche Ohnmachtsgefühle überwunden werden, um zumindest die Umweltkrise noch umzusteuern?

Größere Veränderungen treffen stets auf Widerstände – nicht nur in der Wirtschaft. Sie haben mit Besitzstandswahrung zu tun, mit Bequemlichkeit, mit der Angst, man sei neuen Herausforderungen nicht gewachsen. Diese Widerstände will ich mir konkret anschauen, vor allem anhand von Beispielen aus etablierten Großunternehmen: Welcher Ablenkungsfallen bedienen sie sich, um nicht wirklich den Wandel zu einer nachhaltigen Wirtschaft vollziehen zu müssen, aber trotzdem die Gunst der Verbraucher zu behalten? Diese Tricks gehen übrigens weit über das bekannte Greenwashing hinaus: Da werden Symbolhandlungen vorgeschoben, ausgefeilte juristische Taktiken ausgepackt und marketinggesteuerte Imagekampagnen entworfen. Widerstände gibt es zudem vonseiten der Finanzexpertinnen sowie Analysten, deren Geschäftsmodell weitgehend auf Opportunismus angewiesen ist. Ins gleiche Horn blasen auch die Lobbyistinnen, die ihre politische Einflussnahme kaum fürs Allgemeinwohl einsetzen, jedoch umso mehr für das eigene Wohl und das ihrer Auftraggeber. Auch die Berichterstattung in den Medien spielt dabei eine spannende Rolle: Worüber berichten sie in welcher Häufigkeit und in welchem Ton?

Auf all diesen Ebenen macht sich ein struktureller Opportunismus breit, der mit dafür verantwortlich ist, dass sich immer noch zu wenig ändert. Das dahinterliegende Argument, Nachhaltigkeit müsse zwangsläufig mit mehr Askese einhergehen und sei daher nicht mehrheitsfähig und unwirtschaftlich, ist allerdings ein Märchen. Das zeigt nicht zuletzt unser Erfolg mit der Marke Frosch, von dem alle – die Unternehmer, die Mitarbeiterinnen, die Partner, die Verbraucherinnen und die Gesellschaft allgemein – profitieren können.

Wie aber lässt sich ein Umdenken in die Wege leiten, weg von der kurzfristigen Orientierung besonders der Wirtschaft, hin zu einem längerfristigen und damit nachhaltigen Denken? Ein wesentliches Element ist für mich dabei der Aufbau von qualifiziertem Vertrauen. Dieses steht im Gegensatz zu der Idee, dass schöne Bilder und Marketingtaktiken reichen, um die Bürger zu beruhigen. In der Industrie ist die Kreislaufwirtschaft eine entscheidende Säule für so ein langfristiges Denken – das gilt für die Kunststoffindustrie genauso wie für das Baugewerbe bei der Herstellung von Zement und Beton oder Teilbereiche der Bekleidungsindustrie.

Die Wirtschaft agiert aber nicht im gesetzlosen Raum. Für den Weg zu einer nachhaltigen Wirtschaft bedarf es einer Politik, die den entscheidenden Rahmen zur Verfügung stellt – auf der lokalen und regionalen, der nationalen, der europäischen und der globalen Ebene. Wie kann eine solche politische Weichenstellung gelingen zwischen Wahlkämpfen, Koalitionsbildungen, Kompromissen und Machtbalancen? Wandel geschieht im politischen Bereich in allmählichen Prozessen, doch dafür fehlt uns bei der Klimakrise die Zeit. Das Buch beschäftigt sich daher auch mit der Frage, wie sich Umweltschutz, etwa durch Kreislaufwirtschaft, schneller umsetzen lässt, wie der Einfluss einseitig orientierter, aber mächtiger Lobbygruppen beschnitten werden kann, wie die Politik davor bewahrt werden kann, auf die Tricks nur vermeintlich umweltbewusst handelnder Konzerne hereinzufallen oder ihrer Argumentation, sie müssten zwischen Klimaschutz oder Arbeitsplätzen wählen, auf den Leim zu gehen.

Zentrale Instanzen für ein allgemeines Umdenken in der Öffentlichkeit – auch in der Umweltkrise – sind die Medien: Tages- und Wochenzeitungen, Magazine, Social Media, informelle Kommunikation sowie PR-Maßnahmen und Marketing. Welchen Einfluss haben sie auf das Weltbild und den Veränderungsmut der Menschen, und welche Dynamik zwischen Tatsachenberichterstattung, gezielter Meinungsbeeinflussung, wirtschaftlichem Druck auf Redaktionen und dem Stellenwert informeller sozialer Netzwerke macht sich hier bemerkbar? Und wie kann es gelingen, in der Medienlandschaft Glaubwürdigkeitsinstanzen zu etablieren und zu stärken?

Der einzelne Mensch ist Dreh- und Angelpunkt jeder möglichen Veränderung, jeder Umweltschutzmaßnahme. Egal, ob Bürgerin oder Verbraucher, Unternehmerin oder Politiker. Die Bedeutung der Konstellationen zwischen Gefühlen, nüchternem Denken, sozialem Druck und ethischen Prinzipien kann daher für den Weg zu mehr Nachhaltigkeit gar nicht genug betont werden. Die weitaus meisten Menschen wissen, dass wir nachhaltig handeln müssen – sie übertragen es nur nicht konsequent in ihr Alltagshandeln. Wie wir diesen Schritt schaffen können, Selbstwirksamkeit wiederherstellen und erlernte Hilflosigkeit überwinden, Verantwortung übernehmen, frage ich mich mit Rückgriff auf die Erkenntnisse des Nobelpreisträgers Daniel Kahneman, der gezeigt hat, wie sehr wir glauben, rein rational als *Homo oeconomicus* zu handeln (und wie sehr wir an diesem Anspruch scheitern).

Wenn Nachhaltigkeit von vornherein gratis zu bekommen wäre, würde jedes noch so komplex aufgestellte Wirtschaftsunternehmen sofort einsteigen. Leider aber stellen sich jedem Akteur zahllose Kosten-Nutzen-Kalküle – je größer die Firma, desto kurzfristiger laufen diese meistens ab. Das nächste Quartal, die eigene Karriere, die innerbetriebliche Imagepflege und die Unternehmenssozialisation machen Konzerne zu Tankern, die sich nur schwer umsteuern lassen. Unterstützt wird dies von Analystinnen, Investoren und Marketingabteilungen, die nur allzu gerne zeigen, dass schönfärberische Umweltkommunikation viel billiger und preiswerter ist als eine echte Umstellung der Produktion. Wie kann in einer solchen Umgebung die Umstellung auf eine nachhaltige Produktion erfolgreich laufen? Ich möchte dazu von meinen Erlebnissen mit dem Prinzip der Open Innovation berichten, die die Veränderung in Richtung Nachhaltigkeit zu einer gemeinsamen Aufgabe und Möglichkeit macht, statt weiter auf krampfhafte Exklusivität zu setzen. Natürlich beinhaltet Wirtschaft immer Wettbewerb, aber statt dem Kampf um das billigste Produkt sollte es ein Wettbewerb um die beste Qualität in Bezug auf Nachhaltigkeit werden.

Ich habe die Erfahrung gemacht, dass Menschen, Organisationen und Unternehmen sich nur ändern, wenn es dafür absehbar eine Form von Belohnung gibt. Wie solche Belohnungen in Bezug auf nachhaltiges Verhalten aussehen können, gilt es zu definieren. So viel sei schon verraten: Belohnungen müssen nicht ausschließlich materieller und finanzieller Art sein – lange Zeit ein Missverständnis in der Wirtschaft. Und das ist eine gute Nachricht für die Wirtschaft, denn es enthebt die Unternehmen des Drucks zu immer billigeren Preisen. Ich hoffe, ich kann hier nicht nur für meine Kolleginnen aus den Chefetagen den Blick etwas weiten.

Abschließend weitet das Buch die Perspektive noch einmal aus und stellt die Notwendigkeit nachhaltigen Handelns in einen evolutionär-naturwissenschaftlichen Zusammenhang. Im Zeitalter des Anthropozäns sind wir erstmals nicht nur willenlose Objekte äußerer Veränderungen. Wir steuern selbst die evolutionäre Entwicklung der Biosphäre mit. Wenn wir wollen, gelingt uns eine positive Entwicklung, die letztlich unser Überleben als Menschheit sichert. Wir müssen dies aber wirklich wollen, denn der Evolution sind wir reichlich egal. Die Natur, deren Teil wir selbst sind, braucht uns nicht. Wir und vor allem unsere Nachkommen brauchen aber sehr wohl eine möglichst intakte Natur. Das ist die Belohnung schlechthin, wirtschaftlich wie existenziell. Wir dürfen die Maßnahmen in Wirtschaft, Politik und unser aller Alltag nicht weiter aufschieben. Wir können erkennen, dass die vermeintlichen Konflikte zwischen Nachhaltigkeit, Wohlstand und Hedonismus überwiegend gegenstandslos sind. Die Notwendigkeit grundlegender, nachhaltiger Veränderungen ergibt sich allein schon aus nüchternem Denken und einem echten Verständnis, einem Sinn für die Biosphäre. Dies zu vermitteln ist eines der Ziele dieses Buches. Am Ende geht es auch um Anstand. Und um die Frage, wie wir die Haltung erreichen, die uns die notwendigen Handlungen ermöglicht.

Kapitel 2

Krisen? Welche Krisen?

> »You're holding the world in the palm of your hand,
> watch ya telling your children you don't understand.«
>
> *Supertramp: The Meaning, aus dem Album »Crisis. What Crisis?«, 1975*

Ich war gerade mal 30 Jahre alt, als ich in das Managementteam unseres Familienunternehmens einstieg. Damals dachte ich, wir zögen alle gemeinsam an einem Strang. Es hat eine Weile gedauert, bis ich bemerkt habe, dass das etwas naiv war. Denn damals galt allgemein die Doktrin »Von den Großen lernen heißt siegen lernen«. Es war das Jahr 2000, und die Dotcom-Blase näherte sich ihrem Ende. Das war damals jedoch noch nicht allen klar, und Unternehmen wie unseres galten als die »Old Bricks«. So bezeichnete man damals die Hersteller irgendeiner »Hardware«, die noch nicht im digitalen Zeitalter angekommen und damit quasi zum Aussterben bestimmt waren. Das Ziel des damaligen Managements war es dementsprechend, die Marke von einer Milliarde D-Mark Jahresumsatz zu knacken. Wer das geschafft hatte, gehörte zu den »Großen« und war aus der Gefahrenzone heraus.

Ich hatte damals jedoch schon Erfahrungen in einem Großkonzern sammeln dürfen. Drei Jahre bei Nestlé in der Schweiz hatten in mir Zweifel gesät, ob das wirklich der richtige Weg für unser Unternehmen wäre. Ganz im Gegenteil war ich nach dieser Erfahrung der Meinung, dass wir unsere Autonomie als nichtbörsennotiertes Familienunternehmen dazu nutzen sollten, es ganz anders zu machen – bewusst in Abgrenzung zu den Großen, die damals als das Erfolgsmodell schlechthin galten. Anders zu machen auch in moralischer Hinsicht. Denn die ökologischen Krisen, die sich heute so bedrohlich zuspitzen, waren damals schon bekannt.

Klimawandel

Die Forschung hatte bereits vor einem halben Jahrzehnt recht präzise Vorhersagen über Klimawandel und die Zerstörung der Natur getroffen. Spätestens nach der Hippiebewegung und den sich daraus ergebenden grünen Ansätzen war die Idee des Umweltschutzes in breiteren Bevölkerungsschichten angekommen. Einen wesentlichen Anteil daran hatten auch die Experten, die 1972 den viel diskutierten Bericht *Die Grenzen des Wachstums* als Bericht an den nachhaltigen Thinktank *Club of Rome* veröffentlichten. Zwar zähle ich mich nicht zu den Naturromantikern, aber bereits als Jugendlicher reichten mir diese Informationen, um meine Aufmerksamkeit zu wecken und in mir die Vorstellung zu entwickeln, dass wir etwas gegen diese Bedrohung der Welt tun sollten.

Rund fünfzig Jahre später müssen wir feststellen, dass die Naturdramen immer näher an immer mehr Menschen herangerückt sind. Inzwischen finden diejenigen kein Gehör mehr, die lange davon ausgingen, dass sich die Natur schon irgendwie selbst regulieren würde. Dazu sind die Fakten einfach zu überwältigend:[4] Mehr als fünfzig Prozent der begehbaren Erdoberfläche sind von Menschen bebaut und gestaltet. Mindestens 97 Prozent aller auf der Erde lebenden Säugetiere sind von Menschen gehaltene, sogenannte Nutz- oder Haustiere. Beunruhigend ist auch das Erdklima: Seit über zweitausend Jahren gab es keinen so rapiden Temperaturanstieg mehr wie in den letzten Jahrzehnten. Die durchschnittliche Erdtemperatur ist heute höher als in der bisher wärmsten Phase des Holozäns (der erdgeschichtlichen Epoche, in der wir gerade leben). Vermutlich liegen ähnlich hohe Werte sogar mindestens 125.000 Jahre zurück. Dieses erhitzte Klima bescherte der arktischen Region 2021 zum ersten Mal seit Beginn der Aufzeichnungen Regen. 2022 wurde dieselbe Region zudem von einer regelrechten Überflutung mit Plastikmüll heimgesucht.

Aber nicht nur die Arktis, auch die Ozeane heizen sich auf – in den letzten Jahren mehr als in den vergangenen 11.000 Jahren. Damit steigen auch die Meeresspiegel. Nicht nur, weil Landeis schmilzt, sondern auch, weil sich das erwärmte Meerwasser ausdehnt wie sich erhitzendes Kaffeewasser in einem Topf. Das geschieht mit – für die Erdgeschichte – rasanter Beschleunigung: In den vergangenen fünfzehn Jahren stieg der Meeresspiegel dreimal so schnell wie noch vor den Siebzigerjahren.

Der Klimawandel gefährdet aber nicht nur die Existenz zahlreicher kleiner Inseln sowie alle Küstenregionen, die unter dem Meeresspiegel liegen. Neben dem Meeresspiegelanstieg kommt es auch zu immer häufigeren Wetterextremen: Starkregen und Überflutungen mit tödlichen Folgen wie 2021 im Ahrtal in der Eifel. Oder Tropenstürme, die immer häufiger und heftiger werden. Gleichzeitig gibt es in allen Teilen der Welt verheerende Hitzewellen, die unter anderem für Waldbrände nie gekannten Ausmaßes sorgen, etwa in Griechenland, Algerien, Kalifornien. Auf lange Hitze- und Dürreperioden folgen in den Ländern des globalen Südens Hungersnöte, die wiederum die Fluchtbewegungen verstärken.

Setzt man den Temperaturanstieg unserer Erde in Beziehung mit anderen sich verändernden Umweltfaktoren, etwa dem extremen Anstieg von Klimagasen wie CO_2 in der Atmosphäre seit Beginn der Industrialisierung, zeigt sich, dass die Erwärmung von Menschen verursacht ist. Diese Wechselbeziehung wurde bestechend eindeutig im Bericht des Weltklimarats aus dem Jahr

2021 beschrieben. 234 unabhängige Wissenschaftlerinnen aller relevanten Disziplinen analysierten darin etwa 15.000 weltweit erschienene Grundlagenstudien und fassten die wichtigsten Ergebnisse und deren Schlussfolgerungen zusammen. Die Folgeanalysen aus dem Jahr 2022 ergaben an allen Fronten sogar noch deutlich schlimmere Befunde als zunächst befürchtet. Diese Berechnungen sind auch deshalb inzwischen so präzise möglich, weil Supercomputer mit unvorstellbaren 3,6 Billiarden Rechenoperationen pro Sekunde sämtliche Messdaten aufeinander beziehen und für eindeutige Schlussfolgerungen und Hochrechnungen zusammenführen.

Plastikmüll

Es ist also wissenschaftlich unstrittig, dass der Klimwandel auf die immens gestiegenen Emissionen klimawirksamer Gase wie CO_2 oder Methan zurückzuführen ist. Und einen sehr, sehr großen Anteil an diesem Anstieg hat unser gedankenloser Umgang mit unseren Ressourcen. Wie schnell wir daraus Müll werden lassen. Nicht zuletzt riesige Mengen von Plastikmüll. Laut dem *Plastikatlas* der Heinrich-Böll-Stiftung haben wir zwischen den Jahren 1950 und 2015 weltweit 8,3 Milliarden Tonnen Plastik produziert.[5] Das entspricht mehr als einer Tonne pro Erdenbürger. Rund 140 Millionen Tonnen Plastikmüll schwimmen inzwischen in den Ozeanen der Welt. Das entspricht dem Volumen einer Million Blauwale. Jährlich kommen zwölf Millionen Tonnen hinzu.

Achtzig Prozent dieses Mülls stammt vom Land. Der Rest der Abfälle kommt von Schiffen und wasserbasierten Herstellungsstätten – also schwimmenden Fabriken. Inzwischen gibt es ganze Inseln, gigantische Strudel und Abfallteppiche aus Plastik in den Ozeanen. Allein im großen pazifischen Müllstrudel – dem Great Pacific Garbage Patch – treiben knapp 80.000 Tonnen Plastik auf 1,6 Millionen Quadratkilometern zwischen Nordamerika und

Asien nordöstlich von Hawaii. Das ist eine Fläche, die viereinhalbmal mal so groß ist wie Deutschland. Nur drei Prozent dieses Plastikmülls bewegt sich dabei übrigens an der Meeresoberfläche, liegt also potenziell in Reichweite herkömmlicher Barrieren, mit denen man ihn aufsammeln könnte.

Mittlerweile gibt es eine öffentliche Diskussion über die erheblichen Gefahren durch Einwegplastik. Dennoch führen wir in Europa bislang nur zehn Prozent der jährlichen Plastikproduktion wieder in den Herstellungsprozess zurück. Und das, obwohl Deutschland mit 220 Kilogramm Plastik pro Jahr und Person ein trauriger Spitzenreiter bei Plastikverpackungen ist – Tendenz steigend. Dieser Plastikexzess belastet nicht nur massiv die Meere und Umwelt. Es ist auch eine immense Vergeudung materieller und finanzieller Ressourcen. Tatsächlich steht uns in Europa Plastik als sekundärer Rohstoff im Wert von sechzehn Milliarden Euro zur Verfügung. Wir nutzen aber nur zwei Milliarden davon. Das heißt, vierzehn Milliarden Euro versenken wir regelrecht. Doch anstatt dieses Geld für sinnvollere Dinge zu verwenden, trägt die permanente Neuproduktion von Plastik auch noch zusätzlich zur Erderwärmung bei. Die Heinrich-Böll-Stiftung schätzt, dass allein die Plastikproduktion zwischen zehn und 13 Prozent des gesamten CO_2-Budgets verbrauchen könnte, das uns bis 2050 noch bleibt, wenn wir die Erwärmung bei 1,5 Grad halten wollen.[6] Und das ganz ohne Not.

Die Erdgeschichte bis zum Anthropozän

Nur noch wenige Menschen dürften ernsthaft glauben, dass sich das alles schon noch irgendwie von selbst regulieren wird. Dass die Natur schon immer Katastrophen erlebt und sich auch immer wieder davon erholt hätte, diese Sichtweise lässt sich durch die aktuellen Tatsachen nicht mehr stützen. Nein, der Mensch hat die Naturprozesse maßgeblich und dramatisch verändert. Wir befinden uns im sogenannten Anthropozän, dem Menschenzeitalter. Das bedeutet aber nicht, dass wir alles im Griff haben: In dieser Welt entstehen negative Eigendynamiken, die sich unserer Kontrolle entziehen. Denn unsere Eingriffe mögen kurzfristig überschaubare Konsequenzen haben. Doch sie lösen immer mehr Kausalketten aus. So entsteht innerhalb der zahllosen Zusammenhänge, die wir Menschen nur langsam und unvollständig verstehen lernen, eine Fülle an neuen, oft negativen Konsequenzen. Eine Überkomplexität, die wir nicht beherrschen können.

Wir sollten uns nicht in Sicherheit wiegen. Die Geschichte der Erde – und mit ihr später die der Menschen – verlief selten linear. Plötzliche, auch radikal tödliche Einbrüche waren zwar nicht die Regel. Wenn sie aber eintraten, blieb buchstäblich kein Stein auf dem anderen. Mit unserem anthropozentrischen Weltbild vergessen wir, dass sich die Erde über Hunderte Millionen Jahre immer wieder extrem verändert hat, noch bevor wir Menschen sie bewohnten:[7] Vor geschätzt vier bis fünf Milliarden Jahren entstand unser Planet. Vor rund 570 Millionen Jahren belebten die ersten wirbellosen Wassertierchen ihr Element, das noch einen Großteil der Erde bedeckte. Als sich das Land ausbreitete, explodierte das Leben regelrecht. Vor rund 450 Millionen Jahren gab es einen plötzlichen Temperatureinbruch. Gleichzeitig verschoben sich die Landmassen, der Meeresspiegel sank um 70 bis 100 Meter. Dabei starben die meisten, aber nicht alle Lebewesen aus. Nachdem sich die Erde wieder erwärmt hatte, breitete sich das Leben aus dem Wasser auch wieder an Land aus. Die ersten Bäume entstanden. Das nächste Massenaussterben fand vor rund 365 Millionen Jahren statt. Vermutlich war die Ursache dafür ein Zusammenspiel aus Sauerstoffarmut, steigendem Meeresspiegel und einer weiteren massiven globalen Abkühlung sowie möglicherweise verheerenden Vulkanausbrüchen. 80 bis 90 Prozent aller Meerestierarten waren danach verschwunden. Aber eben nicht alle: Die Bäume und Pflanzen an Land waren fast unbeschadet aus der Katastrophe hervorgegangen. Die Vielfalt des Lebens wuchs anschließend wieder, bis es vor etwa 250 Millionen Jahren einen noch größeren Einbruch gab. Diesmal erwischte es den Großteil der Tiere im Meer und an Land. Als Grund dafür vermutet die Wissenschaft eine massive Erwärmung, wahrscheinlich ausgelöst durch einen riesigen Vulkanausbruch, der Kohle- und Erdölvorkommen entzündete und gigantische Mengen an Treibhausgasen freisetzte. Über einen geschätzten Zeitraum von 200.000 Jahren entstanden neue Arten von Leben. Bis es vor etwa 200 Millionen zur nächsten Runde des Massenaussterbens kam, wahrscheinlich ebenfalls aufgrund von Vulkanausbrüchen. Diesmal forderte es rund 75 Prozent aller Arten.

Die wohl allgemein bekannteste Phase des Massenaussterbens ist die, die vor 65 Millionen Jahren das Ende von knapp 60 Prozent aller Arten bedeutete – darunter auch der Dinosaurier. Ausgelöst vermutlich von einem Meteoriteneinschlag, der so viel Staub und Asche aufschleuderte, dass es zu massiven Klimaveränderungen kam. Einige kleinere Säugetiere konnten sich an die neuen Bedingungen anpassen und breiteten sich schnell aus – ebenso die Vögel, die ursprünglich von fliegenden Dinosauriern abstammen.

Erst vor geschätzt 150.000 bis 60.000 Jahren entwickelte sich der moderne Mensch. Als er vor 23.000 bis 12.000 Jahren sesshaft wurde und Landwirtschaft zu betreiben begann, fing er an, systematisch in die Natur einzugreifen. Bis ins 19. Jahrhundert hinein konnte er sie jedoch kaum verändern. Erst mit der Industrialisierung entstanden die technischen Möglichkeiten, um natürliche Abläufe massiv zu beeinflussen. Zu Beginn des 21. Jahrhunderts war schließlich der Scheitelpunkt überschritten: Erstmals hatte der Mensch mehr als fünfzig Prozent Erdoberfläche bebaut. Wohlgemerkt bebaut, also inklusive der menschengemachten Plantagen und weiteren Gestaltungen und Eingriffen in die Umwelt.

Bei angeblich schleichenden, in Wirklichkeit aber sehr rapiden Entwicklungen – wie etwa dem Klimawandel – haben sich Ignoranz und Arroganz mit einer Haltung des Immer-weiter-so auf ungute Art und Weise verbindet. All dies in einer Situation, in der schon längst die Weiterexistenz einer gesunden Natur, einer gesunden Menschheit, einer gesunden Welt auf dem Spiel steht. Vor allem durch die rücksichtslose und immer exzessivere Ausbeutung natürlicher oder auch menschengemachter Ressourcen und die damit direkt und indirekt verbundenen Folgeschäden – zynisch auch als »Kollateralschäden« bezeichnet: Hunger. Verdrängungswettbewerbe. Massive Ungleichheit in der Verteilung von lebensnotwendigen Gütern. Dabei sollten wir uns gar nicht so sicher sein, dass wir diesmal nicht vorhersehbar selbst erschaffen, was bisher nur zufällige Naturereignisse bewirkten: das Ende des Lebens, wie wir es kennen. Wissenschaftlich belegt ist zwar, dass nach den bisherigen großen Massenaussterben in der Regel noch mehr neue Spezies entstanden. Nur überleben wahrscheinlich eben nicht die biologisch am höchsten entwickelten, dominanten. Es ist schon ein Paradoxon, dass ausgerechnet wir mit unserer Antizipationsfähigkeit, unserer Reflexion und der sich daraus ergebenden Handlungskapazität wissentlich unser eigenes Grab schaufeln. Wir werden als Spezies vermutlich dann nicht mehr zur nächsten, noch größeren Artenvielfalt gehören. Es gibt Grund zur Demut.

Und nichts geschieht …

Wäre all dies nicht so schrecklich, würde man sich gelangweilt abwenden: »Kennen wir schon, wird seit Jahrzehnten geschrieben.« Stimmt. Und welche Konsequenzen haben wir gezogen? Deklarationen und Beschlüsse, ja. Doch konsequentes Gegensteuern? Fehlanzeige.

Vor dem Ausbruch der Coronapandemie schienen sich beträchtliche Teile der Welt leider immer noch mit Katastrophen wie dem Klimawandel, der unerhörten Verschmutzung der Meere und einer ungebremsten Neuproduktion von Plastik abgefunden zu haben. Zwar gab es international keinen Mangel an Bekundungen, dass all das jetzt geändert werden müsse. Aber es geschah: wenig. Oft gar nichts. Extremer noch, zahlreiche Staatschefs und Regierungen rund um die Welt – von Bolsonaro bis Trump – leugneten die menschengemachte Zerstörung der Umwelt. Teils aus Ignoranz oder schlicht Dummheit. Häufiger und verabscheuungswürdiger, weil ihnen ungebremstes Industriewachstum, gnadenloser Wettbewerb, die Kapitalmärkte und ihre Wirtschaftsbuddys wichtiger waren als wissenschaftliche Erkenntnisse und globales Allgemeinwohl. Selbst wenn inzwischen US-Präsident Joe Biden und sogar mehrere Geschäftsführer der Finanzwelt, wie etwa der Chef von BlackRock, das Thema Klimaschutz auf ihre Agenda gesetzt haben – ein massives, konsequentes Umsteuern im globalen Maßstab ist nicht in Sicht. Denn kaum konnten wir bezüglich der Klimaschutzpolitik der USA neue Hoffnung schöpfen, da griff Russland die Ukraine an. Die diesem Krieg folgenden Energieversorgungskrisen dürften den globalen Handel mit Brennstoffen vollkommen verändern. Das Ergebnis? Noch völlig offen. Bleiben eigentlich nur noch die Worte des Schriftstellers und Mitbegründers der italienischen kommunistischen Partei Antonio Gramsci, der sinngemäß sagte: »Der Pessimismus unserer Analyse kann nur durch den Optimismus unseres Handelns überwunden werden.« Denn es ist nicht mehr fünf vor zwölf. Es ist eine Minute nach zwölf.

Widerstand in den eigenen Reihen

Mit ähnlichen Gedanken im Gepäck trat ich also meine Stelle in unserem Familienunternehmen an und wollte es so weiterführen, dass ich es in einigen Jahrzehnten gut und gerne an die nächste Generation würde übergeben können. Denn wer das Geschenk eines Familienunternehmens erhält, wer sich all den Ärgernissen und der Mühsal stellt, dieses zu gestalten, der braucht eine wirklich tragfähige, intrinsische Motivation – jenseits des Geldes. Natürlich muss ein Unternehmen Geld abwerfen, um weiter bestehen zu können. Aber Geld allein ist auf Dauer nicht wirklich wirksam. Entscheidend ist die Frage, wie ein Unternehmen in nennenswertem Ausmaß Sinn produzieren kann. In dieser Hinsicht kann ein Familienunternehmen über Jahrzehnte und Generationen planen. Das wollte ich nutzen. Doch dann kam es zu einer unternehmerischen Nahtoderfahrung …

Ich war kaum eine Woche in meiner neuen Position, als ein Routinetreffen mit unserer Hausbank anstand. Als ich den Raum betrat, war ich überrascht, wie viele Banker anwesend waren. Auf meine Nachfrage hieß es, man hätte noch ein paar Kollegen aus Frankfurt aus der M & A-Abteilung mit dazugeholt. »Ach – Mergers and Acquisitions? Wie kommt das denn?«, dachte ich. Um es kurz zu machen: Die Bank war der Ansicht, dass wir als Mittelständler den Tatsachen ins Auge blicken und unsere aussichtslose Dreifach-Sandwich-Position anerkennen müssten: Erstens sahen wir uns übermächtigen Kunden gegenüber. Die großen Handelsketten – wie Edeka, Rewe oder damals noch Schlecker – würden uns mit ihrer Verhandlungsmacht an die Wand drücken. Zweitens hatten wir übermächtige Lieferanten, wie eine BASF. Auch hier ließ sich in Verhandlungen also keine tolle Marge herausholen. Und nicht zuletzt konkurrierten wir mit übermächtigen Wettbewerbern – nämlich mit Giganten wie Procter & Gamble, Reckitt Benckiser oder Henkel.

Die Banker ließen keinen Zweifel daran, dass sie uns in dieser Situation nicht einmal den Hauch einer Chance einräumten. »Die Mittelständler sterben derzeit wie die Fliegen«, meinten sie. Hinzu kam, dass wir kurz zuvor zwei Drittel der Gesellschafter hatten ausbezahlen müssen und deshalb eine Eigenkapitalquote von unter zehn Prozent hatten. Wer sich mit Betriebswirtschaft auskennt, der weiß, dass bei dieser Quote der Puls eines Unternehmens kaum noch zu fühlen ist. Wir steckten also ganz schön in der Zwickmühle.

Meine Vision, das Unternehmen konsequenter denn je ökologisch umzugestalten und mit frischen Ideen zu neuem Erfolg zu führen, klingt heute gut. Damals klang es vor allem riskant. Und anstrengend. Die Argumente der Banker für den schnellen Verkauf waren hingegen nicht von der Hand zu weisen: hier der grausige Zustand unserer Bilanzen. Dort das Versprechen eines finanziell sorglosen Daseins als ausbezahlter Unternehmensspross. Selbstverständlich flankiert von den üblichen Unternehmensberaterinnen, deren Glorie inzwischen auch verblasst ist.

Nun ist es in Unternehmen wie in Parteien, Universitäten oder in der Kirche: Die ärgsten Widersacher sitzen oftmals in den eigenen Reihen. Die heftigsten Gefühlskonflikte gibt es zwischen denen, die der gleichen Organisation angehören. Da geht es um Pfründe, Status, Karriere, Eifersucht, Gerechtigkeit und vieles mehr. Intrigen sollen der eigenen Karriere und, als eine Art Kunstwerk, oft leider auch dem eigenen Ruhm dienen. Würde man dem Wettbewerbsprinzip des Gewinns für alle durch gegenseitige Verdrängung folgen, stimmte diese Karrierestrategie sogar. Aber dieses Wettbewerbsprinzip ist schlicht falsch, denn in den Verschachtelungen der dauernden Koalitionssuchen und jeweiligen Opportunitäten verbrennen so viele Energien, Ressourcen und menschliche Werte, dass man dabei kaum ein positives Resultat für das Unternehmen insgesamt erwarten kann. Dennoch sind Worte in großen und nicht ganz so großen Unternehmen das eine, die Verlockungen des kurzfristigen Vorteils das andere. Und die haben einen hohen Stellenwert bei Quartalsdenken und kurzfristiger Profitmaximierung: Warum sollte man einem größeren Ziel dienen, wenn die Früchte später ohnehin ein anderer oder eine andere erntet?

Ich wünschte, dies wäre nur ein negatives Zerrbild unternehmerischer Wirklichkeit in großen Wirtschaftskonzernen. Ist es leider aber nicht. Und so musste ich feststellen, dass auch meine Kollegen aus dem Topmanagement unsere mittelständische Familienfirma wahlweise zum Abziehbild Multinationaler umbauen oder – noch lieber – gleich ganz an ein Großunternehmen verkaufen wollten, vielleicht nachdem sie es kurzfristig zu einem schnell profitablen Betrieb aufgepeppt hatten. Auch manch ein Familienmitglied empfand die Verlockung als recht groß.

Fatalismus oder Verantwortung?

Mit einer ordentlichen Portion Fatalismus ließe sich ja tatsächlich argumentieren, dass wir uns zwischen weltvernichtenden Vulkanausbrüchen, Meteoriteneinschlägen und menschengemachten Klimaveränderungen ohnehin auf einer hauchdünnen Schicht von Überlebenswahrscheinlichkeit bewegen. Warum also nicht das Hier und Jetzt genießen, ohne die langfristigen Mühen unbequemer Verhaltensänderungen und ohne großes Risiko? Die Antwort liegt auf der Hand: weil unsere Nachkommen im Sinne der Evolution alles an heutigen Mühen verdienen, um ihnen ein lebenswertes Dasein zu ermöglichen. Immerhin hat es die Menschheit ein paar zigtausend Jahre lang geschafft, insgesamt ganz gut durchzukommen. Ein paar weitere zigtausend Jahre wären bis vor Kurzem mindestens noch drin gewesen. Jetzt sieht es danach aus, als würden wir das schon nicht mehr schaffen. Wasser auf den Mühlen der Zyniker: »Hauen wir auf die Pauke, bevor eh alles den Bach runtergeht.«

Ich war und bin als Unternehmer allerdings nicht bereit, in schwierigen Zeiten den Kopf in den Sand zu stecken, in Panik zu verfallen oder es bei einer depressiven Zustandsbeschreibung zu belassen. Es war aus meiner Sicht damals müßig, mit Fingern auf andere zu zeigen und ihnen die Schuld am Zustand der Erde zu geben. Es war allerdings nicht müßig, alles daranzusetzen, die Naturverschmutzungen zu stoppen und neue Wege zu gehen. Ich spürte: Die Verantwortung beginnt jederzeit. Sie beginnt heute. Bei jedem und jeder. Mein Ansatz sollte dabei positiv sein: Ich wollte beweisen, dass das Gute geht. Dass unser Unternehmen ein Modell sein kann für veränderte Entscheidungen und Verhaltensweisen aller. Denn ein einzelner Mensch kann durchaus einsichtig sein und auch geläutert werden. Eine Masse von Menschen ist hingegen viel schwerer in Bewegung zu versetzen. Wer wie ich die Gelegenheit hat, eine Bewegung anzustoßen, kann jedoch einen viel größeren Effekt erzielen. Deshalb braucht es eine Einstellungs- und Verhaltensänderung bei denjenigen, die andere überzeugen und mitnehmen können. Andere mögen die Ressourcen und die Entscheidungskompetenzen haben, dieses Handeln im Weltmaßstab konsequenter zu ermöglichen und voranzutreiben, als ich das kann. Politiker, global operierende Organisationen, multinationale Unternehmen mit Billionenumsätzen. Hier muss ich mit meinem Einflussbereich etwas bescheidener sein. Aber dennoch wollte ich dort, wo ich war, bewegen, was ich konnte.

Natürlich brauche ich Krisen wahrlich so wenig wie alle anderen. Aber da sie nun mal da sind, entschied ich mich, umso mehr Energie zu investieren, um unser Unternehmen nicht nur wirtschaftlich erfolgreich zu machen, sondern auch neue, ökologische Impulse und Sichtweisen aus ihnen zu ziehen. Ich entschied mich für das Risiko. Aber auch für die Faszination der Innovation, des Umbaus und des Handelns. Bestenfalls würden wir hinterher positiver dastehen als je zuvor. *Per aspera ad astra*: durch schwierige Umstände zu den Sternen. All das hat gekostet. Nerven. Geld. Zeit. Als es jedoch geschafft war, war ich reicher geworden. Vielleicht nicht unbedingt im wörtlichen Sinne. Sicherlich aber an Erfahrungen, Selbsterkenntnis, Veränderungsfähigkeit, guten Lektionen und Widerstandskraft.

All das wusste ich damals aber noch nicht, als ich das bisherige Management verabschiedete. Dennoch war ich damals und bin es auch heute noch voller Zuversicht. Zuversicht darüber, dass sich die Krisen – insbesondere die Umweltkrisen – mit guten unternehmerischen, gesellschaftlichen und politischen Mitteln bekämpfen und eindämmen lassen. Die Mittel sind bekannt. Wir müssen sie nur konsequent einsetzen. Ich war und bin dazu bereit.

Kapitel 3

Greenwashing und Symbolhandeln

»Die Täuschung geht immer weiter als der Verdacht.«
François de la Rochefoucauld (1613–1680)

Mitte der 1980er-Jahre war die nihilistische Punkbewegung mit ihrem Motto *No Future* gerade vorbei. Der hedonistische Lebensstil der Yuppies war angesagt: finanziell erfolgreich, karriereorientiert, genussfreudig. In den Hitparaden tummelten sich lebensfrohe, bunte Popstars wie Michael Jackson, David Bowie oder Spandau Ballet. Parallel entwickelte sich nicht ganz so auffällig die Bewegung der Alternativen und Umweltbewussten. Politisch waren sie immerhin mit der Partei Die Grünen schon erfolgreich. Ihre Lebensfreude war allerdings mitunter etwas verkrampft, gar asketisch und paarte sich mit einer Skepsis gegenüber ungehemmtem Fortschritt, die sich wenig später aufgrund mehrerer Ereignisse als berechtigt erwies: In Tschernobyl kam es zur Atomkatastrophe mit einem bis heute verseuchten und daher unbetretbaren Terrain und einer Nuklearwolke, die Hunderte von Kilometern weit wirkte. Die Baseler Chemiefirma Sandoz hatte bei einem Brandunglück das Löschwasser in den Rhein laufen und Tausende von Fischen sterben lassen. Sie trieben medienwirksam und für alle sichtbar tot den Fluss hinunter. Zum Dauerzustand gehörten damals bereits die dank Überdüngung schaumbedeckten Gewässer, das Waldsterben durch sauren Regen sowie das Ozonloch.

In dieser Zeit existierten also mindestens zwei trendsetzende Welten. Auf der einen Seite die konsumfreudigen Yuppies, die für den täglichen Genuss lebten. Auf der anderen Seite die asketischen Mahnerinnen, die die massive Bedrohung der Natur in den Fokus ihres Denkens und Handelns gerückt hatten. Sie hatten die Prognosen des Club of Rome zur Kenntnis genommen und reagierten mit Aktionen wie Sitzblockaden, die dem größten Teil der Öffentlichkeit sowie der Politik nicht gerade gut schmeckten. Als konsumfreudig galten sie zunächst nicht. Marketingleute interessierten sich dementsprechend wenig für diese Zielgruppe. Wer ein Produkt erfolgreich im Markt platzieren wollte, musste trendy sein im Sinne von höher, lauter, schneller, glamouröser und ungehemmter, ohne an das Morgen zu denken. Scheinbar freudloses Umweltbewusstsein passte nicht zu einer gelungenen Marktplatzierung. Sie fand eher in Grautönen und in der Nische statt, zum Beispiel bei Naturreinigungsmitteln.

In dieser Situation hatte die Drogeriemarktkette dm Mitte der 1980er immerhin bemerkt, dass die gute alte Schmierseife – ein bewährtes Hausmittel, aber wahrlich kein Hochglanzprodukt – einen gewissen Erfolg hatte. Die Firma sprach unseren damaligen Vertriebsleiter an, ob wir daraus nicht einen Markenartikel entwickeln wollten.

Der Frosch hatte bis dato als Froschkönig in roter Gestalt als Marke für die Schuhpflege Erdal und die Bodenpflege Emsal gestanden. Im Laufe der Unternehmensgeschichte hatten sich seine äußere Gestalt und Farbe schon öfter verändert. Es passt, dass im Japanischen das Zeichen »Keiru« für den Frosch *und* den Wandel steht. Der Frosch steht mit seiner Metamorphose darüber hinaus auch für die Geschichte des Lebens auf unserem Planeten insgesamt. Auch naturästhetisch ist er beeindruckend. Er gibt uns einen Anlass, um staunend vor den Wundern unserer Welt zu stehen, sich dann aber neugierig den Mechanismen hinter diesen Wundern zu widmen. Zum Beispiel mithilfe der Wissenschaft. Aber auch, indem wir die wissenschaftlich beobachtbaren Prinzipien der Natur in unserem eigenen Tun bewusst umsetzen. Genau dies haben wir im Sinne der eigenen Metamorphose auch getan.

Angeregt durch den Vorschlag, begannen meine Vorgänger die Markt- und Marketingmetamorphose des ursprünglich roten Frosches: Zunächst wurde er grün, denn die Farbe Grün steht für Naturnähe. Außerdem drehten die Marketingleute ihn von der klassischen Profilansicht so, dass ihm die Kunden direkt ins Gesicht sehen konnten. Auch das Produkt selbst erhielt ein Upgrade, nämlich einen passenden Duft. Wie gut, dass unser Chefchemiker ein paar ungenutzte Parfümproben regelrecht herumliegen hatte. Der Duft Green Grass passte nur zu gut. Im Test schnitt er mit der Assoziation von Wiesen und Gräsern, also unberührter Natur, sehr gut ab. Und selbst die lieb gewonnene Verpackung musste dran glauben. So entstand eine auf dem Kopf stehende Tube – praktisch für die Präsentation und ein Hingucker durch das scheinbar verkehrt herum gedruckte Logo. Damit waren wir die Ersten in unserem Metier. Wir hatten aus einer gesichtslosen, langweiligen Gattungsware ein nach Natur duftendes Produkt gemacht sowie eine übergreifende Marke geschaffen, die mehrere Kriterien erfüllte: Solidität, Kontinuität und Natürlichkeit. Solidität als reines, bewährtes Hausmittel. Kontinuität durch die Weiterentwicklung vom roten zum grünen Frosch, der in der neuen Gestalt zugewandt, freundlich und lebendig durch seine wechselnde Mimik wurde. Und schließlich Natürlichkeit, denn Studien zeigten, dass wir es geschafft hatten, mit unserem phosphatfreien, ph-neutralen Neutralreiniger ein Produkt zu machen, dass die Menschen mit Natur und später sogar mit Umweltbewusstsein verbanden – nicht mit Chemie.

1986 hatten wir damit für das damals eher unscheinbare, gar negativ angesehene Produkt Schmierseife eine breitere Marktbasis geschaffen, einfach weil es umweltfreundlicher und dennoch lebensfroh und fröhlich war. Das war ein Unikum. Denn wir erlebten zwar bereits die erste Hochphase grünen Denkens. Das Marktpotenzial hatte sich also schon aus einer Nische heraus weiterentwickelt. Doch intern gab es im Unternehmen noch einige, die von einer zu deutlichen Ausrichtung an grünem Gedankengut eher abrieten. Das hedonistische Yuppie-Zeitalter hatte noch lange nicht erkannt, wie gut die Verbindung aus beidem – Freude am Konsum und Nachhaltigkeit – funktionieren konnte. Als ich rund 15 Jahre später ins Unternehmen eintrat, wollte ich diese Idee jedoch auf eine deutlich breitere Basis in unserem Unternehmen bringen. So kristallisierte sich allmählich und letztlich viel früher als bei anderen Herstellern heraus, wie gut wir eine bestehende Markenstruktur mit Nachhaltigkeitsüberzeugungen und einer positiven Einstellung zu Markt und Konsum verbinden konnten. Weil die Produkte selbst bereits gut und umweltfreundlich waren, widmeten wir uns fortan in unserer Entwicklung konsequent und früher als unsere Wettbewerber der Verpackung und damit dem Plastik.

Symbolhandlung Plastikfischen

Plastikmüll ist für viele Menschen zum Inbegriff der Naturverschmutzung geworden. Als Fremdkörper fällt er in Wäldern, an Stränden und in Ozeanen auf und eignet sich visuell besonders gut zur Illustration der viel größeren Katastrophe. Das schafft Rohöl höchstens einmal, wenn wieder ein Tanker leckschlägt und die Meeresfauna und -flora verenden. Kein Wunder, dass Bilder von Plastik sammelnden Menschen unser Gewissen beruhigen und die Medien sich bereitwillig auf solche Symbolhandlungen stürzen. Je unkontrollierbarer die Plastikflut scheint, umso wohltuender ist es, wenn andere etwas scheinbar Bedeutungsvolles dagegen unternehmen. So kam die Idee des Niederländers Boyan Slat, mit schwimmenden Barrieren Plastik aus den Meeren zu fischen, super an. Ebenso ähnliche Vorhaben seiner Nachfolger, wie zum Beispiel die des Schweizer Weltumseglers Yvan Bourgnon mit seinen Seacleaners oder Marcella Hansch mit ihrem Konzept einer riesigen kammförmigen Plastikfalle.

Leider bringen derlei Aktivitäten außer schönen und besänftigenden Bildern wenig. Die Ozeane unseres Planeten haben eine Oberfläche von fast 400 Millionen Quadratkilometern. Darin schwimmt inzwischen fast so viel Plastikmüll, wie alle Meerestiere zusammen an Volumen ausmachen. Selbst das gigantischste Schleppnetz ist jedoch nur wenige Kilometer breit. Auch wenn Millionen von Menschen anfangen würden, Plastikmüll aus den Gewässern zu fischen, könnten selbst alle Fischerboote dieser Welt nur wenig ausrichten. Zumal nur drei (ja, drei!) Prozent des Plastikmülls auf der Wasseroberfläche oder direkt darunter bis zu einer Meerestiefe von bis zu 10.000 Metern dahintreiben. 97 Prozent sind damit außerhalb menschlicher Reichweite.[8] Ganz zu schweigen von dem Mikroplastik, das durch jedes Netz schlüpfen würde. Das Abfischen von Plastikmüll aus dem Meer bleibt also nichts als eine schöne Idee. Ganz abgesehen von der ungelösten Frage, wohin dieser Plastikmüll entsorgt werden sollte. An Land stapeln? Zu Schmuck und Turnschuhen verarbeiten?

Wo über Crowdfunding finanzierte Maßnahmen derart homöopathische Mengen an Plastik aus den Weltmeeren einsammeln, um es zu Souvenirs zu machen, bleibt der Eindruck eines modernen Ablasshandels zurück. Das ist ein guter erster Ansatz, wenn dadurch das Problembewusstsein bei vielen Menschen steigt. Dann ist es auch okay, wenn Prominente auf den Spuren der Plastikschleppnetze Segeltörns machen, die »der guten Sache« dienen. Schlecht ist es allerdings dann, wenn solche Aktionen und Produkte eine echte, strukturelle Lösung suggerieren, in Wirklichkeit aber nur das Publikum einlullen, für das das echte Problem dann in Vergessenheit gerät: dass Plastik von Beginn an gar nicht im Meer landen sollte und man an diesem

Grundproblem dringend arbeiten muss, statt hinterher mühsam einen winzigen Teil wieder herauszufischen.

Damit sind wir bei der ersten Ablenkungsfalle: Derlei Symbolromantik kann die Verbraucher womöglich vorübergehend davon ablenken, dass sie ihre ansonsten wenig umweltfreundlichen Konsumgewohnheiten eigentlich ändern müssten. Hauptsache, man erleichtert das eigene Gewissen und das der anderen ein wenig. Das ist sicher nicht das Ziel der sympathischen Plastikmüllsammlerinnen mit ihrem Idealismus, aber es ist ein Ergebnis ihrer Arbeit, das unbedingt vermieden werden sollte.

Abfüllstationen

Romantik und Sympathie helfen jedoch leider wenig. Was wir brauchen, sind Pragmatismus und nüchterne Lösungsorientierung. Dabei muss die Wissenschaft mit ihren messbaren und eindeutigen Ergebnissen den Realitätscheck übernehmen. Das betrifft auch die Idee, Plastikverpackungen mithilfe von Abfüllstationen zu vermeiden. Diese Alternative klingt ebenfalls charmant und klappt bei mitgebrachten Kaffeebechern auch ganz gut. Bei Reinigungsmitteln ist es jedoch keine Option. Allein schon, weil diese beim Abfüllen auslaufen oder kontaminiert werden könnten. Darüber hinaus gibt es im Handel keine raffinerieähnliche Infrastruktur – also keine Pipeline für Reinigungsmittel vom Erzeuger zur Händlerin. Das heißt, man müsste das Produkt in Einwegkanistern transportieren, denn eine Mehrweglogistik für diese Kanister wäre sehr aufwendig, weil diese laut Gesetz nicht mit Mehrwegpackungen von Lebensmitteln in Kontakt kommen dürfen. Zudem müssten Inhalt und Verpackungen zuverlässig aneinander angepasst und deklariert werden. Falls in den neu befüllten Flaschen nämlich etwas anderes drin ist, als auf dem alten Flaschenetikett zu lesen ist, kann das gefährlich werden (Rohrreiniger oder Mundwasser?), insbesondere wenn Käuferin und Anwender nicht dieselbe Person sind.

Auch das ist ein Riesenaufwand und würde noch nicht einmal wirklich Plastik einsparen. Eher birgt es neue Risiken. Zum Beispiel würden die Abfüllstutzen schnell verkeimen. Zur Entkeimung bräuchte es dann neue umweltschädliche Chemikalien mit zum Teil ätzender Wirkung. Dennoch versuchte ein bekannter Hersteller diese Variante. Der Versuch schlug fehl. Weder dem Handel noch den Verbraucherinnen oder der Presse ließen sich die Vorteile vermitteln. So fristen die letzten Abfüllstationen in einigen Supermärkten ein kümmerliches Dasein. Ein weiteres Beispiel für eine Ablenkungsfalle. Diesmal eine misslungene allerdings. Die Idee wird zunächst nicht weiterverfolgt, heißt es vonseiten des Herstellers. Aber man weiß ja nie.

Putztabletten

In der Welt der Start-ups bleiben die wissenschaftlich-nüchternen Fakten leider ebenfalls häufig hinter den Marketingversprechen zurück. Ich denke da vor allem an die Start-ups, die glauben, die Zauberformel aus Umweltschutz und wirtschaftlichem Erfolg gefunden zu haben und zum Teil wider besseres Wissen oder aus Ignoranz Produkte anpreisen, die gar nicht funktionieren können. Einer dieser »Schaumschläger«, ein gelernter Marketingprofi, kam eines Tages auf mich zu. Einer Lobhudelei auf mein Unternehmen folgte eine lange Lobhudelei auf ein neues Produkt, das er zusammen mit zwei Freunden und der Hilfe von Geldgebenden auf den Markt gebracht hatte: eine Tablette, die, in Leitungswasser aufgelöst, ein Putzmittel ergibt. Ein paar Millionen habe er schon eingesammelt, meinte er. Nun suche er einen kompetenten Partner für eine Art Co-Branding – »Made By Frosch sozusagen«. Wir sollten unsere Reputation als vertrauenswürdige Marke unter den Haushaltsreinigern einbringen, er seine »Erfindung«. Gemeinsam sollten wir so aus den kleinen Tabs ein richtig großes Geschäft machen können.

Als Unternehmer bin ich erst einmal jeder Idee gegenüber aufgeschlossen. Wer am Markt bestehen will, muss innovativ sein. Doch eine gute Story allein genügt nicht. Die Idee muss eine wissenschaftliche Basis haben. Die Chemie muss im wahrsten Sinne des Wortes stimmen. Nun war die Sache mit der Putztablette keineswegs neu. Sie hatte sich bislang nur nicht durchsetzen können. Doch der junge Mann war von dem Produkt überzeugt. Er habe es selbst getestet, wie er sagte. »Getestet?«, hakte ich nach. Nun ja, er habe schon ganz viele positive Reaktionen bekommen … »Also ein groß angelegter Anwendungstest (im Marketingjargon ›Home Use Test‹)?« Als ich fragte, ob sie denn die Wirksamkeit und Effektivität geprüft hätten und ob das Produkt wirklich nachhaltig sei, druckste er herum, bevor er einräumte, es habe sich um einen erfolgreichen Konzepttest mit ganz vielen Menschen gehandelt. In den sozialen Medien gehe die Idee durch die Decke, versicherte er mir. Influencer seien Feuer und Flamme. Ich hingegen war immer weniger überzeugt, je mehr solcher Qualitätskriterien er aufzählte. »Konzepttest« bedeutete nämlich nur, dass die Tablettengründer auf Social Media potenziellen Zielgruppen eine einfache Denksportaufgabe gestellt hatten: Sie sollten sich *vorstellen*, wie sie ohne Leistungsverlust und ökologischer als je zuvor putzen könnten. Alles, was sie dazu tun müssten, wäre, eine kleine Pulvertablette in einer einmal gekauften Flasche in Leitungswasser aufzulösen. Schon sei das Putzmittel gebrauchsfertig. Als erfolgreich getestet gilt in diesem Fall, wenn die Befragten daraufhin angeben, dass sie so ein Produkt kaufen würden. Natürlich waren die Reaktionen positiv. Wieso auch nicht? Alles blieb ja reine Theorie. Doch der Test war für unseren Gründer damit bereits bestanden. Mich überzeugte das noch nicht.

Daher machte ich ihm ein Angebot: Wir würden seinen Prototyp in unseren Laboren prüfen. Das Ergebnis? Die aufgelöste Putztablette hatte nur ein kleines bisschen mehr Reinigungsleistung als lauwarmes Wasser. Im Vergleich zu unseren Produkten zeigte sie signifikant weniger Reinigungskraft. Weder die Fettlösungs- noch die Farb- oder die Eiweißlösekraft überzeugten. Als ich dem jungen Mann das schlechte Ergebnis zeigte, entgegnete er schlicht, dass er genau deshalb die Putztabs mit unseren Nachhaltigkeitsexperten gemeinsam vermarkten wolle. Nichts konnte ihn davon abbringen, seine Putztabletten als Gewinnerprodukt zu sehen: weder der Einwand, dass die darin enthaltenen waschaktiven Substanzen oft noch auf Erdöl basierten, noch dass es nicht recyclingfähige Verbundstoffe in der Verpackung gab. Eine enttäuschende Ökobilanz. Die Ökozertifizierung? Unklar. Ein und dieselbe Flasche immer wieder mit Leitungswasser zu befüllen führt wiederum zum Problem der Verkeimung. Um das zu verhindern, müsste man Konservierungsstoffe einsetzen. Das aber ist nicht gerade ökologisch nachhaltig. Zudem waren einige der Zutaten flüssig und mussten deshalb für die Tabherstellung getrocknet werden. Das wiederum verbraucht eine Menge Energie. Und zu guter Letzt lässt sich bei Tensiden kaum etwas, was flüssig ist, ohne Qualitätsverlust als Tablette anbieten. Bei Putzmitteln in Trockenform ist der Leistungsabfall dramatisch.

Und unser Gründer? Der blieb hartnäckig. Immerhin hatte er doch den Zuspruch potenzieller Konsumentinnen. Doch was bedeutete »Zuspruch«? Dass sich Influencer halb nackt auf Instagram mit der Tablette präsentierten – schließlich sei auch das Putzmittel nackt, da es ohne Plastikflasche daherkomme? Was sagt das über den ökologischen Wert eines Produkts aus? Leider wenig. Dafür umso mehr über die Funktionsweise von Social-Media-Blasen und Marketingeffekten. Die Gründerinnen mancher Start-ups mögen Meisterinnen im Influencing sein. Von Physik, Chemie und leider auch von Nachhaltigkeit haben sie oft weniger Ahnung. Vorsichtig formuliert. Aber wenn eine hinreichend große Zahl an Influencern ein Produkt hochjubelt, bevor es überhaupt seine Güte bewiesen hat, überschreitet dies leider ganz schnell eine gewisse Plausibilitätsschwelle. Die Qualität der Ware gilt dann als bewiesen. Einfach aufgrund zahlreicher Claims und Testimonials. Nur stammen die leider nicht von wirklichen Fachleuten und oftmals nicht mal von Anwendungserlebnissen.

Immerhin muss man einräumen, dass das Start-up vorübergehend den Rückzug antrat, nachdem die geringe Wirkung des Produktes erwiesen war. Nichts schmückt ein wackeres Start-up mehr als sympathische Bescheidenheit und die Bereitschaft, aus Fehlern zu lernen und es künftig besser zu machen. Das bedeutete in diesem Fall jedoch nur, dass sich das Start-up vorübergehend von einer anspruchsvollen Zertifizierung verabschieden wollte, bis die Rezeptur rund sein würde. Allerdings hörten die Gründer währenddessen nicht auf, vollmundig einen Umsatzerfolg in dreistelliger Millionenhöhe anzukündigen. Es erinnerte mich an den Hype der New-Economy-Blase Anfang des Jahrtausends. Selbst Naturgesetze und Wirtschaftsregeln schienen außer Kraft gesetzt. Investitionen in eigentlich völlig unmögliche Produkte und Businessmodelle wurden getätigt. Bis der große Crash kam und einige reich, aber viele arm wurden. Eine ähnliche Blase brauchen wir für eine ökologisch-nachhaltige Ökonomie wirklich nicht. Denn heute geht es im wörtlichen Sinne ums Überleben.

Nicht falsch verstehen: Eine New Ecological Economy, eine Neue Nachhaltigkeitswirtschaft braucht auch innovative und kreative Start-ups. Und originelle Ideen höre ich häufig. Doch leider gibt es wenige, die über Behauptungen hinauskommen und wirklich etwas bewegen. Die lauten Schaumschläger bekommen mit ihren Ablenkungsfallen zwar viel Aufmerksamkeit für ihr Thema und ebenso viel Sympathie, oft wartet die Öffentlichkeit dann aber nicht die tatsächlichen Erfolge ab. Auch den Plastikfischerinnen rechne ich positiv an, dass sie nach ein paar Monaten zugaben, ihre Versuche seien zunächst aufgrund unerwarteter Schwierigkeiten nicht erfolgreich gewesen. Experten hatten diese zwar schon längst vorhergesehen, doch immerhin war das Eingeständnis der Plastikfischerinnen ehrlich. Allein, man las, hörte und sah nach der überwältigenden Medienresonanz auf die Ankündigung der Initiativen nun so gut wie gar nichts von diesem natürlich bedauerlichen, aber vorhersehbaren Scheitern. Es würde aber zu einer aufgeklärten Informationspolitik gehören, nach dem furiosen Einstieg auch die Kehrseite und schwierigen, gar aussichtslosen Phasen zu beleuchten. Stattdessen entstehen Geschichten ohne Ende: Solange interessante Bilder und emotionale Schlagzeilen möglich sind, ist alles prima. Danach bleibt man irgendwo im Dickicht immer wieder neuer aufregender, aber ebenfalls nicht zu Ende geführter Storys hängen. Derlei Ablenkungsfallen tragen mittelfristig aber mehr zur Informationsverwirrung bei und damit zur gefühlten Ohnmacht vieler Menschen. Und sie liefern einigen großen Playern eine ausgezeichnete Vorlage, um mit viel Getöse nichts zu tun.

Zählt das Erreichte, oder reicht das Erzählte?

Wen wundert es angesichts dieser Mediendynamik, dass sich im Marketing etliche entgegen allen Ehrlichkeitsbeteuerungen und Glaubwürdigkeitsnormen dieser Mechanismen bedienen? Erst recht, wenn es viel aufwendiger und kostspieliger wäre, tragfähige und wirklich überzeugende Qualität zu produzieren. In der Regel sind dazu zunächst hohe Investitionen nötig, bevor längerfristig ein Return on Investment (ROI) – also eine Kapitalrendite – folgt. Wenn dann andere, auch kleinere Wettbewerber schneller und auch noch erfolgreich waren, scheint die Kommunikationstrickserei auf den ersten Blick billiger zu sein.

Neben den Start-ups mit ihren tollen Geschichten haben die Großunternehmen und Handelsketten den Trick mit der Ankündigungsfalle perfektioniert. Wie unter einem Brennglas konnte ich diese bestürzenden Seiten des Marketings in einem für mich bis heute atemberaubenden Fall erleben. Ich war zu einem CEO-Forum als Rahmenveranstaltung beim Wirtschaftsgipfel in Davos eingeladen. Das Thema war »globale Nachhaltigkeit«, und deshalb fanden sich neben den Chefs multinationaler Konzerne auch einige Mittelständler wie ich ein. Die Debatte war durchaus sachlich und konstruktiv. Schlagzeilen in der ganzen Welt machte aber vor allem die Ankündigung einer der bekanntesten Marken überhaupt, nämlich Coca-Cola: Sie wolle künftig mehr und mehr umweltschonend produzieren, verpacken und distribuieren.[9] Der Geschäftsführer hatte eine Bombe gezündet. Jetzt würde alles gut werden. Wenn der Inbegriff eines amerikanischen Großkonzerns in Figur eines der mächtigsten Wirtschaftsführer weltweit ein solches Zeichen setzte, würden wohl alle folgen. Oder? Meine leichte Skepsis in der anschließenden Debatte, ob dieser Ankündigung wohl auch wirklich konsequente Schritte einer neuen Unternehmensstrategie folgen würden, wurde durchaus mit Beifall bedacht. Die Tatsache, dass wir schon damals trotz oder gerade wegen unserer vergleichsweise überschaubaren Firmengröße einen Mengenweltrekord im Recycling aufgestellt hatten, wurde ebenso wohlwollend zur Kenntnis genommen.

Aber zunächst war es ermutigend, was da ein wirklich Großer ankündigte. Größe zählt nicht immer. Da schon. Zur medialen Währung wird das Potenzial, dass der Konzern etwas vorhat, etwas tun könnte. Die Unternehmensvertreter würden doch nichts versprechen, wenn sie es nicht genau durchdacht und durchgerechnet hätten. Es gibt einen Vertrauensbonus. Das fanden auch die Medienvertreterinnen. Klar, so ein Big Boss ist selbst schon die Nachricht. Wenn er dann auch noch vom Saulus zum Paulus wird, bleibt allein schon die Ankündigung in den Köpfen hängen. Dass man einem Publikum nicht übel nimmt, dass es die Umsetzung danach nicht ständig überprüft, versteht sich von selbst. Wir vertrauen den Medienprofis. Doch die können die Großen anscheinend nicht jederzeit hinterfragen – oder wollen es, denn da gibt es die Schlagzeilendominanz, die Personalisierung, die Ressourcenknappheit, den Zeitdruck und nicht zu vergessen die Werbekunden.

Jahre später stoße ich auf einen sehr gründlich recherchierten Artikel der Nachrichtenplattform watson.ch mit der Schlagzeile »Wieso Coca-Cola als größter Plastikverschmutzer der Welt gilt«.[10] Ich rieb mir die Augen. Das war doch der, der damals in Davos diese vollmundige Ankündigung gemacht hatte … Welch traurige Pointe. Lieber hätte ich mich getäuscht. Aber an den Fakten in dem Artikel gab es nichts zu rütteln. Gründlich recherchiert, zeigte er, wie stark dieses Unternehmen durch seinen Plastikmüll die Weltmeere beschädigt. Eine traurige Nummer eins seit etlichen Jahren, mit Abstand. Selbst die Produktionsprozesse dort sollten laut watson.ch nicht weniger, sondern immer noch mehr Plastikmüll produzieren. Immerhin hatte der Beitrag bestätigt, dass es nach wie vor gründlichen, exzellent nachforschenden und tatsachenorientierten Journalismus gibt. Man muss ihn nur finden und dann die Medienkompetenz mitbringen, um anhand von Quellenvergleichen und Gegenchecks die Glaubwürdigkeit dieser Nachricht einschätzen zu können.

Dennoch: Die Ablenkungsfallen der einfühlsamen Ankündigungen, der Anbiederungen nach dem Motto »Wir haben verstanden« und des warmherzigen Noch-nicht-Handelns kaschieren nur die Untätigkeit von Firmen, werden von Medien aber dennoch gerne aufgegriffen. Echte Veränderungen in Unternehmen, bei Produkten oder den Vertriebswegen kommen hingegen selten in die Medien. Schon gar nicht mit Markennennung. Dabei könnte es sich ja um Schleichwerbung handeln. Und die fürchten die Medien außerhalb der direkten Fachpresse noch mehr als der Teufel das Weihwasser. Man darf es sich auf der Zunge zergehen lassen: Die Ankündigung wird gerne verbreitet. Die mühsame Entwicklung guter Produkte hingegen nicht. Wer würde da noch Zeit, Geld und Energie in echte Innovationen stecken, wenn große Töne spuken ausreicht? Irre.

Die Bioplastikfalle

Im Reich der Bioprodukte gibt es ebenfalls einige Ablenkungsfallen. Der Markt wird mit nicht zertifizierten und begrifflich nicht geschützten »Bio«-Waren regelrecht überschwemmt. Das macht es der Verbraucherin nicht gerade leicht, die Spreu vom Weizen zu trennen. Erst recht, wenn es um Alltagsprodukte geht, bei denen nicht allzu viel Zeit in die Auswahl gehen kann. Plastik ist dabei ein gutes Beispiel. Unser gelerntes Halbwissen sagt uns, dass bio immer umweltfreundlicher ist als nichtbio. Klingt ja ganz toll. Bio. Und damit sind wir nach der Ankündigungsfalle bei der zweiten irreführenden Ablenkungsfalle, der Biofalle. Denn die allermeisten Verbraucher wissen nicht, dass Bioplastik meistens keineswegs biologisch abbaubar ist, sondern lediglich Plastik aus pflanzlicher Herkunft. Das verrottet aber, glauben Sie es ruhig, genauso schlecht wie normales Plastik aus Erdöl. Der Grund: Die Monomere pflanzlicher Herkunft – das sind kleine Moleküle, die die Grundbausteine für die größeren Verbindungen im Plastik liefern – sind chemisch identisch mit den petrochemisch erzeugten. Man kann aus pflanzlichem Zucker über die Umformung zum Alkohol Monoethylenglykol erzeugen, daraus Plastik herstellen, und schon hat man eine Verpackung oder eine Getränkeflasche, die rund 450 Jahre braucht, um sich in den Weltmeeren zu zersetzen. Also genauso lange wie eine aus Rohöl hergestellte. Der Unterschied? Bioplastik klingt viel besser.

Leider kommt es noch schlimmer. Bioplastik – oder wissenschaftlich ausgedrückt: biogenes Plastik – benötigt, wie gesagt, Zucker. Den bilden Pflanzen besonders gut dort, wo die Sonne stark scheint. Daher wird der weitaus größte Teil des heute verwendeten biogenen Plastiks aus tropischem Zuckerrohr gewonnen. Das hat gleich zwei drastische Nachteile: Zuckerrohr wächst meist in Monokulturen mit allen negativen Folgen, die der Intensivanbau mit sich bringt. Der Flächenbedarf beim gemischten Anbau wäre noch größer, und damit sind wir beim Hauptproblem. Die Anbauflächen stehen in direkter Konkurrenz zur Nahrungsmittelproduktion und zu der Art von Vegetation, die mit Abstand am meisten CO_2 binden kann – dem tropischen Regenwald. Versuche, biogenes Plastik aus nichttropischen Pflanzen wie Mais oder Essensresten zu gewinnen, sind so wenig effizient, dass sie sich nur in kleinstem Maßstab umsetzen lassen.

Es gibt zwar auch biologisch abbaubares Plastik. Der heikle Punkt ist jedoch der Zeitraum, den es dafür braucht. Auch wenn regelmäßig das neueste Plastik fressende Bakterium des Monats gekürt wird. Alle diese wundersamen Mikroben und Pilze haben eines gemein: Sie brauchen möglichst viel Angriffsfläche bei möglichst geringer Materialstärke, um ihren Auftrag zu erledigen. Daher funktioniert das in überschaubarer Zeit nur bei sehr, sehr dünnen Plastikfolien im Labor. Ein weiteres Hindernis ist, dass die Mikroben nach denselben Lebensbedingungen verlangen wie wir Menschen. Moderat warme Temperaturen, Sauerstoff und Wasser. So wie bei einer Saftflasche im Supermarktregal. Würde dort der Plastikabbau zu schnell erfolgen, wäre das spätestens dann unappetitlich, wenn die Flasche im Regal ausläuft. Nach dem Gebrauch sind die Lebensbedingungen für die Mikroben dann jedoch meist schlechter: Im Komposthaufen ist Sauerstoff knapp, im Meer ist es salzig und kalt. Dennoch soll hier nun alles ganz schnell gehen. Schade. Da machen die Bakterien und Pilze nicht mit. Dies führt dazu, dass die handelsüblichen Getränkeflaschen nicht mehr 450, sondern nur 200 Jahre für den biologischen Abbau brauchen. »Nur« in Anführungszeichen.

Dem gegenüber steht, dass ein biologisch abbaubares Plastik einen großen Nachteil aufweist. Es erzeugt beim Verbraucher fälschlicherweise den Eindruck, dass es nicht so schlimm sei, die daraus gemachten Verpackungen in der Natur zurückzulassen, statt sie einem echten Kreislauf zuzuführen. Doch selbst wenn eine solche Verpackung ihren Weg in den Gelben Sack fände und damit zum mechanischen Recycling, würde sie weitere Probleme verursachen. Alle bisherigen biologisch abbaubaren Kunststoffe – etwa das milchsäurebasierte Plastik – lassen sich nicht mit den anderen Kunststoffen zusammen recyceln. Man muss sie aufwendig aussortieren und über den Restmüll entsorgen, also verbrennen, damit sich die anderen Teile überhaupt recyceln lassen. In Fachkreisen weiß man das seit Langem. Hier schafft falsch verstandenes Bio sogar mehr Probleme, als es löst. Dennoch lenkt ein irreführendes Marketing den Konsumenten oder die Konsumentin nur zu gerne davon ab. Lieber kreiert es eine emotional starke Hoffnungsvorstellung nach dem Motto »Das Etikett ›Bio‹ bringt alles wieder in Ordnung«. Und so läuft es auch immer noch bei großen werbestarken Getränkeerzeugern.

Die Recyclinglüge

Wo wir den drohenden Kollaps durch Plastikfischen, Putztabletten und vermeintliches Bioplastik nicht verhindern können, hilft nur noch eines: konsequentes Recycling. Das haben mittlerweile auch die Unternehmen erkannt. Allein der Erkenntnis folgt nur selten die Tat. Lieber werden hier Recyclingmethoden und -quoten verschleiert, um einen unseriös positiven Eindruck zu hinterlassen. Dies mag stellvertretend für viele eine Anekdote aus meiner Unternehmenspraxis zeigen. Ein bekanntes multinationales Unternehmen hatte wohl vernommen, dass Recycling gut ankommt. Und hatte, nicht faul, ein Haarpflegeprodukt aus dem Hause als limitierte Edition in grauer Flasche auf den Markt gebracht, die vollständiges Recycling suggerieren sollte. Ein genauerer Blick auf das Kleingedruckte im Aufkleber an der Vorderseite reduzierte die Erwartung bereits. Da hieß es, die Flasche enthalte zwanzig Prozent Rezyklat. Noch kleiner gedruckt auf der Rückseite war dann nur noch die Rede davon, die Verpackung enthalte »bis zu zwanzig Prozent Rezyklat«. Bis zu. Und nebenbei bemerkt: Ist eine Flasche erst einmal eingefärbt, ist kein echtes Recycling möglich, sondern lediglich ein Downcycling zu minderwertigeren Produkten.

Man muss jedenfalls keine Sprachwissenschaft studiert haben, um den Braten zu riechen. Wir rochen ihn und empfanden dies als unfair, sogar als Täuschung. Daher informierten wir die entsprechenden Instanzen. Im Klartext: Die Angabe »bis zu zwanzig Prozent« stimmt auch dann noch, wenn weniger als 0,1 Prozent Rezyklat in der Plastikflasche landen. Ganz zu schweigen von dem Trick, die etwas mehr als 350.000 Behältnisse als besondere »Limited Edition« anzupreisen. In Wahrheit ist dies, gemessen an der Gesamtproduktion von Hunderten Millionen Flaschen, nämlich eine winzig kleine und damit nahezu wirkungslose Menge. All dies sah das Gericht genauso. Der allzu lockere Umgang mit der Sprache und den Zahlen in den Kampagnen und auf den Etiketten wurde juristisch unterbunden. Die Flaschen in dieser Form vom Markt genommen. Übrigens gehört zu den Finessen der juristischen Möglichkeiten, aber auch Einschränkungen, dass in diesem Fall die Täuschung der Verbraucherinnen maßgeblich war. Unser Konkurrent brachte ein Werbevideo heraus, indem er sich als Unterstützer einer Plastiksammelaktion am Strand präsentierte. Immer clean, immer angenehm. Ein Zufall?

Bald schon kam eine neue Flasche auf den Markt. Diesmal vermutlich in Millionenauflage und mit einem Aufkleber auf der Vorderseite, der eine Plastikverpackung »aus 25 Prozent recyceltem Material« versprach. Wie das? Wir wunderten uns, zumal auf der Rückseite wieder »bis zu 25 Prozent recyceltem Material« stand. Wurde hier trotz besseren Wissens schon wieder getäuscht? Ich mache es kurz. Nachdem wir erneut juristisch interveniert hatten, versicherte einer der Beteiligten – nennen wir ihn »den möglichen Sündenbock« – eidesstattlich, die Aussage sei versehentlich zustande gekommen. Eigentlich habe es von Anfang an »aus 25 Prozent recyceltem Material« heißen müssen. Das

Sternchen und die entsprechend klein gedruckte Zeile seien ein Irrtum gewesen. Es fällt schwer zu glaube, dass die gut bezahlten Etagen, die für Marketing und Etikettendeklarationen zuständig sind, tatsächlich so oberflächlich arbeiten. Lassen Sie mich spekulieren. Nicht selten geht es beim Marketing darum, Grenzen auszutesten: »Vielleicht merkt es ja keiner«, denn der tatsächliche Rezyklatanteil einer Plastikflasche lässt sich aus technischen Gründen nur sehr schwer nachmessen. Irrtümer und Versehen halte ich bei dieser Häufigkeit für möglich, aber wenig wahrscheinlich. Und ich weiß auch nicht, was schlimmer wäre: bewusste Täuschung oder Schlampigkeit? Beides ist nicht gut für die Verbraucher.

Bei einem anderen Produkt warb der gleiche Konkurrent dann mit dem Etikett »hergestellt mit Ocean Plastic«. Wesentlich kleiner fiel der Packungshinweis aus, dass es sich tatsächlich um nur rund zehn Prozent der Gesamtverpackung handeln würde. »Würde« wohlgemerkt. Unsere Nachfrage ergab dann auch noch, dass es in Wirklichkeit nur zwei Prozent waren. Das Etikett suggerierte jedoch auf den ersten Blick, dass die gesamte Flasche aus Ozeanplastik bestehe. Aber kamen denn wenigstens die angekündigten (wenn auch falschen) zehn Prozent aus dem Meer? Keineswegs. Ebenfalls klein gedruckt lasen wir auf der Rückseite versteckt, dass das Plastik am Strand, an Flüssen oder an Seen gesammelt worden sei. Alles Ozean oder was? Irgendwann landet selbstverständlich jedes Wasser im Meer. Aber ist damit gleich alles »Ocean Plastic«, was jemals mit Wasser in Berührung kam? Als das Unternehmen dann unter Druck den Begriff »Ocean« durch »Flüsse und Seen« ersetzte, blieb der Markterfolg aus. Dennoch ließ es sich nicht davon abbringen, die gleiche Greenwashing-Ablenkungsfalle immer wieder anzuwenden und noch den kleinsten wiederverwendeten Kunststoffanteil mit dem sympathischen Bild der Plastiksammlerinnen am Strand zu verbinden. Weitere Sprachtricks sollten möglichst positiv klingen und dabei maximal unverbindlich sein. So ließ ein anderer führender Hersteller für Glasreiniger in den USA sein Produkt auf einer Plastikinsel ablichten und warb mit dem Slogan »100 Prozent Ocean Bound Plastic«. Fachleute wissen, dass mit dem Wörtchen »Bound« auch noch die weggeworfene Plastikflasche gemeint sein kann, die bis zu 50 Kilometer entfernt von einem »Waterway« liegt – also einer Wasserstelle wie einem Fluss, Bach, See oder notfalls auch einer Pfütze. Der Kreis des Greenwashing schließt sich an dieser Stelle. Ein echter Ressourcenkreislauf damit leider noch lange nicht.

Es geht auch anders

Verbraucher müssen also genau hinschauen, ob neue Produkte tatsächlich eine Lösung sind – oder ob es sich um eine Ablenkungsfalle handelt. Denn die professionellen Illusionisten lenken ihr Publikum nur zu gerne ab. Sie verwirren es, nutzen Effekte und schicke Begriffe. Das geschieht ebenfalls über eine bewusst verwirrend große Vielzahl an Siegeln und Labeln. Die echten, strengen Siegel werden absichtlich von unechten überflutet, damit die Konsumentinnen den Überblick verlieren. Das Marketing ist voll von Ablenkungsfallen und Greenwashing in allen Variationen. Für uns, die wir es ernst meinen, ist es ein mühsamer Kampf gegen die Schaumschläger. Und manchmal fühle ich mich wie Sisyphos, der dagegen rebelliert.

Dennoch wollte ich das vermutlich bekannte ungute Gefühl, dass in unserer Welt zu vieles falsch läuft, damals, als ich in das Unternehmen einstieg, nicht einfach für sich stehen lassen. Ich wollte mich nicht mit einer Betroffenheit modischer Achtsamkeit fast schon wohlig abfinden. Ich wollte mich nicht auf die Ablenkungsfallen der Marketing- und Greenwashing-Tricks einlassen. Auch wenn sie verhältnismäßig einfach und bequem sind. Vielmehr wollte ich einen Kreislauf entstehen lassen. Einen Kreislauf zunächst zwischen Fühlen, Denken, Handeln und zurück. Auf die Emotion folgt das Denken. Auf das Denken das

Handeln. Und das Handeln erfordert wieder die Analyse im Denken. Ein nichtoptimales Ergebnis trägt zum Verbesserungswillen bei. Ein gutes Ergebnis wird fröhlich gefeiert. Selbst in schwierigen Zeiten. Kontinuität im Wandel steht auch hier im Vordergrund. Denn ich fand und finde es besser, einen kontinuierlichen, gezielt positiven Wandel dort selbst zu erzeugen, wo ich Einfluss auf das Geschehen habe – bevor er mir disruptiv von außen aufgezwungen wird.

Echte und eindeutige Auswege aus der Umweltkrise sind meine Antwort auf die Symbolromantik des stellvertretenden Ablasshandels, bei dem das Gefühl gerechter Gesinnung schon auszureichend scheint und man die Lösungen beruhigt den Aktivistinnen überlässt. Vor sich selbst und in der Öffentlichkeit als Gerechter oder Gerechte dazustehen, ohne gehandelt zu haben, fördert vielleicht den Status in der Umweltdiskussion sowie ein angenehmes soziales Klima. Für das Klima im wörtlichen Sinne bringt das richtige Bewusstsein aber noch wenig. Aus naheliegenden Gründen, aufgrund meiner Expertise im engeren Sinne, konzentrierte ich mich dabei auf das Thema »Plastikmüll«.

Recycling wird selbstverständlich in vielen Branchen propagiert. Doch wie gezeigt ist dabei nicht alles Gold, was glänzt. Am Anfang meiner Laufbahn bei Frosch stand daher vor allem Ärger. Ärger über die großen Unternehmen, die mit Marketingtricks Nachhaltigkeit vortäuschten und doch nur auf den maximalen Gewinn bei minimalem Aufwand schielten. Ich hingegen war am Erfolg in der Sache interessiert. Mediensymbole und Helden reichten mir nicht aus. Ich wollte die kognitive Dissonanz – also die katastrophale Lücke zwischen den Werten einerseits sowie den tatsächlichen Taten andererseits – durch schlichtweg entschlossenes Handeln abbauen. In unserem Unternehmen ging das recht gut. So sind bei uns im Laufe der Jahre viele neue Ideen, neue Produkte und neue Produktionsabläufe entstanden.

Kapitel 4

Der Frosch und die Kreislaufwirtschaft

> **»Eins sind nämlich Anfang und Ende auf der Peripherie des Kreises.«**
> *Heraklit, etwa 520 bis 460 vor Christus*

Plastik symbolisiert in einer Art Doppeleffekt die Gefährdung der Natur: Zum einen verschmutzt es für alle offensichtlich Meere und Landschaften. Zum anderen verbraucht die Neuproduktion von Plastik enorme Mengen an Rohöl und heizt über den CO_2-Ausstoß den Klimawandel an. Dies ist während der Coronazeit nicht besser geworden. Der Plastikmüll hat seit Beginn der Pandemie um mehrere Millionen Tonnen zugenommen. Doch angesichts der sich zuspitzenden Ökokrisen läuft uns die Zeit davon. Wir wären gut beraten, umgehend zu handeln. Diesen Wettlauf können wir jedoch nur gewinnen, wenn wir einen kühlen Kopf bewahren und das Übel strategisch umsichtig an der Wurzel packen: Wir können das Problem nur lösen, wenn die Verursacherinnen ihr Verhalten ändern. Klingt fast banal. Ist es aber nicht. Denn die Verursacher, das sind wir leider alle, die wir täglich in den Supermärkten mehr oder weniger bewusst darauf vertraut haben, dass das bisschen Einwegplastik schon nicht so schlimm sein wird. Jetzt wissen wir es besser. Und nun stellt sich die Frage, welche wirkungsvollen Verhaltensänderungen zumutbar sind. Das Umdenken und anders Handeln bei den Konsumentinnen hat hier eine Schlüsselfunktion.

In der öffentlichen Diskussion kursiert eine ganze Reihe von Vorschlägen. Da sind Alternativen wie Verpackungen aus Glas, Blech oder Verbundkarton im Gespräch. Doch sie bieten keine bessere Ökobilanz und weisen auch nicht alle erforderlichen Eigenschaften auf, die nur Kunststoffe haben. Oder wir landen bei der Idee der Rückgabe jeder Plastikverpackung, verbunden mit einem Zwangspfand. Dies kann bei Getränkeflaschen noch einigermaßen gut funktionieren. Nicht aber bei den vielen anderen Plastikverpackungen, wie etwa für Kosmetik oder Reinigungsmittel. Eine ganze Szene vertritt deshalb sogar den kompletten Plastikverzicht. Doch das dürfte leider nur etwas für echte Asketen sein. Unter Aspekten wie Hygiene, Flexibilität oder Gefäßsicherheit ist dies in vielen Fällen schlicht unmöglich. Jedenfalls nicht, solange es kein sich selbst abbauendes Material mit gleichen Eigenschaften gibt. Und das ist nicht in Sicht. Der Weg des Verzichts funktioniert nämlich nur, wenn die Menschen in der Lage und bereit sind, mit weniger auszukommen. Diese Bereitschaft wiederum hängt von der individuellen Einstellung ab, vom gefühlten Leidensdruck und auch vom Angebot an guten Alternativen. Über Verzicht zu diskutieren fällt immer leicht, solange es sich um den der anderen handelt. Wir leben in einer Kultur der Selbstbestätigung durch Wachstum. Auf dieses Verhaltensmuster hin wurden wir fast alle geprägt. Die vordergründig konsequenteste Antwort darauf lautet Suffizienz, also die Akzeptanz des »*Weniger ist mehr*«.

Bei jedem gesellschaftspolitisch heiklen Thema, bei dem ein großer Teil der Bürgerinnen ihr Verhalten drastisch ändern soll, entstehen ähnliche Probleme. Viele machen auf Dauer nicht mit, wenn sie die Dringlichkeit nicht direkt spüren. Das ließ sich gut an der erodierenden Einhaltung der Coronamaßnahmen beobachten, obwohl es hier sogar um Leben und Tod der Risikogruppen ging. Aus psychologischer Sicht ist dieses Verhalten jedoch recht normal. Vor allem weil wir es nicht gewohnt sind, allgemeine Probleme erfolgreich durch individuellen Verzicht zu lösen. Hinzu kommt, dass derlei einschneidende Veränderungen wenig Akzeptanz finden, wenn ein Gefühl von Ungerechtigkeit entsteht. Da ist es delikat, dass die Suffizienz-Debatte in unserer Gesellschaft nicht immer von Menschen geführt wird, die mit eigenem gutem Beispiel vorangehen.

Aus Erfahrung schätze ich den Anteil der Bevölkerung, der derzeit dauerhaft verzichtsbereit sein könnte, auf rund fünf Prozent. Auf diese Zahl komme ich, weil auch unsere Marke Frosch in den 1980er-Jahren fast ausschließlich von der Gruppe der Verzichtsbereiten gekauft wurde. Das Vorurteilsklischee damals: die sprichwörtliche Wollsocke. Nun entscheiden aber die restlichen 95 Prozent mit ihrem Verhalten darüber, wie es unserem Planeten ergeht. Die fünf Prozent Wollsocken machen kaum einen Unterschied aus. Jedenfalls nicht, solange sie für die Mehrheit kein attraktives Vorbild sind und diese nicht zum Mitmachen bewegen können. Aus diesem Grund war und ist es für Teile der Industrie auch so verlockend, die Verlustangst der Durchschnittsbürger auszunutzen. Die Wirtschaft ließ daher lange verlauten, dass konsequenter Umweltschutz zwangsläufig bedeute, auf alle Annehmlichkeiten unserer Konsumwelt zu verzichten, getreu dem Motto »nur eine bittere Medizin kann wirklich wirken«. Selbst unter den fünf Prozent Verzichtsbereiten hält sich die Überzeugung, dass sich echter Umweltschutz nur am Grad des Verzichts messen lässt. Die eigene Askese wird dadurch vielleicht geadelt. Die restlichen 95 Prozent halten das jedoch wohl eher für lebensfern bis skurril. Wollsockig eben. Inzwischen wird der altmodische, fast religiös-asketische Verzicht im Sinne der Selbstkasteiung ersetzt durch einen anderen Ansatz. Schon längst haben sich Hedonismus und Umweltschutz vereinigt. Echtes Umweltbewusstsein und überzeugtes Nachhaltigkeitshandeln sind inzwischen Teil des Status geworden.

Wie aber gewinnt eine Ökomarke wie Frosch den Durchschnittskunden oder die Durchschnittskundin dafür, Ressourcen zu schonen? Zumindest theoretisch geht dies, indem man den gefühlten Leidensdruck des Einzelnen so steigert, dass mehr Menschen verzichtsbereit werden. Ein zynischer Weg zwar, doch Ängste zu schüren, um Einfluss nehmen zu können, ist eine oft genutzte Strategie, auch in der Politik. Das ließ sich, wenn auch noch sehr dosiert, im Bundestagswahlkampf 2021 erleben. Die Sorge um die Umwelt nahmen mittlerweile fast alle Parteien ernst, erst recht die der neuen Regierung. Wenn man jedoch bedenkt, wie sehr die Menschen durch die vielen und intensiven Medienberichte über Naturkatastrophen aufgerüttelt sein müssten und wie wenig sich ihr Verhalten tatsächlich ändert, dann erkennt man, dass die Intensität für einen Leidensdruck, der tatsächlich zum Verzicht führt, zu hoch sein dürfte. Denn auch wenn die Menschen in Umfragen regelmäßig geloben, nennenswert zur Lösung der Umweltprobleme beitragen zu wollen, so tun sie dies doch nur selten. Diese Diskrepanz zwischen Bekundung und Handeln kennt die Marktforschung unter dem Begriff »sozial erwünschtes Antwortverhalten«. Ein schlechtes Gewissen allein scheint nicht zu reichen. Besonders nicht im Zeitalter des virtuellen Hineinsaugens der Menschen in verschiedene Empfindungswelten. Egal ob in Filmen, Games oder sozialen Medien, die Rezipientinnen stumpfen gegenüber den vielen Storys wahrscheinlich einfach ab. Irgendwann verschwimmt auch die Grenze zwischen Dokumentation und Fiktion. Das ist auch wissenschaftlich erwiesen.[11]

Wo Verzicht also keine Option ist und vermeintliche Alternativen wie Putztabletten, Abfüllstationen oder Pfandsysteme nicht funktionieren, hat sich mittlerweile die Erkenntnis durchgesetzt, dass allein eine Kreislaufwirtschaft von Kunststoff umweltfreundlich und zumutbar für die Menschen ist. Schon lange ist bewiesen, dass sich Altplastik zu hundert Prozent in den Produktionskreislauf zurückführen lässt, solange bestimmte technische Regeln eingehalten werden, auf die ich noch zurückkomme. Und so gilt: Ja, Plastik ist für viele Anwendungen unverzichtbar. Aber: Nein, wir müssen es nicht ständig neu herstellen. Mittlerweile ist die vollständige Kreislaufführung als Antwort auf das Plastikproblem entsprechend in den Fokus seriöser Berichterstattung geraten. Bei den Ratgebersendungen sowie den Presse- und Onlinerubriken mangelt es nicht mehr an Hinweisen, beim Einkauf doch bitte auf eine vertrauenswürdige Kreislaufführung des Plastiks zu achten. Denn wo wir Wertstoffkreisläufe schließen, entsteht kein neuer Müll mehr! Vollständige Berichte betonen zudem, dass es hierbei nicht nur um die theoretische Recyclingfähigkeit geht, sondern vor allem um die praktische Umsetzung des Recyclings. Zu erkennen an dem Hinweis »aus 100 Prozent Altplastik«. Die Herausforderung besteht allerdings darin, diese nicht allzu komplexe Information für alle und nicht nur für die Gutwilligen und Informierten attraktiv rüberzubringen. Oft geht diese Information aber leider in einer Kakophonie derer unter, die nur scheinbar eine Lösung haben.

Über die Kreislaufwirtschaft

Zur Idee des Kreises habe ich ein ausgesprochen positives Verhältnis. Das Sich-im-Kreise-Drehen gehört selbstverständlich nicht dazu. Zumindest nicht bezogen auf das Denken. Die meisten dürften mit der Form des Kreises zunächst einmal schon rein ästhetisch angenehme Emotionen verbinden. In der Natur signalisiert das Runde bis hin zum Kindchenschema sogar etwas Bewahrenswertes und Erfreuliches. Nüchterner betrachtet, steht der Kreislauf gleichbedeutend für das Leben an sich und seine Funktionen. Ein natürlicher Kreislauf bedeutet sogar, dass ein totes Geschöpf als Kadaver wieder den Nährboden für Insekten, biologische Prozesse und letztlich neues Leben bildet. Die Natur kennt keinen Müll. Hier speist sich jedes Produkt wieder in eine neue Verwertungskette ein. Meine Leidenschaft für den Kreislauf ist allerdings vor allem wirtschaftlicher und gesellschaftspolitischer Natur. Die Kreislaufwirtschaft – als systematische

Circular Economy 1990 vom Wissenschaftler David W. Pearce in die Fachliteratur eingeführt – ist vom Prinzip her um Jahrtausende älter als ihre Aufbereitung in der akademischen Welt. Sie ist mindestens so alt wie der Ackerbau und die Viehzucht des Menschen. Die landwirtschaftlichen Erzeugnisse dienten den Menschen als Nahrung. Abfallprodukte wie Dung oder Pflanzenreste förderten die Fruchtbarkeit des Bodens. Das Stroh der Felder kam in den Stall oder diente der Energiegewinnung. Schon lange vor der Industrialisierung ab dem 19. Jahrhundert fügte sich die menschliche Produktion aber nicht nur in positive Kreislaufprozesse ein. Je komplexer die Herstellung einer Ware, desto öfter kam es – meist in Unkenntnis chemischer Prozesse – zu umwelt- und gesundheitsschädlichen Nebenwirkungen. Die Bleivergiftungen im frühen Bergbau sind ein Beispiel dafür. Die verheerenden hygienischen Zustände in den Städten ohne entsprechende Abwassersysteme sind ein anderes.

Mit dem Beginn des Industriezeitalters verschärften sich diese menschengemachten Ressourcensackgassen. Im Fachjargon der Wirtschaft nennt man sie auch »lineare Wirtschaftsketten«. Daher steht der Manchester-Kapitalismus nicht nur für die rücksichtslose Ausbeutung des Menschen, sondern auch für den Raubbau an der Natur. Das wird nicht besser dadurch, dass Folgen wie die Luft- oder Wasserverschmutzung noch nicht bekannt waren. Bis in die 1960er-Jahre hinein galten rauchende Schlote gar als Sinnbild für fortschrittliche Industrielandschaften. Dann merkten die Menschen im Ruhrgebiet, in Bitterfeld, Pittsburgh oder Delhi, dass schnell verdreckte Laken auf der Wäscheleine und Smogglocken nicht nur hässlich, sondern weitaus schlimmer sind. Die Diagnosen der Lungenfachärzte und die toten Fische in den Flüssen und Seen machten das Unheil sichtbar. Dabei waren das nur die direkten Folgen. Heute wissen wir, wie viel dramatischer sich der ungehemmte Raubbau auf den ganzen Planeten ausgewirkt hat. Und immer noch nahezu ungebremst auswirkt.

Wie schön wäre es also, wenn sich der ganze Dreck einfach – wie seinerzeit der Dung – wieder vollständig zu einer nützlichen Weiterverwendung in den Kreislauf zurückführen ließe? Wenn. Leider sind die Produktionszusammenhänge bei vielen Produkten dazu viel zu kompliziert. Es gibt vieles, was dem im Wege steht: chemische Prozesse, physikalische Gegebenheiten, wirtschaftliche Abhängigkeiten, soziale Verflechtungen, einseitige politische Interessen, menschliche Trägheit, mangelnde Einsicht und vieles mehr. Ab einer bestimmten Organisationsgröße und einem gewissen Maß an globaler Verflechtung von Rohstoffen, komplizierter Logistik und Regulationen – um nur einige Faktoren zu nennen – wird eine konsequente Kreislaufwirtschaft immer schwieriger. Das sei an einem Beispiel erläutert.

Der amerikanische Hersteller von Outdoorkleidung Patagonia wirbt mit seinem Nachhaltigkeitskonzept und seiner Kreislaufwirtschaft. Doch je mehr Funktionen – wie Temperaturschutz, Widerstandsfähigkeit, Flexibilität und Tragbarkeit – ein Kleidungsstück haben soll, desto mehr Chemikalien sind notwendig. Solche Textilien lassen sich einfach nicht mehr so gut recyceln. Mikrofasern lassen sich überhaupt nicht mehr in den Kreislauf zurückführen. Patagonia hat auf dieses Problem Antworten gesucht und gefunden, die nicht zugleich exorbitante Preise bedeuten. Auch wenn die Produkte von vornherein nicht billig sein können. Zunächst strebt der Hersteller eine möglichst lange Lebensdauer seiner Kleidungsstücke an. Das steht im Gegensatz zum Trend der Fast Fashion mit ihren immer schnelleren Lebenszyklen. Außerdem soll sich die Kleidung besonders gut reparieren lassen. Mithilfe professioneller Anleitung können das die Kunden sogar selbst tun. Sie können aber auch in eines der zahlreichen Reparaturzentren oder zu den mobilen Werkstätten von Patagonia gehen, die quer durch Europa touren. Das ist nicht nur ein kluger Marketingschachzug, das ist auch eine gute Story. Gebrauchte Kleidung verkauft Patagonia über seine eigene Plattform weiter. Die Kleidung muss also gar nicht aufwendig auseinandergenommen werden, um »recycelt« zu werden.

In den Kreislauf im engeren Sinne kommen die Produkte, wenn Reparatur und Weiterverkauf nicht mehr greifen. Dann nimmt Patagonia alle seine Kleidungsstücke zurück. Viele Bestandteile gehen wieder in die Neuproduktion. Gleichzeitig stellt das Unternehmen den Großteil seiner Kunstfasern aus recycelten PET-Flaschen her – und zwar unter fairen Arbeitsbedingungen für alle an der Produktion direkt und indirekt beteiligten Menschen. Überzeugend ist auch, dass Patagonia möglichst transparent kommuniziert, wo es mit seinen Nachhaltigkeitskonzepten und seiner Kreislaufwirtschaft an Grenzen stößt. Das Beispiel zeigt, dass unter die Sammelbegriffe Nachhaltigkeit, Kreislaufwirtschaft und Recycling ganz unterschiedliche Unternehmen und Produktionen fallen können. Jede Branche muss dabei ihre eigenen und vor allem ehrlichen sowie maximal wirksamen Wege finden.

Auch bei Plastik lässt sich der gordische Knoten durchtrennen. Man muss nur wollen. Der Ansatz des Cradle-to-Cradle (englisch für Wiege zu Wiege) des deutschen Chemikers Michael Braungart kennt dabei zwei Arten von Kreisläufen, die in der Grafik rechts zu sehen sind. Im biologischen Kreislauf nutzen Menschen pflanzenbasierte Substanzen, die anschließend über Bakterien zu neuem Dünger für weitere pflanzliche Rohstoffe werden. Bei ökologischen Reinigungsmitteln funktioniert das sehr gut. Sie dürfen keine Phosphate und biozid wirkende Konservierungsmittel enthalten, die sich in der Umwelt nicht abbauen und deshalb Flüsse und Seen verschmutzen. Bei den Plastikverpackungen sieht das anders aus. Hier kommt der zweite Cradle-to-Cradle-Ansatz zum Tragen: der technische Kreislauf, besser bekannt auch als Recycling. Inwieweit ein Kreislauf, ob biologisch oder mechanisch, tatsächlich die Umwelt entlastet, messen wir bei Frosch über drei Kriterien:

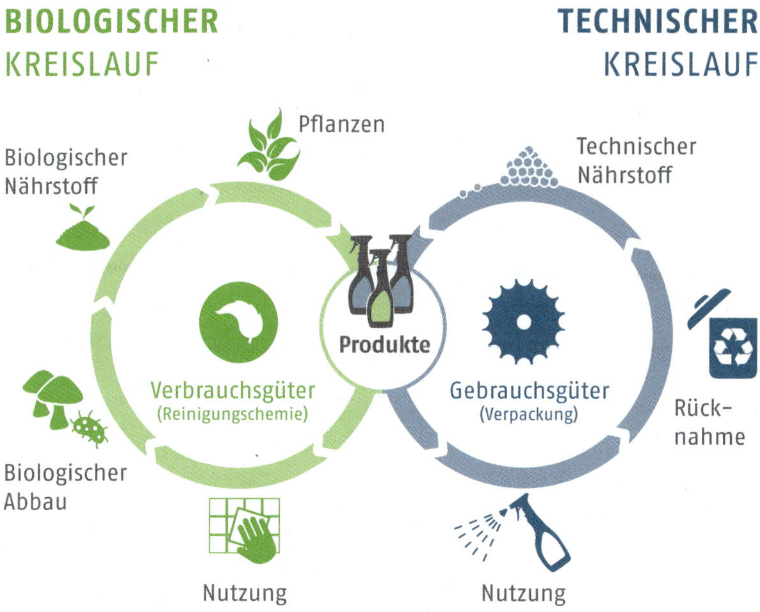

Die Grafik zeigt die zwei Arten von Kreisläufen, die auf Basis des Cradle-to-Cradle-Ansatzes bei Frosch zum Einsatz kommen. Links der biologische Kreislauf der ökologischen Reinigungsmittel. Rechts der technische Kreislauf des mechanischen Recyclings von Plastikverpackungen.

- Menge: Kann eine Technologie den Materialkreislauf in der Menge schließen? Jeder Rohstoffverlust belastet direkt oder indirekt die Umwelt.
- Qualität: Lässt sich das ursprüngliche Qualitätsniveau des Materials zumindest erhalten? Ein Qualitätsverlust, das sogenannte Downcycling, belastet die Umwelt mehr als Recycling (gleiche Qualität) oder Upcycling (höhere Qualität).

- Energie: Wie viel Energie benötigt der Kreislauf? Und inwieweit ist der Prozess frei von anderen negativen Umweltauswirkungen?

Mit diesen recht überschaubaren Kriterien lässt sich die Güte eines Kreislaufkonzept eigentlich gut überprüfen und quantifizieren.

Mit dieser Einsicht haben wir uns einmal weltweit angeschaut, wie viele im Markt bekannte Unternehmen nicht nur Kreislaufwirtschaft propagieren, sondern sie auch wirklich konsequent entlang aller Produktionsprozesse umsetzen. An wohlfeilen Worten, Deklarationen und Slogans gibt es keinen Mangel. Auch gute Absichten mag ich den meisten unterstellen. Ließe sich die Kreislaufwirtschaft zum Nulltarif bekommen, sähe die Situation vermutlich anders aus. Aufsichtsräte, Investorinnen, Analysten, Banken und Anteilseignerinnen würden die Idee wahrscheinlich stärker unterstützen. Daran aber hapert es leider immer noch. Nur wenige wollen ihr Portemonnaie und ihren Status auch nur ein wenig aufs Spiel setzen. Und so gibt es etliche vernünftige Ansätze, überzeugende Ideen, gutwillige Topmanagerinnen und Mitarbeiter. Aber ebenso häufig gibt es auch Stückwerk, Stehenbleiben auf halber Strecke und scheinbar preiswerteres Kreislaufmarketing ohne echte Basis in der Produktion. Mit anderen Worten: Bei unserer Suche nach vollständig und konsequent umgesetzten Praxisbeispielen für eine gute Kreislaufwirtschaft wurden wir nicht gerade oft fündig. Dafür fanden wir eine ganze Menge an Recyclingablenkungsfallen.

Die Ablenkungsfalle Pyrolyse

Das Wort Recycling leitet sich vom griechischen Wort *kýklos* (Kreis) ab. Dazu kommt die lateinische Silbe *re* (zurück). Schon die alten Griechinnen und Römer kannten die Kreislaufwirtschaft. Jede Ware war wertvoll. Metalle und Glas sammelten sie ein, schmolzen sie und arbeiteten sie um. Altmetallsammlerinnen gingen durch die Straßen, um Verwertbares zu suchen. Daher finden Archäologen in den antiken Haushalten kaum Metalle oder Glas. Alles, was sich zu Geld machen ließ, verwendeten unsere Vorfahren weiter. Das war ein gutes Zusammenspiel aus den Interessen der Individuen, des Gemeinwesens und der Politik.

Ein derartiges Zusammenspiel sucht man in unserer heutigen Wirtschaft leider vergebens. Exemplarisch lässt sich das anhand der Pyrolyse von Plastikabfällen beschreiben. Viele große Unternehmen setzen auf dieses angebliche Recyclingverfahren. Selbst die Politik lässt sich von den entsprechenden Lobbyistinnen durch wohlklingende Botschaften verführen. Wie zum Beispiel die zwei Dutzend Großkonzerne, darunter das Who's who der internationalen Petrochemie, die in umfangreichen Pressemitteilungen erklärten, sie hätten die Dringlichkeit des Plastikmüllproblems verstanden. Das machte erst einmal Eindruck. Es dürfe mit der Plastikvermüllung unseres Planeten nicht mehr so weitergehen, hieß es in ihrer Erklärung. Daher werde man sich zu einer Interessengemeinschaft mit dem vielversprechenden Namen Alliance to End Plastic Waste zusammenschließen. Aha. Um einen angeblich umweltschonenden Plastikkreislauf herzustellen, wollte die Allianz auf das hochmoderne Verfahren der Pyrolyse setzen und für diesen Zweck über 1,5 Milliarden US-Dollar bereitstellen. So etwas stimmt doch hoffnungsvoll, oder nicht?

Fast fünf Jahre später stand noch immer keine einzige größere Aufbereitungsanlage aus diesem Projekt. Das machte mich nachdenklich. Eine weitere Ablenkungsfalle? Denn wenn trotz immer neuer Ankündigungen so gut wie nichts passiert, dann frage ich mich irgendwann, wo es denn klemmt. Meine Skepsis stieg, als dieselben großen Erdölfirmen fast gleichzeitig und mitten in der Coronapandemie gegenüber Börsenanalysten ein deutliches Wachstum ankündigten. Wie konnte das sein? Wie konnten sie denn die Einnahmeausfälle aus dem coronabedingten Nachfragetief für Benzin und Kerosin kompensieren, wenn sie auch noch Plastik nicht neu aus Rohöl, sondern aus Altplastik herstellen wollten? Das Paradoxon lässt sich durch eine Beschwichtigungs- und Ablenkungsfalle erklären. Denn tatsächlich ergeht es dem Altplastik bei der Pyrolyse folgendermaßen: Er wird zusammen mit einer beliebig großen Menge an frischem Rohöl (aus welcher Weltregion das wohl kommt?) auf bis zu 1.500 Grad erhitzt und verflüssigt. Das Plastik wird hier also in seine petrochemischen Bestandteile zerlegt, um es mithilfe von frischem Öl wieder zu Plastik zu verarbeiten. Das Grundprinzip ist alles andere als neu. Bereits in der Jungsteinzeit gab es eine einfache Form der Pyrolyse. Zum Beispiel, um aus Holzscheiten Holzkohle zu gewinnen. Die vielen Varianten der Pyrolyse – auch Chemcycling oder chemisches Recycling genannt – haben eines gemeinsam: Sie erfordern viel Energie, um zum Beispiel aus Plastik das erwünschte Pyrolyseöl zu gewinnen. Eine Studie großer Umweltorganisationen hat die schlechte Bilanz dieses Verfahrens belegt: Um eine Tonne Altplastik in Plastik zu verwandeln, braucht die Pyrolyse eine Tonne fossiler Brennstoffe als zusätzlichen Energielieferanten.[12] So viel dazu. Die meisten unabhängigen Fachleute sehen die Pyrolyse daher auch nicht als Unterart des Recyclings an, sondern als eine Variante der Verbrennung. Von wegen klimaschonend. Jedes Gramm verbranntes Plastik erzeugt rund drei Gramm CO_2. Hinzu kommt, dass eine große Menge an Werkstoff bei der Pyrolyse verloren geht. Das wenige, was dabei an Pyrolyseöl gewonnen wird, lässt sich zudem meist nur nach einer zusätzlichen, aufwendigen chemischen Reinigung weiterverarbeiten.

Wenn all dies bekannt ist, warum würde die Alliance to End Plastic Waste ganze 1,5 Milliarden Dollar ausgeben, um solch eine ressourcenfressende Technologie zu fördern? Mehrere Gründe drängen sich auf. Zum einen kommt der hohe Energiebedarf denen entgegen, die den günstigsten und billigsten Zugang zu fossilen Energieträgern haben – den Erdölfirmen in der Allianz. Konzerne wollen nicht groß investieren. Da kommt es gelegen, dass sich das Pyrolyseöl einfach in die bestehenden Anlagen kippen lässt. Was an Altplastikmasse bei der Pyrolyse verloren geht, lässt sich durch neues Plastik aus fossilem Erdöl billig ersetzen. Man macht einfach mit der alten Erdölmaschinerie weiter. Das Wunder der Pyrolyse. Greenwashing pur. Und eine klare Ablenkungsfalle. Manche nennen die Pyrolyse daher auch die große Pyrolüge. Zum anderen kommt die Pyrolyse bei Unternehmen auch deshalb so gut an, weil sich die Herkunft und Menge des Altplastiks perfekt verschleiern lässt. Denn der Mischmasch im Pyrolyseöl ist technisch so perfekt angerührt, dass sich in naher Zukunft durch kein Verfahren der tatsächliche Altplastikanteil nachweisen ließe. Dabei hilft das extrem irreführende Massenbilanzverfahren. Es ermöglicht statistische Durchschnittswerte und Annahmen. Tatsächlich aber bleibt dabei offen, ob eine einzelne Verpackung nun wirklich Altplastik enthält oder nicht. Selbst mit einem Anteil von 0 Prozent Altplastik könnte ein Unternehmen dies immer noch als individuellen Ausreißer bezeichnen und sich herausreden. Das ist auch genau der Grund, warum unserer Wettbewerber – als er nicht mehr behaupten durfte, es seien »bis zu« 25 Prozent Altplastik in der Plastikflasche – flugs den Aufdruck änderte und nun von »mindestens« 25 Prozent Altplastik im Produkt sprach. Unternehmen können also getrost Etiketten mit der Aufschrift »mit Altplastikanteil« in Auftrag geben, egal wie viel tatsächlich recycelt wird. Besser geht es nicht für ein Greenwashing-Märchen.

Dagegen helfen nur Störfalle der Aufklärung. Zum Beispiel, als die Deutsche Umwelthilfe, der Naturschutzbund Deutschland (NABU), die europäischen Organisationen Zero Waste Europe, GAIA, ECOS und Reth!nk Plastic sowie das European Environmental Bureau die Ökobilanzen zum sogenannten chemischen Recycling unter die Lupe nahmen. Die Studie fällte im Dezember 2020 ein vernichtendes Urteil.[13] Die Ökobilanzen großer Chemiekonzerne seien wenig glaubwürdig und tendenziös. So werde beispielsweise der Anschein erweckt, dass die Pyrolyse wenig bis gar keine externe Energie erfordere. Außerdem werde behauptet, der Output des chemischen Recyclings habe die gleiche Qualität wie neues Plastik. Auch der hohe Materialverlust soll laut der Studie nicht in den Ökobilanzen aufgetaucht sein. Die Toxizitätswerte würden nicht näher untersucht und generell die Datensätze zum Großteil nicht offengelegt. Nur selektiv würden Ergebnisse präsentiert, die Analysen seien unvollständig. Das alles mache eine unabhängige Überprüfung der Ökobilanzen unmöglich. Fazit der Studie und Appell an die Politik: Man müsse solche Ökobilanzen mit Vorsicht betrachten und dürfe sie nicht als Entscheidungsgrundlage nutzen. Und die Politik? Sie hat der Pyrolüge bislang kaum Hürden in den Weg gestellt. Im Gegenteil. Zahlreiche Pilotprojekte wurden auch mit staatlicher Unterstützung angestoßen, dank einflussreicher Lobby. Im Frühjahr 2021 begann noch ein saudischer Petrochemiekonzern in den Niederlanden mit dem Bau einer größeren Pyrolyseanlage. Doch die kritiklose Unterstützung der Pyrolyse durch die Politik hat sich dankenswerterweise ein wenig geändert.

Die Studie der Nichtregierungsorganisationen gab mir die Argumente für einen weiteren Aufklärungsstörfall an die Hand. Während der Coronazeit war ich zu einer Podiumsdiskussion per Videokonferenz eingeladen worden, bei der es um chemisches und mechanisches Recycling ging. In der Diskussion fragte ich also, wie die Alliance to End Plastic Waste einen Verbrennungsprozess als Recyclingart definieren könne. Ich würde nicht verstehen, warum die großen Player der Allianz akzeptierten, dass die Chem-Recycler in ihren Energie- und Ökobilanzen so massiv tricksten. Dass sie ihre CO_2-Bilanz nicht nachvollziehbar offenlegten. Ob sie das nötig hätten, wollte ich wissen. Der Moderator forderte den Lobbyvertreter eines großen Chemiekonzerns, der als Plastikproduzent das chemische Recycling fördert und dies mit Ökobilanzstudien und angeblicher Technologieoffenheit schönredet, wohlwollend auf, doch Stellung zu beziehen. Das war nicht so einfach. Was konnte er schon erwiesenen Fakten entgegensetzen? Viel Nebel, viel nichts. Ich hatte einen echten Störfall geschaffen. Beinahe erklangen die Alarmsirenen. Eilig wurde der in die Defensive gebrachte Lobbyvertreter von ein paar Gleichgesinnten verteidigt. An meine Adresse gerichtet, meinte nunmehr der Moderator, es gehe nicht an, auf einer Podiumsdiskussion den Vorwurf der Fälschung zu äußern. Es wurde sogar an meinen Anstand appelliert. Dabei hatte ich nur nicht drum herum geredet und auch keine Höflichkeitsfloskeln bemüht. Stattdessen hatte ich Klartext gesprochen und die Argumentationskette der Befürworter des chemischen Recyclings infrage gestellt und widerlegt.

Dem Chemiekonzern war diese Debatte offenbar derart unangenehm, dass die Videoaufzeichnung nach der Veranstaltung – trotz vorheriger Einverständniserklärung – nicht mehr veröffentlicht wurde. Widerspruch? Nicht erwünscht. Doch allein dabei blieb es nicht. Unmittelbar nach der Veranstaltung erhielt der Leiter unserer Verpackungsentwicklung einen Anruf vom Verantwortlichen für das Thema chemisches Recycling des Chemiekonzerns. Man müsse wohl das Verhältnis zu uns überdenken, ließ dieser verlauten. Nachdem sie das Video gesehen hätten, seien sie empört. Wir seien doch, so die unverhohlene Drohung, Abnehmer pflanzlicher Tenside aus ihrem Haus. Boykott? Aha. Auch der Leiter unserer Produktentwicklung erhielt eine Nachricht, dieses Mal aus dem Vertrieb des Chemiekonzerns. Die Debatte sei schon bis zum Geschäftsführer vorgedrungen. Es stehe auch eine Abmahnung gegen unser Unternehmen im Raum. Ich habe mich damals gefragt, welchen Rechtsverstoß uns die Freunde des klimaschädlichen und ressourcenhungrigen chemischen Recyclings denn vorwerfen wollten. Üble Nachrede oder Verleumdung konnte es nicht sein. Meine Aussagen hatten auf Fakten beruht, die ich während der Diskussion auch dargelegt hatte. Allenfalls um die Beleidigung eines Unternehmens, das mit vielen Arbeitsplätzen im Zweifelsfall mehr politische Rückendeckung genießt als ein Mittelständler – wenn auch ein nicht mal so kleiner.

Ablenkungsfalle: Industrierezyklat

Der Trick der schönen Worte, Slogans und Verschleierungen funktioniert aber nicht nur bei der Pyrolyse. Die Angabe »aus 100 Prozent recyceltem Plastik« kann den Konsumenten oder die Konsumentin ebenfalls in die Irre führen. In der Regel geht eine Verbraucherin davon aus, dass das Plastik dieser Verpackung schon mindestens einmal im Gebrauch war und dann zurückgeführt sowie recycelt wurde. Möglicherweise handelt es sich jedoch um sogenanntes Industrierezyklat. Das hat der Produzent keineswegs aus Haushalten oder der Natur zurückgeholt, sondern als Produktionsabfall aus der Industrie erhalten. Man spricht dabei auch vom sogenannten Post Industrial Rezyklate (PIR). Das ist ein enormer Unterschied zum sogenannten Post Consumer Rezyklate (PCR) – also dem Material, das tatsächlich dort eingesammelt wurde, wo ansonsten Müll entstanden wäre. Die allermeisten industriellen PIR-Abfälle kommen seit jeher aus Kostengründen wieder in die Fertigung. Das ist wie beim Ausstechen von Weihnachtsplätzchen. Wenn die Plätzchenform auf dem ausgerollten Teig keinen Platz mehr findet, wirft man den Teigrest ja auch nicht in den Müll. Man knetet ihn zusammen und rollt ihn noch mal aus, um weitere Plätzchen zu machen. Genauso machen es die Produzenten seit jeher mit dem PIR. Da hat sich nichts geändert. Außer der irreführenden Werbung auf der Packung, die den Kundinnen fälschlicherweise suggeriert, hier würde jetzt umweltschonender als zuvor fabriziert. Der Gesetzgeber hat diesen billigen Trick durchschaut. Deshalb gibt es bereits eine Verordnung, die es verbietet, die eingearbeiteten Eigenabfälle als Rezyklat auszuloben. Doch schon kommt der nächste Trick. Die Hersteller tauschen ihre Industrieabfälle einfach mit denen eines Industriepartners. Schon handelt es sich – juristisch gesehen – um gewerbliche Abfälle Dritter, die der Verordnung nicht mehr unterliegen. Und um die Verwirrung perfekt zu machen, nennt man diese Abfälle in den Fachgremien dann auch nicht mehr Post Industrial Rezyklate, sondern Pre Consumer Rezyklate. Zufällig hat diese Bezeichnung die gleiche Abkürzung PCR wie das tatsächlich umweltentlastende Post Consumer Rezyklate. Zufällig.

Die echte Lösung: Mechanisches Recycling

Der Skandal ist nicht nur, dass Verbraucher massenhaft betrogen und getäuscht werden. Die Liste der Negativbeispiele ließe sich nämlich noch beliebig erweitern. In Zeiten, in denen es die Wissenschaft schwer hat, sich gegen verführerisch einfache »alternative Fakten« zu behaupten, boomt das Greenwashing. Manchmal könnte ich schon resignieren. Ein Trend folgt dem nächsten. Eine emotional durchgestylte Scheinrealität löst die andere ab. Das mag aus der Sicht vieler Börsenanalystinnen eine erfolgversprechende Marketingstrategie sein. Sie hinterlässt jedoch eine innere Leere. Und sie zeugt von mangelndem Respekt gegenüber den legitimen Wünschen und Hoffnungen vieler Menschen, die tatsächlich etwas für die Umwelt verbessern möchten. Wenn ich mir nämlich ansehe, wie beliebt die Öko-Start-ups und Plastikfischer sind, kann ich doch eine Hoffnung schöpfen: Bei all den negativen Entwicklungen ist es tröstlich zu sehen, dass sich damit – wie bei jedem großen Trend – ein Gegentrend entwickelt. Ganz augenscheinlich gibt es den gesellschaftlichen Konsens darüber, dass Handeln dringend notwendig ist. Das ist gut. Da braucht es auch die Gefühlsansprache, um Menschen aufzurütteln und zu motivieren. Der nette Held oder die sympathische Aktivistin haben, so gesehen, ihre Berechtigung. Sie erzeugen Aufmerksamkeit. Der Ruhm sei ihnen gegönnt.

Wir dürfen dann jedoch nur nicht bei einem blinden Aktionismus und angenehmen Gesten stehen bleiben. Gefühle und Betroffenheit allein lösen keine Probleme. Wir brauchen auch entschlossenes, gemeinsames Handeln. Mit Leidenschaft und Sachbezug.

Das bleibt bislang jedoch weitestgehend aus. Trotz all der schönen Rettungsgeschichten und vollmundigen Ankündigungen werden nur circa zehn Prozent aller Plastikverpackungen in den Recyclingkreislauf zurückgeführt. Möglich wäre jedoch dramatisch mehr – je nach Recyclingfähigkeit sogar auch 100 Prozent. Wir könnten also dafür sorgen, dass nahezu kein Plastikmüll mehr klimaschädlich verbrannt wird oder in den Ozeanen landet! Das Altplastik aus dem Gelben Sack lässt sich mittlerweile nämlich sehr hochwertig in einem Upcyclingverfahren sortenrein und sauber aufbereiten. Plastik eignet sich aufgrund seines geringen Schmelzpunktes sehr gut dafür, immer wieder neu verwendet zu werden. Die direkteste Form der Kreislaufwirtschaft ist in meiner Branche damit das mechanische Recycling von Plastik. Wenn dabei zehn alte Kunststoffflaschen in die Verwertungsanlage wandern, können auch wieder zehn neue entstehen. Das ist echtes Recycling im Sinne einer klimafreundlichen Kreislaufwirtschaft. Je mehr Plastik wir im Kreislauf halten, desto weniger neues Plastik müssen wir klimaschädlich produzieren. Und desto weniger Plastikmüll fällt an. Das mechanische Recycling spart somit erhebliche Mengen CO_2. Und das ist nicht nur meine Meinung. Die Wirksamkeit, Nachhaltigkeit und der Erfolg im Sinne von Kosten und Nutzen für Verbraucherinnen, Gesellschaft und Umwelt ist wissenschaftlich belegt. Eindeutig. Von unabhängigen Forscherinnen. Nicht zuletzt mit dem Ziel, noch mehr Politiker zu überzeugen, startete ich bei bei Frosch 2012 die Rezyklat-Initiative, die sich gemeinsam mit unseren Partnern für einen echten Kreislauf des Verpackungsmülls einsetzt.

Als ich im Sommerurlaub 2010 auf der Rückseite von *Spektrum der Wissenschaft* eine Werbung für den Wirtschaftsstandort Baden-Württemberg sah, war ich zunächst amüsiert. Unter dem Slogan »Wir können alles außer Hochdeutsch« war zu lesen, dass zwei der drei Finalisten für den Deutschen Zukunftspreis 2010 aus ebendiesem Bundesland mit der Hochdeutschschwäche stammten. Nachdem ich die kurzen Beschreibungen der Projekte der Finalisten gelesen hatte, wurde ich neugierig: Eine Firma namens Unisensor beanspruchte für sich, erstmals ein technisches Verfahren entwickelt zu haben, mit dessen Hilfe man PET auch aus stärker verschmutzten Quellen wie dem Gelben Sack hochwertig für das Recycling heraussortieren könne.

Ich wollte unbedingt mehr darüber wissen, denn wir hatten bereits 2008 bei den Frosch-Flaschen begonnen, Rezyklate einzusetzen. Sie stammten jedoch nicht aus dem Gelben Sack, sondern aus geschredderten Mehrwegflaschen der Getränkeindustrie. Diese Materialquelle machte zwar ökologisch Sinn, da man PET-Mehrwegflaschen nur rund zwanzigmal wiederbefüllen kann, denn sie schrumpfen bei jedem vorher notwendigen heißen Auswaschen etwas und sind dann irgendwann einfach zu klein und zu abgewetzt, um einen weiteren Mehrwegzyklus zu durchlaufen. Es war also richtig, die ausgedienten Mehrwegflaschen in Rezyklat zu verwandeln, anstatt sie – wie früher – zu CO_2 zu verbrennen.

Aber was war mit den vielen Einwegplastikflaschen, die jeder und jede von uns zu Hause im guten Glauben an eine Kreislaufführung in den Gelben Sack sortiert hatte? Die bittere Wahrheit: Dieses Material wurde, wenn überhaupt, nur downgecycelt und zu eher minderwertigen Dingen wie zum Beispiel Parkbänken verarbeitet. Schlimmer noch, das meiste davon wurde schlichtweg als billigster Hilfsbrennstoff in den überdimensionierten kommunalen Müllheizkraftwerken verbrannt. Und je mehr davon verbrannt wurde, desto mehr konnten diese Heizkraftwerke ihre CO_2-intensive Vernichtungsleistung lukrativ bei der Kommune und damit beim Steuerzahler abrechnen.

Sollte die Lösung dieses ökologischen Missstandes also in einem ultimativen Mehrweggebot liegen? Nicht unbedingt. Bei Getränkeflaschen kann der Mehrweg zwar ökologisch durchaus hilfreich sein, sofern die Transportwege nicht zu lang sind. Bei sogenannten Nonfood-Verpackungen wie etwa Reinigungsmittelflaschen würde Mehrweg allerdings kaum funktionieren. Die Verbraucherin müsste die entleerten, manchmal dann klebrigen Flaschen separiert von den Getränkemehrwegflaschen zu Hause sammeln – und dabei *nicht* mit heißem Wasser auswaschen (sonst leidet die Energiebilanz nämlich massiv). Dann müsste man beim nächsten Supermarktbesuch nicht nur bei den Rücknahmeautomaten für Getränkeflaschen Schlange stehen, sondern dann gleich noch mal bei den Automaten für die Nonfood-Verpackungsrücknahme. Denn die strikte Trennung beider Wertstoffströme Food/Nonfood ist in Europa gesetzlich zwingend vorgeschrieben.

Alles in allem für den Verbraucher einiges an nicht wirklich zumutbarer zusätzlicher Mühe und obendrein nötiger Sammeldisziplin. Nur um sich die paar Cent Pfand zurückzuholen. Nach unseren eigenen Marktforschungserfahrungen wäre die Wahrscheinlichkeit recht hoch, dass viele Konsumentinnen vor diesem Mehraufwand kapitulieren und die Flaschen trotz Pfand im Hausmüll entsorgen. Im Fachjargon nennt man dieses Phänomen »Pfandschlupf«. Würde man nun das Pfand als Anreiz deutlich

Abbildung rechts: Oben im grünen Bereich zeigt die Grafik die optimale werkstoffliche Verwertung innerhalb des Kreislaufsystems. In der Mitte steht das Downcycling, also eine Wiederverwertung mit Qualitätsverlusten. Unten im roten Bereich sieht man die energetische Verwertung mit massiven Ressourcenverlusten bis hin zur ungebremsten Vermüllung.

RECYCLINGVERFAHREN IM VERGLEICH

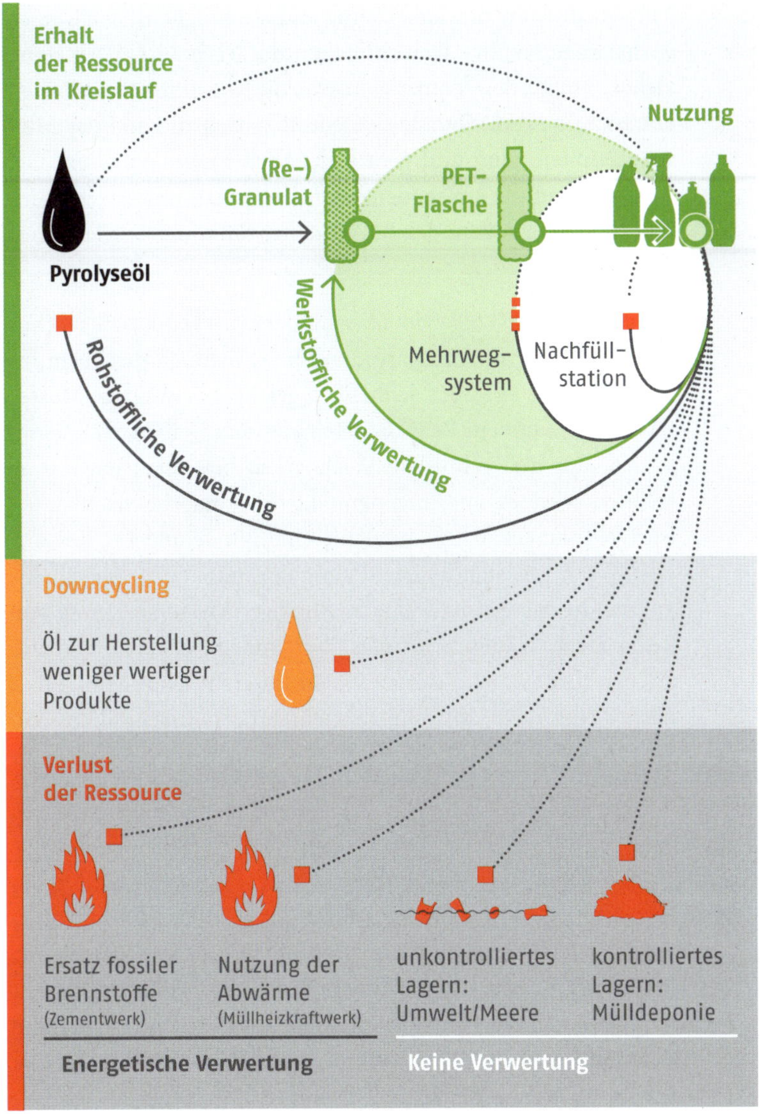

Quelle: Öko-Institut e. V.

■ Alle Wege, die mit einem roten Quadrat enden, haben sich in unserer Warengruppe (WPR) als nicht zielführend erwiesen.

erhöhen, würden sogar im Gegenzug noch mehr Konsumenten auf unbepfandete Ware ausweichen.

Mir wurde klar, die Ideallösung müsste möglichst viele noch vorhandene positive Gewohnheiten der Verbraucher miteinbeziehen, um für den Mainstream, also die Konsumentenmehrheit, zumutbar zu sein. Gerade in Deutschland, dem Land der Mülltrennerinnen, ging und geht es letztlich darum, aus dem Gelben Sack endlich konsequent das zu machen, was er schon immer hätte sein sollen: der Beginn einer funktionierenden Kreislaufwirtschaft!

Ich lernte in der Folge viel über modernste Plastiksortiertechniken, nicht nur von Unisensor, und holte mein ganzes Team ins Projekt. Als es uns 2012 schließlich gelang, hochwertige Musterflaschen mit hohem Rezyklatanteil aus dem Gelben Sack herzustellen, war die technische Machbarkeit bewiesen. Ich war erleichtert – jedoch nur kurz, denn die ökonomische Machbarkeit war völlig ungeklärt. Es brauchte eine Bündelung der Ressourcen. Ein mittelständischer Reinigungsmittelhersteller alleine konnte die Mengenschwelle zu günstiger Massenfertigung von Rezyklatverpackungen niemals überwinden. Aus diesen Überlegungen heraus organisierten wir in unserem Unternehmen zunächst eine recht aufwendige mehrstufige Ausschreibung zur Findung unseres künftigen Systempartners für die Abfallsammlung und -aufbereitung. Dabei ging es zur großen Verwunderung aller Teilnehmenden zum ersten Mal nicht primär um den günstigsten Preis, sondern um die beste Unterstützung unserer Qualitätsziele im Recycling.

Bald danach gründete ich im Dezember 2012 die Rezyklat-Initiative als Kooperation selbstständiger Unternehmen, die entlang des gesamten Wertstoffkreislaufs den neuesten Sortier- und Aufbereitungstechnologien eine Chance geben wollten. Mitglieder waren damals der NABU als konstruktiv begleitende NGO, der Grüne Punkt als Sammlungs- und Aufbereitungsspezialist,

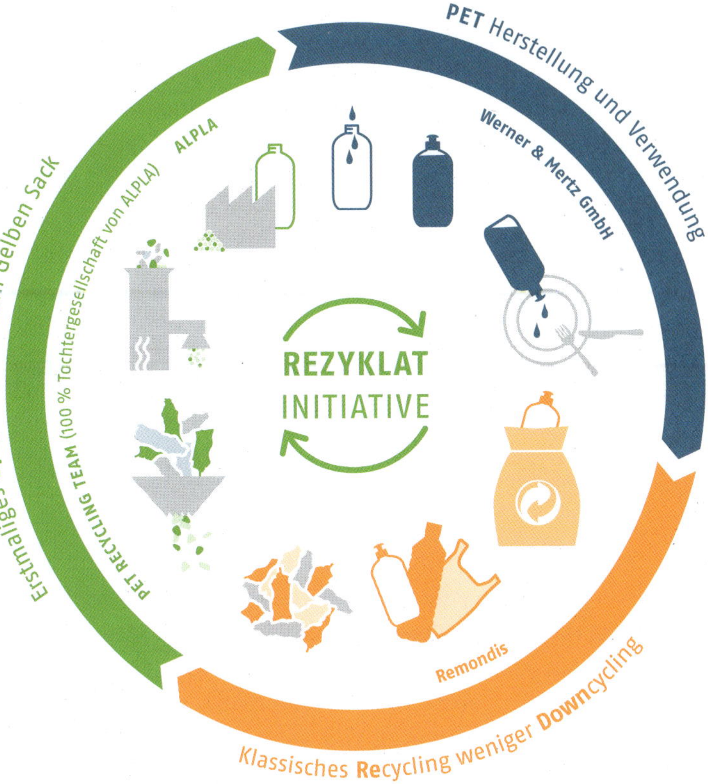

Die Grafik zeigt das Gesamtkonzept der Rezyklat-Initiative von Frosch.

Unisensor als Sortiertechnologiespezialist, Alpla als unser damals bereits langjähriger Partner für die Verpackungsentwicklung und -herstellung sowie etwas später Rewe als bekannte Einzelhandelskette. Ach ja, und natürlich wir als Hersteller der Reinigermarke, mit der wir die neue Qualität der ökologischen Kreislaufwirtschaft vielen Konsumenten näherbringen wollten.

Ohne jetzt alle Zwischenschritte dieser Initiative einzeln beschreiben zu wollen, lässt sich sagen: Wir sind recht weit gekommen.[14] Auch wenn einzelne Partner der Initiative über die Jahre wechselten, das Ziel blieb gleich: technisch, ökonomisch und gesellschaftspolitisch überzeugende Beispiele der ökologischen Kreislaufführung für die Konsumgüterverpackung zu schaffen. Auch um möglichst viele andere zu inspirieren, Ähnliches zu tun. Das Prinzip der Open Innovation erwies und erweist sich dabei als immens hilfreich.

Mit derzeit über 670 Millionen dem Kreislauf zur Verfügung gestellten Flaschen aus 100 Prozent Rezyklat, davon die Hälfte aus dem Gelben Sack, sind wir kein Nischencase, sondern aktueller Weltrekordhalter. Mir ist zudem keine Verpackungsinitiative bekannt, die mehr hochrangige nationale und internationale Umwelt-Awards gewonnen hat und immer noch jedes Jahr gewinnt. Schon weit über PET hinaus zeichnen wir mittlerweile Kreisläufe für die vier gängigsten Kunststoffarten der Verpackung vor und setzen sie vor allem um. Ich kann also nur empfehlen, sich öfter mal von *Spektrum der Wissenschaft* inspirieren zu lassen!

Overpromising, nein danke!

In unserem Recyclingansatz und, breiter formuliert, unserem Modell für die Kreislaufwirtschaft haben wir wirtschaftlichen Erfolg, Ressourcenschonung und Umweltschutz sowie Verbraucherinnenvertrauen, positive Trendassoziationen und Skalierbarkeit im Sinne der Open Innovation zusammengeführt. Ein wesentlicher Faktor, der zu Vertrauen bei unseren Kunden führt, ist eine Art Selbstbeschränkung, die ich bald nach meinem Eintritt in das Unternehmen durchsetzte und die sich später noch als regelrechte Befreiung der Marke Frosch entpuppen sollte. Um dem Risiko der Auslobungsübertreibung – dem sogenannten Overpromising – zu entgehen, schrieben wir fest, dass jedes einzelne neue Produkt der Marke Frosch mit seiner tatsächlichen Leistung in Sachen Umweltschutz die Glaubwürdigkeit des ökologischen Markenkerns stärken musste. Mit anderen Worten: Wir wollten uns als Marke so lange aus neuen Warengruppen fernhalten, bis wir tatsächlich und wissenschaftlich belegbar eine Technologie, einen Wirkstoff oder eine Verpackung entwickelt hatten, die tatsächlich einen umweltschützenden Effekt hat und somit in den ökologischen Markenkern einzahlt.

Konzerne würden das nie tun, denn sie befürchten, kurzfristige Marktanteilsgewinne zu verpassen. Vor allem wenn die Variantenvielfalt einer Marke schnell steigt. Dann geben Hersteller diese Selbstbeschränkung in der Regel auf, um schneller wachsen zu können. Warum? Ist das Markenimage erst einmal durch tatsächlich ökologisch hilfreiche Produkte umweltfreundlich aufgeladen, können Unternehmen in attraktiven, großen Warengruppen Produkte auf den Markt bringen, die keinen ökologischen Vorteil haben, ohne dass das den meisten Verbraucherinnen auffällt. Die Produkte zehren also vom Ökoimage ihrer Absendermarke. Man spricht auch von einem Imagetransfer. Doch mit jedem solcher Produkte bucht ein Unternehmen letztlich vom Vertrauenskonto ab, das ihm seine Kunden entgegenbringen. Irgendwann hat sich der ursprünglich zu Recht erworbene Vertrauensvorsprung aufgebraucht. Bei dieser Art Ausverkauf nicht mitzumachen erfordert Disziplin und ist damit die große Ausnahme in unserer Konsumwelt.

Wer nach diesem Prinzip länger wirtschaftet, erfährt jedoch etwas Erstaunliches. Unser Vertrauensvorsprung gegenüber anderen Marken wuchs mit der Zeit so weit an, dass Frosch irgendwann nicht mehr nur mit seinem Grundnutzen identifiziert wird – dem Reinigen. Die Marke steht für den Verbraucher inzwischen für ein universelleres Vertrauen in den umweltfreundlichen Nutzen aller Frosch-Produkte. Frosch ist so aus einer Marke für Schmierseife und Essigreiniger mittlerweile zu einer führenden Marke bei dekorativen Lufterfrischern geworden und sogar erfolgreich in der Kosmetik bei Duschgelen und Shampoo. Wir konnten die sonst starren Grenzen der Markendehnung überwinden.

Die Ablenkungsfalle mit dem Preis

Das wirkt sich unter anderem auch auf den Preis aus. Zumindest im Einzelhandel ist er immer noch eine, vielleicht die treibende Kraft. Früher war das vielleicht noch eine freiwillige Geiz-ist-geil-Modeerscheinung. In den heutigen Krisenzeiten mag sich das tatsächlich zu einer Frage der Notwendigkeit für viele entwickelt haben. Abgesehen von den Kundinnen, deren Vertrauen aufgrund vieler vorheriger Greenwashing-Enttäuschungen schon so gering ist, dass sie – wenn sie schon mit leeren Umweltversprechen über den Tisch gezogen werden – wenigstens nicht zu viel zahlen wollen. Diesen Umstand nutzen manche Anbieter schamlos aus. Nachhaltigkeit sei zwar wichtig, so ihr oft scheinheiliges Argument. Man könne jedoch den eh schon gebeutelten Verbrauchern keine höheren Preise zumuten – selbst wenn es sich dabei nur um wenige Cent handelt.

Dabei haben wir gezeigt, dass diese Formel schon mittelfristig einfach nicht stimmt. Frosch-Produkte kosten zwar etwas mehr als die problematischen Konkurrenzangebote. Doch dies bewegt sich im einstelligen Prozentbereich. Würden alle Unternehmen ähnlich handeln, wären sie selbst nach Abzug einiger Investitionen sehr schnell wieder in der Gewinnzone. Dazu kämen die Skalierungseffekte, die dafür sorgen, dass die Herstellungskosten sinken, sobald sich alle beteiligen. Doch selbst mit unseren geringfügig höheren Verkaufspreisen sind wir in vielen Warengruppen Marktführer. Und das seit Jahren. Es geht also. Und es geht gut. Sobald sich der Wettbewerb zwischen den Marken nicht mehr ausschließlich über den Preis definiert, weil die Kundinnen die Qualitäts- und Nachhaltigkeitsversprechen einer Marke glauben können, funktioniert es.

Freude plus Nutzen

Mit der Diversifizierung eröffnete sich für uns ein weiterer Aspekt, der für den dauerhaften Erfolg unserer Marke unerlässlich war und sich auch auf andere Ökomarken übertragen lässt: Auch ökologisch glaubwürdige Produkte dürfen nicht eintönig oder langweilig sein. Anders gesprochen, wollten wir nach meinem Eintritt ins Unternehmen die Lebenswelt der Alternativen und Ökos mit denen der lebensfrohen Hedonisten (damals Yuppies) noch besser zusammenführen. Beide haben heutzutage nicht mehr das beste Image. Daher sprechen wir mittlerweile lieber von einer Verbindung aus umweltfreundlichem Handeln und angenehmem Lebensgefühl. Das passt auch gut zum veränderten Bild der Hausarbeit. Weg mit den Kittelschürzen, her mit der lässigen Sportbekleidung. Weg von der Hausfrau, hin zu selbstbestimmten Menschen. Die Produkte sollen nicht mehr für Alltagsmühen stehen, sondern das Sauberhalten erleichtern. Egal ob dafür nun ein Mann oder eine Frau zuständig ist.

Mit jedem neuen Artikel führen wir zudem eine sensorische Abwechslung ein, wie neue Düfte und Farben, die wir durch natürliche Inhaltsstoffe – sogenannte »Wirkkräfte aus der Natur« – erreichen. Der streng erhobene Zeigefinger manch anderer, Verzicht predigender Marken führte nur allzu oft dazu, dass sie in der engen Nische der Ökoasketen stecken blieben. Inzwischen signalisieren wir im Supermarkt mit Dekoflaschen für Handseifen eine höhere Wertigkeit. Flaschen, die wir aus Umweltgründen entwickelt hatten, entsprechen nun beiden Kriterien: der Nachhaltigkeit und dem guten Lebensgefühl. All dies vor allem nach dem Motto, dass die Produkte nicht etwa nur halten müssen, was das Marketing verspricht. Sondern dass das Marketing den Kern und die Philosophie dieser Produkte ohne Übertreibung, also vertrauenswürdig und wahrhaftig kommuniziert. Vertrauen schaffen. Unser Kernprinzip.

Psychologisch haben wir damit den Nutzen unserer Marke verbreitert und generalisiert. Eigentlich ganz einfach. Wir haben unsere Perspektiven verändert und verbreitert. Eigentlich ganz schwer. Zumindest dann, wenn man im opportunistischen Anpassungsdenken verhaftet bleibt. Über mangelnde öffentliche Anerkennung können wir nach dem zunächst steinigen Weg nicht klagen. Frosch ist damit das derzeit einzige Beispiel, bei dem eine klar auf Ökologie ausgerichtete Marke nicht nur zum Marktführer im Teilmarkt der Ökomarken wurde, sondern zum umsatzstärksten Warenzeichen im gesamten Markt. Am richtigen Ort zur richtigen Zeit zu sein gehörte neben der langfristigen Planung meist auch dazu.

Plastikmüll liefert nicht nur ein visuell starkes Bild für unsere Umweltkrise. Er bietet auch die Chance einer echten Umkehr. Unser Modell der Kreislaufwirtschaft, Produktstrategie und Kommunikation eignet sich als Vorbild für andere Branchen. Sie könnten ähnliche Methoden und Technologien entwickeln und einsetzen. Sie tun es zum Teil auch schon. Aber nur zum Teil. Das Beste wäre selbstverständlich die gemeinsame Erkenntnis. Eine freiwillige, konzertierte Aktion aller, um einen Begriff aus der deutschen Vergangenheit aufzugreifen. Um die kollektive Erkenntnis mache ich mir inzwischen nicht mehr so viele Sorgen, die haben wir hier wohl erreicht. Doch beim Handeln hapert es. Denn die Technologie des mechanischen Recyclings fristet nach wie vor ein Schattendasein. Ich finde es schockierend, mit welchen Mitteln Teile der Industrie versuchen, echte Kreislaufwirtschaft zu verhindern. Oder zumindest hinauszuzögern, indem sie unwirksame Technologien schönrechnen. Wenige Unternehmen und Ölproduzenten unterlaufen damit nicht zuletzt auch eine politische Lösung für unser massives globales Plastikproblem. So wird Einwegplastik immer noch in viel zu großen Mengen zu CO_2 verbrannt.

Wir müssen daher unbedingt die Ablenkungsfallen ausräumen. Wer sich heute für die Umwelt engagiert, kämpft trotz aller politischen Bekundungen immer noch gegen große Hürden an und begegnet Gegenspielern, die weiterhin ausschließlich auf Wachstum setzen und Lobbyarbeit betreiben gegen das angeblich zu teure Recycling. Anzutreffen im erwähnten marktschreierischen Greenwashing. Warum zum Kuckuck reagieren wir also nicht viel konsequenter auf diese Krise? Es geht um unser Überleben! Oder zumindest um das der künftigen Generationen. Das zu bestreiten oder schönzureden lässt sich nur noch mit Zynismus erklären. Wäre es nicht schlimm, wenn im Rückblick unsere Epoche als das Zeitalter des Zynismus in die Geschichte einginge? Wir haben es in der Hand, dies abzuwenden. Bestenfalls. Noch.

Kapitel 5

Der Patentdschungel

»Wir glauben, dass wir das Geheimnis der Schöpfung gelöst haben. Vielleicht sollten wir das Universum patentieren lassen und von jedem für seine Existenz Lizenzgebühren verlangen.«
Stephen Hawking

Als wir 2012 mit mehreren Partnern die Rezyklat-Initiative gründeten, hatten wir eine klare Vision: Unsere Flaschen sollten zu hundert Prozent aus recyceltem Plastik bestehen. 2014 stand die erste solche Flasche dann vor uns. Der einzige Haken: Das Altplastik stammte von Pfandflaschen, wie zum Beispiel Getränkeflaschen. Um zu beweisen, dass eine echte Lösung möglich ist – und damit eine echte Kreislaufwirtschaft –, mussten wir jedoch einen Weg finden, wie sich die rund 5,2 Millionen Tonnen Plastikabfall bewältigen ließen, die in Deutschland jedes Jahr anfallen. Deshalb wollten wir den Gelben Sack als hundertprozentige Materialquelle zur Herstellung unserer Verpackungen nutzen. Und so begannen wir, innovative Technologien wie Lasersortierer einzusetzen, die die geschredderten PET-Flakes von den allerletzten chemisch belasteten Partikeln trennen können. 2015 konnten wir auf diese Weise durchsichtige PET-Flaschen aus Altplastik herstellen, die zu 20 Prozent aus Rezyklat aus dem Gelben Sack bestanden. 2017 gelang es uns, die ersten Klappverschlüsse komplett aus Rezyklat herzustellen. 2021 konnten wir den Altplastikanteil in den Flaschen dann bereits auf 50 Prozent steigern. Bei Flaschen aus PE, dem weltweit am häufigsten genutzten Verpackungsplastik, gelang es uns bereits 2016, mit

100 Prozent Rezyklat aus dem Gelben Sack auszukommen. Ab 2019 lieferten wir so Plastikverpackungen in einer Qualität, die sogar als kosmetiktauglich getestet wurde. Laien konnten keinen Unterschied mehr zwischen diesen und den herkömmlichen Plastikverpackungen erkennen. Damit hatten wir bewiesen, was viele für unmöglich gehalten hatten: Wir konnten in industrietauglichen und kommerziell rentablen Fertigungsanlagen Plastik zu 100 Prozent und ohne Materialverluste recyceln. Eine Innovation, die theoretisch alle Unternehmen für ihre Plastikverpackungen ebenso einsetzen könnten. Mit Betonung auf den Konjunktiv »könnten«. Denn anstatt erleichtert zu sein angesichts einer echten Lösung – oder gar begeistert und an einer Kooperation interessiert –, begegneten uns unsere Mitbewerber mit einer Welle des Widerstands.

Was mich dabei nervt, sind an den Haaren herbeigezogene Argumente gegen unser Modell der Kreislaufwirtschaft. Wohlgemerkt: nur die an den Haaren herbeigezogenen. Gute, sachliche Argumente, wie sich unser System weiter optimieren ließe, sind wirklich immer willkommen. Solange Gegenargumente offen kommen, können wir uns immerhin damit auseinandersetzen. Schlimm finde ich jedoch die wort- und sloganreichen Nebelkerzen, die entweder von den Kernherausforderungen der Umweltbewahrung und des Plastikrecyclings ablenken sollen. Und erst recht diejenigen, die die Menschen auf den falschen Pfad der Scheinlösungen führen sollen. Wenn diese dann erwartungsgemäß scheitern, zerstört dies gleich ein Stück weit das Vertrauen in ein Unternehmen oder die Wirtschaft insgesamt. Das ist schade, nein: fatal. Denn darunter leiden indirekt auch Unternehmen und Organisationen wie zum Beispiel diejenigen, die sich in der Rezyklat-Initiative zusammengeschlossen und echte Lösungen entwickelt haben. Auch deshalb ist es mir so wichtig, das unternehmerische Handeln immer auch an den gesellschaftlichen Zielen auszurichten – und damit besonders am Schutz unserer Welt.

Ohne Widerstände geht das selbstverständlich so gut wie nie. Auch wenn ich sie, wie wohl die meisten Menschen vermutlich, nicht mag. Der Hit im Sinne vergnügungssteuerpflichtiger Situationen waren diese Widerstände gegen mich, mein Unternehmen und mein Handeln in meinem Leben jedenfalls nicht gerade. Es tröstet mich dann auch nicht, dass sie – mal zutreffend, mal beschönigend – angeblich für ein erfolgreiches Leben notwendig sein sollen. Wozu sie gut waren, erfährt man ja meist erst hinterher und wenn man sie überwinden konnte. Also zähle ich die meisten Widerstände langfristig dann doch zu den lehrreichen Erfahrungen. Manchmal konnten sie dazu beitragen, dass wir Schwachstellen in unserer Argumentation und unseren Lösungen finden und bessere Begründungen für Entscheidungen entwickeln konnten. Das hat uns gestärkt. Auf andere hätte ich nur zu gerne verzichtet. Auf die nämlich, bei denen die Widersacher mit unfairen Mitteln, faulen Tricks oder Intrigen und bewussten Täuschungen arbeiteten. Auf die, die viel zu viel Energie gebunden haben, die wir sonst in die Entwicklung richtiger Lösungen hätten stecken können, um die so dringend notwendigen Konzepte schneller und effizienter umzusetzen. Da, wo der Widerstand jedoch auf Borniertheit fußt oder gar darauf, die eigene Position wider besseres Wissen und für das eigene Gewinnstreben rücksichtslos durchzusetzen – da bin ich willens, den Kampf auszufechten. Selbst um den Preis, mich häufig sehr zu ärgern. Und auch wenn ich manchmal schlicht nicht mehr verstanden habe, wieso die Gegenseite ihren Standpunkt um wirklich jeden Preis an Zeit, Geld und Energie verteidigte – bloß um keine noch so überzeugenden Argumente und guten Lösungsbeispiele zuzulassen. Der schlimmste Widerstand ist der unverschämt-dumme Widerstand. Der lehrt einen nämlich gar nichts. Höchstens etwas über manche Menschen.

Selbstverständlich stoße ich auch heute immer wieder auf Vertreterinnen von konkurrierenden Großkonzernen. Manchmal sind diese Begegnungen angenehm und konstruktiv, solange sie auf einem fairen Austausch basieren. Wehe aber, man kratzt in aller Öffentlichkeit an ihrem Image, ihren Strategien und Werbebehauptungen. Dann werden die Marketingkampagnen bis an die Grenze zu irreführender Werbung ausgedehnt. Wer sich weiter widersetzt, wird mit noch härteren Bandagen angepackt, der Fehdehandschuh wird hervorgeholt. Ein bewährtes Mittel sind juristische Maßnahmen oder auch nur deren Androhung. Immer in dem Bewusstsein, dass der Kontrahent weiß, welche Anwaltsressourcen, welch langen Atem durch die Instanzen, welche Finten und rechtlichen Tricks er zu erwarten hat. Diese Einschüchterungstaktik mag viele abschrecken. Vor allem wenn es eigene Leichen im Keller gibt, die die Gegenseite ausgraben kann.

2012 haben wir die Rezyklat-Initiative zusammen mit Partnern aus Industrie, Handel und Nichtregierungsorganisationen gegründet, wie dem Grünen Punkt, Rewe, dem Naturschutzbund (NABU) oder den Verpackungsherstellern Unisensor und Alpla. Immer wieder haben wir weitere Unternehmen dazu aufgefordert, bei dieser so sinnvollen wie notwendigen Initiative mitzumachen. 2015 gingen wir dann in die Luft: Wir starteten ein kleines Motorflugzeug und ließen es mit einer Botschaft auf einem Banner über der Zentrale eines großen Konzerns kreisen.[15] Unsere Aussage: »Wir müssen reden«. Dieser medienwirksame Feldzug schmeckte unserem Mitbewerber offenbar so wenig, dass er vor Gericht zog.

Ich habe mich noch nie gescheut, mich diesen juristischen Widerständen zu stellen. Ich scheue dies auch heute nicht. Denn neben der juristischen Perspektive gibt es auch noch so etwas wie die öffentliche Wahrnehmung. Selbst ein verlorener Prozess – und davon gibt es auch bei uns ein paar – kann mit dem Gewinn an Anerkennung und Respekt einhergehen, wenn es der Preis für den Einsatz für die gute Sache ist. Zum Beispiel für die Sache der Kreislaufwirtschaft im Interesse der Natur.

Patentwolken

Zu den juristischen Möglichkeiten, dringend benötigte ökologische Maßnahmen massiv zu bremsen, gehören vor allem die gar nicht lustigen Verhinderungsstrategien der Patentsicherungen. Mit ihnen lässt sich echter Fortschritt hervorragend blockieren oder sogar ganz verhindern. Sie sind zu einer Waffe des Widerstands gegen den notwendigen Fortschritt geworden. Oder genauer gesagt: Der Missbrauch der Prozeduren rund um die Patente ist das eigentliche Problem. Zunächst ist ein erfolgreich eingetragenes Patent – so definiert es das Deutsche Patent- und Markenamt – lediglich die Belohnung für eine gute Idee. Sie sichert dem Inhaber ein räumlich zwar begrenztes, aber alleiniges Nutzungsmonopol für maximal 20 Jahre. Schützen lassen sich so zum einen Erzeugnisse und zum anderen Verfahren. Ein Erzeugnispatent schützt Gegenstände, wie etwa eine Maschinenkonstruktion, die Anordnung von Einzelteilen oder elektronische Schaltungen. Das Verfahrenspatent schützt hingegen zum Beispiel das Herstellungsverfahren eines Produkts, ein Arbeitsverfahren oder auch die Verwendung eines Produkts für einen bestimmten Zweck. Kein Dritter darf ein so geschütztes Verfahren in Deutschland anwenden – es sei denn für die private Nutzung oder für die Forschung. Wichtig ist: Patente werden nur für Erfindungen erteilt, die sich technisch nutzen lassen. Das verschafft der Erfinderin einen Vorsprung vor der Konkurrenz. Das klingt doch fair. Außerdem erfülle ein Patent, so das Amt, eine wichtige Informationsfunktion. Indem die Erfindung bekannt gemacht werde, reize dies andere zu weiteren Innovationen an. Klingt ebenfalls gut. Gäbe es da nicht ein paar miese Tricks, wie sich das Patentrecht ausnutzen lässt.

Wer sich als mittelständisches Unternehmen häufiger mit dem Patentrecht befassen muss, erkennt rasch die Missstände – und ein Verhaltensmuster der Großkonzerne. Sie gehen im Ringen um Patente nach dem Prinzip von Abschreckung und Vergeltung, von Irreführung und Verunsicherung vor. Und sie signalisieren Mittelständlern, dass ihre Entwicklungen chancenlos seien. Dazu geben sich die Patentlobbyisten der Großkonzerne großspurig: Sie tragen gleich alles, was geht, als Patent ein. Aber nicht aus Interesse an großartigen Neuentwicklungen. Nein, sie wollen die Innovationen vielmehr wegschließen. Denn wenn sie das Nutzungsmonopol haben, kann niemand anderes mehr diese Lösung nutzen. Warum sollten sie schließlich in die Umsetzung neuer Technologien investieren, wenn sie auch auf andere Weise dafür sorgen können, dass kein Mitbewerber sie überholt?

Patente zu kaufen und wegzusperren ist für die Konzerne günstiger, so denken sie, als in neue Anlagen zu investieren. Stattdessen bewahren sie ihre längst abgeschriebene, alte Produktionsinfrastruktur und können sie kostengünstig weiternutzen. Und je größer dieser Technologiebereich ist und je länger sie ihre Wettbewerber daraus aussperren können, desto größer ist ihre Macht. Herr Zech von der Universität Bayreuth nennt dies in einer seiner Veröffentlichungen die »defensive Patentstrategie« der Konzerne.[16]

Das hat sich in den letzten Jahrzehnten so weit entwickelt, dass das Kräfteverhältnis zwischen Großkonzernen und mittelständischen Firmen heute leider aus dem Gleichgewicht geraten ist. Die großen, internationalen Marktteilnehmenden hemmen mit schier unbegrenzten Ressourcen die kleinere Konkurrenz. In dieser Materialschlacht spielen *Patentwolken* eine Hauptrolle: Wenn ein Konzern glaubt, einen Aspekt gefunden zu haben, der Geld bringt, versucht er sich durch eine Patentwolke möglichst unangreifbar zu machen. Das bedeutet, dass er die Innovation, um die es eigentlich geht, in einem Nebel meist unbedeutender, ähnlicher Nebenpatente versteckt. Mittelständlerinnen können sich die Armada von Fachanwälten meist nicht leisten, die notwendig ist, um sich in diesem undurchsichtigen Cumulushaufen Klarheit zu verschaffen. So einen Schwarm von Patenten auszuhebeln ist enorm schwierig. Und die Patentlobbyisten der Konzerne beschreiben selbst banale Sachverhalte derart kompliziert, dass auch Fachanwältinnen zuweilen sehr lange brauchen, um durchzusteigen. Dann finden sie in den Wolken zum Beispiel kompliziert formulierte Sperrpatente, die die Konkurrenz davon abhalten sollen, ähnliche Produkte zu entwickeln. Dazu kommt, dass die Patentschriften wegen der Kosten nicht mehr in Deutschland, sondern irgendwo im Ausland – zum Beispiel in Indien – verfasst werden. So entstehen Patente mit viel Text – im Akkord, in teilweise schlechtem Englisch und für wenig Geld. Das Dickicht wird so noch verwirrender, noch undurchschaubarer, noch abschreckender. Ein besonders beliebter Widerstand gegen gute Ideen, der die Taktik der Zermürbung bis zur Perfektion treibt. Wer es wagt, einem dieser großen Akteure die Stirn zu bieten, wird vermutlich bald auf Patentrechtsverletzung verklagt. Ein Konzern beanstandet dann in der Regel gleich mehrere Details eines angemeldeten Produktes oder Verfahrens auf einen Schlag. Es kommt zur teuren Auseinandersetzung vor Gericht. Erkennt das Gericht auch nur einen einzigen der monierten Aspekte an, steht womöglich die komplette Neuentwicklung auf der Kippe. Diese Offensivstrategie ist als Drohung an die Konkurrenten zu verstehen: »Willst du innovativer sein als ich und den Kundinnen eine bessere Lösung bieten, dann hast du mit Konsequenzen zu rechnen.« Wir haben uns davon nicht abschrecken lassen. Auch nicht von der scheinbar übermächtigen Konkurrenz.

Zum Beispiel hält einer unserer großen Wettbewerber zahlreiche Patente zu Rezyklatmischungen. Allerdings hat er sie offenkundig nicht, um sie selbst zu nutzen. Denn seit Jahren kommen sie in seiner Produktion nicht zum Einsatz. Daher beschleicht mich hier der Verdacht, dass es vor allem darum geht, die Konkurrenz zu blockieren.

Unser »Glücksfall« war in diesem Zusammenhang, dass sich seine Patente auf verschiedene Beimischungsanteile von Bioplastik in Verpackungskunststoffen bezog. Ich hatte bis dahin nie gedacht, dass man sich einfach die Prozentanteile eines Mischungsverhältnisses von ansonsten längst bekannten Materialien patentrechtlich schützen lassen kann. Aber man lernt ja stets dazu. Hätten wir auf kontinuierlich steigende Anteile von Bioplastik in unseren Verpackungen setzen wollen, wären wir unweigerlich früher oder später in den Schutz- bzw. Sperrbereich »seiner« Mischungsverhältnisse gekommen. Das hätte ein äußerst unangenehmes Problem werden können. Da wir im Bioplastik allerdings keine valide Lösung für die Schonung unserer natürlichen Ressourcen sehen (nicht erst, seitdem wir von dieser Patentwolke erfahren hatten), betraf uns das glücklicherweise nicht.

Patente: Kleine Erfindung, große Wirkung

Eine meiner eigenen Erfindungen ist ein Beispiel dafür, wie man Problemlösungen angehen kann. Eine Fragestellung lautete vor rund zwanzig Jahren: Wie muss die Flasche für einen Rohrreiniger funktional beschaffen sein, damit der Verbraucher das Pulver nicht überdosiert? Fast alle hielten dieses Problem für unlösbar. Ich hatte schließlich eine Idee: eine Art Sanduhrprinzip, bei dem das Granulat immer in einer gleich definierten Menge in die Dosierkammer rieselt. Ich setzte mich also hin und entwarf ein Funktionsmodell. Aus zwei Gießkannen und mehreren Zylinderflaschen klebte ich mit Heißschmelzkleber einen Prototyp zusammen. Er funktionierte. Außerdem taugte die Idee für die Serienproduktion. Deshalb schützten wir es zunächst als Geschmacksmuster, damit es niemand direkt nachmachen konnte. Tatsächlich stellte sich heraus, dass wir die Ersten waren, die dieses Dosierverfahren weltweit entwickelt hatten. Eine kleine Erfindung mit einem großen Effekt. Inzwischen wurden mehrere Millionen Stück davon verkauft.

Mindestens ebenso wichtig sind Verfahrenspatente, die dem allgemeinen Fortschritt dienen. Unser Geschäftsführer Forschung und Entwicklung Edgar Endlein erhielt 2020 den renommierten Meyer-Galow-Preis für Wirtschaftschemie für die Markteinführung einer Innovation, die vor allem einen hohen Nachhaltigkeitswert besitzt. Es war ihm gelungen, waschaktive Substanzen – sogenannte Tenside – auf Basis regionaler europäischer Ölpflanzen in Haushalts- und Körperpflegeprodukten zu verwenden und die Rezeptur zur Marktreife zu bringen. Regionale europäische Pflanzenöle sind anders zusammengesetzt als tropische Ölpflanzen: Die Kohlenwasserstoffkette der Nahrungsfette – die Triglyceride – ist in europäischen Ölsaaten generell länger. Zudem sind die Fettsäuren je nach Pflanzenart mehr oder weniger ungesättigt. Beides hat Einfluss auf chemische Reaktionen und anwendungstechnische Eigenschaften.

China über den Patentwolken

Seit ein paar Jahren sind wir Zeugen eines schier unaufhaltsamen Aufstiegs der Volksrepublik China. Auf dem Weg zur Supermacht ist China inzwischen ein militärischer Wettbewerber der USA und koaliert kaum noch verhohlen mit dem kriegsführenden Russland. Zugleich verfolgt das Land wirtschaftlich – unter anderem mit der Neuen Seidenstraße – eine Strategie der weltweiten Abhängigkeiten. Was die absolute Zahl von Patenten angeht, hat China die USA bereits überholt. 2019 konnte es nach Angaben der Weltorganisation für geistiges Eigentum WIPO erstmals den ersten Platz übernehmen. Es reichte knapp 59.000 Patente ein und damit etwa 1.000 mehr als die USA. Dies sagt zwar noch nichts über die Qualität der Patente aus, sehr wohl aber etwas über Symbolik und den Faktor Macht. Seit 1978 hatten die Vereinigten Staaten – das Land von Thomas Alva Edison und der Gebrüder Wright, von Apollo 11, Apple und Tesla – immer an der Spitze gelegen. Mehr als die Hälfte aller Patentanmeldungen entfallen inzwischen jedoch auf Asien, so die WIPO. Deutschland belegte 2019 mit 19.350 Anmeldungen übrigens Platz vier hinter China, den USA und Japan.[17]

China fliegt also sehr hoch im Patentwolkenhimmel. Aber bedeutet das, dass sich der Innovationsschwerpunkt in den Fernen Osten verlagert? Oder ist China nur besonders clever dabei, Patentwolken aufzublasen? Wie wichtig ist für Peking der Imagegewinn? Und welche Patente sind tatsächlich tragfähige Innovationen und nicht nur Abwandlungen längst bekannter und erprobter Lösungen? Eine Studie der Bertelsmann Stiftung aus dem Jahr 2020 kam zu dem Schluss, dass die USA noch unangefochtene Patentsupermacht ist.[18] In 50 von 58 Spitzentechnologien hielten nämlich die USA zum Zeitpunkt der Studie die meisten Patente. Aber auch bei der Spitzentechnologie kann China mittelfristig aufholen. Deutschland ist dagegen zwar immer noch ein Land der Erfinder. Aber immer weniger ein führendes, wenn es um die Umsetzung geht. Die Zahl der Bedenkenträgerinnen ist in den vergangenen Jahren sogar gewachsen. Wer sich mit einer Erfindung an die Umsetzung machen will, trifft nicht selten auf eine Überregulierung und endlose Behördenprozesse. So kann uns die Konkurrenz in anderen Ländern natürlich leicht überholen.

Missbrauch verhindern

Gerade ein Land wie Deutschland, das außer Gehirnschmalz kaum natürliche Ressourcen zu bieten hat, muss an einem Patentschutz interessiert sein, der Innovationen fördert, anstatt sie zu blockieren. Hierzu müssen wir die Verhältnismäßigkeit neu definieren. Wenn eine Erfindung der Menschheit einen großen Nutzen bringt, muss das Gemeinwohl über dem Monopolstreben einzelner Unternehmen stehen. Zwanzig Jahre Patentschutz mag im vergangenen Jahrhundert noch ein akzeptabler Zeitraum gewesen sein. Heutzutage ist das jedoch eine Ewigkeit. So gibt es viele Patente, die dem Schutz der Umwelt und der Menschen dienen würden, wenn sie denn nur öffentlich zugänglich wären. Die Coronapandemie hat uns zum Beispiel wie unter einem Brennglas gezeigt, welch tödliche oder zumindest schädliche Gefahr von dem veralteten Patentrecht ausgeht. Hätten beispielsweise BioNTech oder auch andere Anbieter von Impfstoffen frühzeitig auf ihr Ausschlussrecht verzichtet – oder zumindest vorübergehend –, hätten wir schon viel früher und schneller Menschen weltweit impfen können. Vor allem die Länder des Globalen Südens hätten selbst Impfstoffe herstellen können. Im Oktober 2020 stellten Indien und Südafrika deshalb bei der Welthandelsorganisation (WTO) den Antrag, bestimmte Aspekte des internationalen Patentschutzes bis zum Ende der Pandemie auszusetzen. Zum einen, damit sie Impfstoffe produzieren könnten, ohne eine Klage fürchten zu müssen. Zum anderen, weil dann die Vakzine auch erschwinglicher für weniger zahlungskräftige Staaten gewesen wären. Auf diese Weise wären sie weniger abhängig gewesen vom guten Willen weniger Großkonzerne und reicherer Länder.

Nur setzten sich leider die wohlhabenden Industriestaaten durch, in denen die Pharmakonzerne beheimatet sind. Sie hielten am TRIPS-Abkommen fest, dem Agreement on Trade-Related Aspects of Intellectual Property Rights. Ihr Argument: Eine Aufhebung würde zu stark in die marktwirtschaftlichen Interessen der

Pharmakonzerne eingreifen. Und so verdiente BioNTech binnen weniger Monate mehr als 30 Milliarden Euro mit einem Patent, das nur deshalb zustande kam, weil die Bundesregierung die Forschung zuvor mit 375 Millionen Euro subventioniert hatte.[19] Immerhin gibt es nun Überlegungen, wie ein differenzierteres Modell aussehen könnte, bei dem nicht die ganze Menschheit warten muss, bis Einzelne Zigmilliarden aufgrund ihres Patentmonopols abschöpfen konnten …

Doch die Länder des Globalen Südens haben wohl alles Recht, Fragen zu stellen. Zum Beispiel, ob uns allein die marktwirtschaftlichen Prinzipien durch eine lebensbedrohliche, weltumspannende Viruskrise leiten können und dürfen? Welchen Wert nimmt dabei die internationale Solidarität ein, wenn die Staaten, die den indisch-südafrikanischen Vorstoß blockierten, fast ausnahmslos die Länder waren, die bereits bilaterale Verträge mit Impfstoffherstellern hatten, wie die Hilfsorganisation Ärzte ohne Grenzen belegen konnte?[20] Es gibt keinen Zweifel: Der Umgang mit dem Patentschutz in der Pandemie hat die Ungleichheit in der Welt verschärft, weil große Teile der Menschheit viel zu lange keinen Zugang zu den Vakzinen bekommen hatten.

Gleiches gilt in Bezug auf den Klima- und Umweltschutz. Auch hier können wir einfach nicht zwanzig Jahre warten, bis ein Patentmonopol ausgelaufen ist. Wir brauchen jetzt echte Lösungen. Und keinem Unternehmen der Welt sollte es gestattet sein, diese mithilfe von Patenten wegzuschließen. Ein Patent, das für eine gewisse Zeit nicht genutzt wird, sollte sukzessive seine Ausschlussmacht verlieren. Denn es gibt zurzeit einfach zu viele ökonomische und ökologische Kollateralschäden, als dass wir uns dies leisten könnten. Und eine Verschuldung, die noch Generationen nach uns belasten wird. Deshalb haben Patente, die dem Schutz der Menschen oder der Umwelt dienen, einen hohen gesellschaftlichen Wert. Natürlich müssen die Einzelinteressen von Firmen gewahrt werden. Sie brauchen einen angemessenen, aber nicht zu großen Vorsprung vor der Konkurrenz, um einen Anreiz für Innovationen zu bekommen – und sei es ein Plus beim Imagegewinn. Aber wenn es ausschließlich darum geht, Technologien auszuschließen, die tatsächlich einen wesentlichen Beitrag zur Lösung von Menschheitsherausforderungen leisten könnten, dann darf das Interesse eines einzelnen Unternehmens nicht mehr das einzige Kriterium sein. Ein abgestuftes Verfahren zwischen Anfangssubventionen, definierten zeitlichen Abläufen und einer Balance zwischen Return on Investment, Gewinn und Allgemeinwohl muss möglich sein.

Mit anderen Worten: Eine Wissensgesellschaft muss ihr Wissen teilen können. Das ist die Erkenntnis, die uns die Klimakrise und die Pandemie jetzt schon gelehrt haben. Dazu müssen wir die Herrschaft der Patentlobbyisten überwinden. Wir brauchen weniger Herrschaftswissen und mehr kollektives Lösungswissen, wenn wir die Zukunft konstruktiv gestalten wollen. Wir müssen einen Weg finden, um die Lösungen für die Menschheit und zukünftige Generationen miteinander offen zu teilen – und gleichzeitig Erfinderinnen für ihre Innovationskraft und Nachhaltigkeit zu belohnen.

Das Parlament und die Patenttrolle

Am 11. Juli 2021 tagte das EU-Parlament in einer Marathonsitzung. Ihr Thema: die Reform des Patentrechts. Die verabschiedete Gesetzesnovelle sollte Unternehmen künftig vor einem Missbrauch des Patentschutzes bewahren, indem es das Recht von Patentinhabern beschränkte. Angestoßen wurde die Änderung in erster Linie durch die deutschen Autobauer, die sich mit Patenttrollen aus dem IT-Bereich herumschlugen. Deutlich mehr als fünfzig Prozent aller Patente weltweit entstehen heute bei IT-Programmierung, Software und Elektronik. Schlagkräftige Patenttrollarmeen handeln hier besonders aggressiv. Ihnen kommt es entgegen, dass Patentrichterinnen die verklausulierten, verschachtelten Patentschriften kaum noch verstehen. So wurde zum Beispiel VW wegen einer Telekommunikationssoftware verklagt, die es im ID3-Elektroauto einsetzen wollte. Die Kläger wollten dabei gleich den gesamten Bau des Autos stoppen und erreichten tatsächlich eine spürbare Verzögerung. Softwarefirmen erhalten über das Patentrecht damit eine Macht, die den Herstellenden über den Kopf wächst, wenn dies zu einer Verbotsorgie führt. Es brauchte also ein Korrektiv, damit gute Ideen nicht ausgehebelt oder wegen drohender Milliardenzahlungen unrentabel werden.

Bis zur besagten Reform konnten also Patentinhaber gegen mutmaßliche Patentverstöße eine Unterlassung beanspruchen, noch bevor ein Gericht ein Urteil gesprochen hatte. So mussten angeblich patentverletzende Produkte mehrere Jahre vom Markt genommen werden. Viele Unternehmen haben aus Angst vor einem Stopp sehr hohe Summen gezahlt. Nach der Reform können nun Gerichte entscheiden, ob ein Unterlassungsanspruch verhältnismäßig ist oder nicht. Das ist jedoch nur in eng begrenzten Ausnahmefällen möglich. Die Ausnahmeregelung ist insbesondere wegen der Einwände aus der Pharma- und Chemiebranche restriktiv formuliert. Im Prinzip ist das Ergebnis ein Gesetz speziell für VW. Für alle anderen Unternehmen ist die Reform mehr oder weniger unwirksam.

Tue Gutes und teile es

Der Gegenentwurf zu einem sich selbst blockierenden Patentsystem ist das Prinzip der Open Innovation. Das bedeutet, dass wir unseren Innovationsprozess nicht mehr ausschließlich unternehmensintern organisieren. Stattdessen lassen wir Ideen und Wissen von externen Expertinnen in unsere Produktentwicklung einfließen, die das tun, weil sie Frosch als glaubwürdige Marke unterstützen möchten. Gleichzeitig stellen wir viele unserer Innovationen allen zur Verfügung. Wir wollen nicht mehr mit eifersüchtig bewachten Patenten möglichst allein den Profit abschöpfen. Wir wollen vielmehr Verantwortung für unsere Welt übernehmen und die Bildung von Vertrauensgrundlagen fördern. Die Art und Weise, wie wir zusammen mit unseren Technologiepartnern rekordmäßig hohe Anteile unserer Plastikrezyklate in Topqualität aus dem Gelben Sack gewinnen, kann hier als prominentes Beispiel dienen. Ohne einen intensiven und vertrauensvollen Austausch von Know-how hätten wir niemals alle am Materialkreislauf Beteiligten dazu bringen können, so viel Neues zu wagen und damit die Basis für einen neuen Marktstandard zu setzen. Das bedeutet auch, dass wir in immer mehr Bereichen nach dem Prinzip der Open Innovation andere an unserem Denken, unseren Fortschritten und Erkenntnissen teilhaben lassen. Das mag einigen zunächst unsinnig erscheinen. Immerhin lassen wir uns dadurch den kurzfristigen Vorteil eines Patentmonopols entgehen. Doch wer einmal das Prinzip der Open Innovation erlebt und verstanden hat, weiß, dass bald alle davon profitieren. Auch diejenigen, die die Grundlagen geschaffen und in sie investiert haben. Natürlich braucht es auch bei der Open Innovation eine Belohnung für den Erfinder. Ich plädiere nicht für die komplette Freigabe aller Patente. Alle, die lange geforscht und viel Geld investiert haben, sollten das Patent einige Zeit für sich allein nutzen können, wenn sie das möchten. Möglich ist zum Beispiel ein zeitliches Staffelmodell, durch das eine Erfinderin mit einem Return on Investment plus Zusatzgewinnen auch finanziell belohnt wird.

Aber es muss eine Abwägung geben. Wenn ein Patent nur Handelsware und Blockadeinstrument eines Monopolisten ist, schadet dies der Gesellschaft, ja sogar dem gesamten Planeten. Das Ausschlussprinzip komplett umgehen zu wollen ist jedoch kein Weg. Das können sich wohl nur Regierungen erlauben, die wenig auf das Prinzip des Rechtsstaates bauen. Übrigens ein Grund, warum der deutsche Mittelstand mittlerweile kaum noch Patente anmeldet: Was beim Patentamt veröffentlicht wird, lädt auch die Plagiatoren ein. Etwa Konkurrenten und Organisationen, manchmal gar im Staatsauftrag. Das ist jedoch nicht das Anliegen hinter der Open Innovation. Hier geht es vielmehr darum, der Allgemeinheit die für sie notwendigen Erkenntnisse und Erfindungen möglichst beschränkungsfrei und zügig zugänglich zu machen.

Die Innovatorinnen bekommen auch dann noch eine Belohnung: Sie haben im Markt immer noch den Wettbewerbsvorteil guter Reputation, hoher Kompetenz und bestenfalls optimaler Praxisumsetzung. Achtung, Respekt, Öffentlichkeit – das alles schlägt sich auch finanziell nieder. Das kann ich aus eigener Erfahrung bestätigen. Unsere Marke hat an Vertrauen und Glaubwürdigkeit bei den Konsumenten gewonnen. Wir haben uns durch Open Innovation somit unsere eigene Belohnung geschaffen. Dieser Imagegewinn kann kompensieren, dass sich eine finanziell exklusive Nutzungsphase eines Patents verkürzt. Denn auch Aufmerksamkeit gegenüber dem Vorreiter ist umsatzwirksam und bringt Marktanteile. So ist eine Firma, die eine Erfindung erfolgreich auf den Weg bringt, kein Opfer naiver Großzügigkeit. Es gewinnt dadurch selbst. Der Austausch von Wissen und Technologien ist ein Geben und Nehmen. Er ist für Unternehmen, Gesellschaft und Natur eine Win-win-Situation. Dieses Handeln entlang neuer Lösungsverbindungen leistet erwiesenermaßen einen erheblichen Beitrag zu einem besseren Umweltschutz. Die Politik könnte in diesem Sinne durch eine kluge Mischung aus Regulierung und Liberalität der eigenen Verantwortung für das Allgemeinwohl gerecht werden, ohne auf Dauer den Markt zu bestimmen. Würden sich diese Erkenntnis und Haltung in unserer Wirtschaft und Politik durchsetzen, wäre dies ein Turbo für allgemein sinnvolle Nachhaltigkeitsinnovationen. Im besten Fall würde der Erfinderinnengeist in unserem Land aufblühen.

Wenig böser Wille, viel Trägheit

Mein Menschenbild ist zunächst einmal positiv. Wirklich abgrundtief böse sind vermutlich nur sehr wenige Männer oder Frauen. Nennen wir sie krankhafte Psychopathen. Es dürfte sich je nach Auslegung der Begriffsgrenzen um vielleicht ein Prozent der Gesamtbevölkerung handeln, die tatsächlich keinerlei Mitgefühl für andere zeigen. Männer und Unternehmensbosse dürften zu einem besonders hohen Anteil dabei vertreten sein, wenn man einigen Forscherinnen glauben kann.[21] Umso wichtiger ist es, bei den anderen nach den Gründen ihrer Widerstände zu fragen. Warum überzeugen Tatsachen und eindeutige Beweise sie nicht? Sind es Voreingenommenheit, Gefühle, eine schwere Kindheit, sozialer Druck, Vorteilssuche um jeden Preis oder einfach nur Trägheit und Veränderungsunwillen, die der Lösung der doch nun wirklich drängenden ökologischen Krisen entgegenstehen?

Eigentlich machen wir es unseren Konkurrenten mit unserem Open-Innovation-Ansatz doch leicht mitzuziehen. Sie könnten ähnliche Produktionsbedingungen und Kreislaufpräferenzen schaffen wie wir und mit uns in einen Qualitätswettbewerb auf Augenhöhe einsteigen. Stattdessen aber erleben wir immer wieder zahlreiche Versuche, billiger davonzukommen. Wahlweise eben mit Marketingtricks, Greenwashing oder auch den juristischen Mitteln, die verhindern sollen, dass sich für uns der Markt weiter entfaltet – oder die uns zumindest abbremsen sollen. Natürlich hat dies seinen Grund. Und der wurzelt gar nicht mal unbedingt im Charakter der einzelnen Manager. Es liegt viel mehr daran, wie große Konzerne auf den Finanzmarkt oder, genauer gesagt, auf das Urteile der Analystinnen angewiesen sind.

Kapitel 6

Finanzmarkt und Analysten

»Früher waren Verkäufer Berater.
Heute sind Berater Verkäufer.«
Stefan Fleischer,
Prokurist und Organisator einer Großbank

Um Innovationen wie die Rezyklat-Initiative anzustoßen und durchzuziehen, braucht es die tiefe, innere Überzeugung, das Richtige zu tun. Diese Haltung muss beim Geschäftsführer anfangen und sich von dort durch sämtliche Hierarchieebenen ziehen. Auf Dauer entsteht so eine Unternehmenskultur, bei der auch die Mitarbeiter gerne mitziehen und innovative, oft zielführende Vorschläge einbringen. Das alles braucht Zeit, Geld und auch eine hohe Frustrationstoleranz. Das ist mit hoher Wahrscheinlichkeit auch einer der Gründe, weshalb es so auffallend oft Mittelständlerinnen sind, die sich auf so eine Veränderung einlassen. Sie haben schlicht den Vorteil, sich einen längerfristigen Planungshorizont leisten zu können. Sie müssen nicht immer mit einem Auge auf den Aktienkurs schielen.

Bei multinationalen Unternehmen treffen derlei Ideen – sich zugunsten einer wirklich wichtigen Innovation auch nur kurzfristig vom Gewinnstreben abzuwenden – meist auf ein achselzuckendes »Sollen erst mal die anderen machen«. Topmanager wagen lieber nicht zu viel Neues. Selbst wenn das Risiko eher minimal ist, selbst wenn es nur um eine Einbuße von wenigen Centbeträgen geht. Diese unbedingte Risikovermeidung ist ein zentrales Moment, das die Entscheidungen und Verhaltensweisen vieler großer Firmen lenkt. Und auch der großen Institutionen bis hin zur Politik. Selbst wenn das sogenannte Change-Management, also das Steuern von Veränderungen, als zentrales Element der Unternehmensgestaltung gilt – gerne top-down, also solange es die Mitarbeitenden betrifft und nicht die Führungskräfte selbst und deren Position. Wie oft habe ich erlebt, dass sich Unternehmerkolleginnen über ihre unflexiblen Mitarbeitenden beschweren, zugleich aber selbst kleinere Veränderungen in ihrem eigenen Führungsstil entrüstet ablehnten. Den eigenen Standpunkt um jeden Preis zu verteidigen ist jedoch kein Zeichen von Stärke. Diese Haltung mag nachvollziehbar sein in einer Unternehmenskultur, die Flexibilität nicht fördert. In die Welt des 21. Jahrhunderts, die sich schnell und grundlegend verändert, passt diese Form des sogenannten Sozialdarwinismus nicht mehr (der, nebenbei bemerkt, mit Darwinismus nie etwas zu tun hatte).

Schwieriger ist es selbstverständlich, sich an die eigene Nase zu fassen und ein Terrain zu beschreiten, das man nicht schon aus dem Effeff kennt oder zu kennen glaubt. Dieses Risiko gehen Manager in aller Regel nur dann ein, wenn es schon Erfahrungswerte, Zahlen und Belege für den Erfolg gibt – wobei sich dann noch nicht mal mehr von Risiko sprechen lässt. Oder wenn sie ihre Firma nur durch diesen Befreiungsschlag vor dem Untergang retten können. Dieses System der Trägheit ist auch deshalb so stabil, weil in den Großunternehmen die langfristigen Investitionen in substanzielle Veränderungen in der Regel nicht mehr denjenigen zugutekommen, die sie angestoßen haben, sondern deren Nachfolgerinnen. Abgerechnet wird nämlich meist kurzfristig. Im Quartalsergebnis taucht zunächst nur der höhere Finanzaufwand als Minus auf. Das ist ein Karrierekiller. Jedenfalls so lange, bis öffentlicher und politischer Druck sowie eine entschlossene Strategiewende von ganz oben, die der Aufsichtsrat und die Belegschaft unterstützen, zum Umdenken beitragen.

Anders als bei eigenständig handelnden Mittelständlern führt das berufliche Abhängigkeitsgeflecht in den großen Konzernen zu einer enormen, ja geradezu fatalen Unbeweglichkeit.

Struktureller Opportunismus

Mittelständische Unternehmerinnen, die wirtschaftlich souverän sind, können Veränderungen viel schneller umsetzen. Das ist eine Frage der kurzen Wege – etwa bei der internen Kommunikation oder auch bei der Führung, die alle Hierarchieebenen direkt mitnehmen kann. Anders ist dies in den Abteilungen der großen Konzerne. Zwar geht der Trend zum ökologischen Bewusstsein auch an den multinationalen Großunternehmen nicht vorbei, weshalb selbst die hartnäckigsten Veränderungsunwilligen den Klimawandel und die Umweltkatastrophen nicht mehr leugnen können. Doch solange die Führungsetagen dies nur als einen Trend unter vielen ansehen – wie Karottenhosen oder Turmfrisuren –, verweisen sie Mahner an die »dafür zuständigen« Kreativabteilungen.

Weder das Team noch einzelne Mitarbeitende wollen in dieser Situation eine dramatische »Belastung« für das Gesamtsystem schaffen. Es dient ihrem Status und ihrer Karriere mehr, vollkommen angepasst zu bleiben. Wem es gelingt, nur solche Neuerungen anzustoßen, die nicht viel Umbau erfordern, wird für seine Initiative gelobt. Oder anders ausgedrückt: Wer weiterkommen will, muss seine Kommunikationsstrategie auf das interne, unternehmerische Netzwerk ausrichten – und sich nicht am Wohl der Gesellschaft orientieren. Es ließe sich also von einer Art »interner Lobbykompetenz« sprechen, von einer Form von »Karriere-PR«. Aus meiner Sicht passt hier auch die Bezeichnung des »strukturellen Opportunismus«. Die Managerinnen in Großkonzernen akzeptieren nicht nur die schädlichen Unternehmensstrukturen und Denkweisen. Sie verwenden auch noch viel Energie darauf, im Trägheitssinne angepasst zu bleiben. Jede nur etwas größere

Veränderung wehren sie ab. Scheinbar gute Gründe finden sie immer: rechtliche Bedenken, Marktopportunitäten, Angst vor den Verbrauchern, politische Umstände und, und, und.

Bei diesem Kurzzeitdenken, ergänzt um den täglichen Zeitdruck des Managements sowie den Widerstand gegen Veränderung im Allgemeinen und den wirtschaftlichen Partikularinteressen im Besonderen, wundert es fast, dass die öffentliche Debatte tatsächlich zu einem Umdenken in weiten Teilen der Industrie geführt hat – wenn auch noch nicht zu einem »Umhandeln«. Menschlich ist es nachvollziehbar, dass so gut wie alle an ihr persönliches Fortkommen denken, solange sich langfristige Ziele nicht in den Unternehmensstrukturen und ihren internen Belohnungssystemen niederschlagen. Und so bevorzugen die meisten Konzerne immer noch den vermeintlichen Ausweg und versuchen mit netten Umweltslogans allein schon kurzfristig weiterzukommen, sich gelegentlich mit großspurigen Ankündigungen Zeit zu kaufen, ohne ihre Unternehmensstruktur grundlegend umbauen zu müssen. Doch seit Nachhaltigkeit spätestens in den 2020er-Jahren zum großen Trendthema geworden ist, dämmert auch dem letzten Traditionschef und der letzten Traditionschefin, dass sich etwas ändern sollte. Doch wie sollen sie aufwendige Investitionen und langfristige Strukturveränderungen vornehmen mit all den Unwägbarkeiten – einem unsicheren Return on Investment, der Herausforderung des Veränderungsmanagements, den Reaktionen in der Öffentlichkeit und den Medien? Die Trickkiste großer Behauptungen reicht in der Regel nicht aus, um dieses Risiko vor den anderen als sinnvoll oder gar notwendig zu rechtfertigen. In der Welt der Messbarkeit müssen vermeintlich tragfähige, unabhängige, externe Belege für die eigene Strategie her. Bei Finanzstrategien und der Unternehmensausrichtungen sind es dann gerne einmal die Berater der sogenannten »Big Four«, nämlich Ernst & Young, Deloitte, KPMG und strategy& von PWC sowie die reinen Beratungsfirmen wie McKinsey & Company, Boston Consulting Group, Accenture, Bain & Company oder auch Roland Berger. Sie haben mittlerweile einen gottähnlichen Status erworben, wenn es um Nüchternheit, Objektivität und Autorität geht. Wer sich ein bisschen auskennt, weiß aber auch, dass sie vor allem damit Erfolg haben, Auftraggeberwünsche perfekt mit ihren üblichen Beratungsphilosophien zu kombinieren. »Solide« Geschäftsmodelle – solange diese nicht krachend scheitern, wie etwa Arthur Andersen, der Anfang der 2000er über den Enron-Skandal Pleite ging.[22] Oder die Firmen, die zuletzt Wirecard betreuten.

Zwischen Schattenmacht und Schaumschlägerei

Diese Absicherung durch die vermeintliche Expertise der Unternehmensberatungen brauchen die Unternehmensführerinnen der Multinationalen, weil sie eben nicht alle Zügel in der Hand halten. Sie können eine nachhaltige Strategie eben nicht konsequent umsetzen, wie dies ein Mittelständler kann. Da sind die Aktionärinnen, die Aufsichts- und Betriebsräte sowie die Gewerkschaften und nicht zuletzt das öffentliche Image. Sie alle bestimmen mit darüber, wie lange jemand Chefin an der Spitze eines Konzernes bleibt. Solange die Rendite stimmt, ist in der Regel alles prima. Doch wie diese sich entwickelt, hängt von der Ansicht einer weiteren Gruppe ab – einer Gruppe, deren Macht mitunter größer ist als die der sogenannten Entscheider und Entscheiderinnen an der Spitze: die Schattenarmee der Analysten. Das heißt, mittlerweile stehen sie gar nicht mehr nur im Schatten. Viele von ihnen sind täglich in den Börsennachrichten zu sehen. Reaktiv messen sie vergangene Leistungen und rechnen auf dieser Basis den zukünftigen Erfolg eines Unternehmens meist linear hoch. So ernst die Anlegerinnen und Manager diese Analysen auch nehmen mögen, so selten machen die Analystinnen die Kennzahlen und Algorithmen für ihre Prognosequalität im Nachhinein öffentlich sichtbar. Im Zweifelsfall waren es unvorhersehbare Ereignisse, die ihre Aussagen zunichtemachten. Mitunter liefert ein Blick in die Glaskugel auch keine schlechteren Ergebnisse. Oder ein Schimpanse, der zufällig irgendetwas tippt – wie quantitative Studien belegen konnten.[23] Dummerweise vergessen wir manchmal jedoch, dass die Analysten mit ihren Einschätzungen die Zukunft selbst beeinflussen. Ihre Prognosen können die Wirkung einer sich selbst erfüllenden Prophezeiung haben.

Wer nun glaubt, all dies garantiere immerhin konservative Solidität (wenn schon keine Innovationsfreude), muss sich eines Besseren belehren lassen: Vollmundig jubelt die Analystenszene manch ein Start-up mit wenig Substanz hoch – wie etwa jenes, das die Reinigungstabs herausbringen wollte. Hier treffen die Start-up-Schaumschläger auf die Analystenetikettenschwindlerinnen. Wer nicht völlig finanzsicher ist, muss verblüfft sein, wenn er oder sie die täglichen Wirtschaftsnachrichten und aktuellen Börsendaten anschaut: Start-ups, die jahrelang keinen Cent Gewinn gemacht haben, rangieren als Börsenlieblinge ganz hoch im Kurs – allein, weil sie Profitprojektionen in die Zukunft hinein glaubhaft rüberbringen können. Solide Unternehmen mit ausreichenden Gewinnen werden hingegen negativ notiert. Die Start-ups schaffen es offenbar, den gesunden Menschenverstand von Investorinnen und Kleinaktionär lahmzulegen, indem sie raffiniert die Illusion baldiger Riesengewinne erzeugen. Bis im Extremfall das eine oder andere kriminelle Gebäude zusammenbricht, wie bei Wirecard. Auch hier hatten sich Analystinnen und Banker – berauscht von der Aussicht auf den schnellen Euro – blenden lassen. Wenn die Illusion auffliegt, haben sie ihr Werk bereits vollbracht: Sie haben einen Buzz-Moment geschaffen, der dem einen Unternehmen einen ordentlichen Aktienschub verpasst, den anderen dagegen schadet. Kein Wunder daher, dass Analystinnen auch das Ziel von Lobbyarbeit sind. Die soliden Unternehmen langweilen im Vergleich dazu offenbar. Doch es kommt noch schlimmer. Ihre Erfolge werden nicht nur nicht mit einer Aufwertung in den Börsenkursen honoriert. Sobald die Gewinne auch nur einmal etwas niedriger ausfallen, als dies der ständige Steigerungsdruck verlangt, folgt sofort eine Abwertung. Kein Wunder, dass manche den Aktienmarkt mitunter mit Roulette gleichsetzen. So weit gehe ich nicht. Aber der Finanzmarkt basiert eben auch nicht so knallhart auf Tatsachen, wie Laien dies vielleicht vermuten würden.

Die große Fondsillusion

So mancher Großkonzern lässt sich von den Analysten beim Thema Nachhaltigkeit gerne optimieren. Doch wo der Schein das Sein überdecken könnte, schaue ich als Unternehmer lieber genau hin – auch wenn es um die Anlage meines Privatvermögens geht. Ich möchte schließlich nicht einfallslos in übereinstimmend hoch bewertete Standardkonzerne – sogenannte Blue Chips der Old Economy – anlegen, sondern in wahrhaftig ganzheitliche und nachhaltige Unternehmen. Großkonzerne, die nicht nach ökologischen Maßstäben wirtschaften, will ich nicht auch noch mit meinem privat ersparten Kapital belohnen. Nur – wie behalte ich in der komplexen Finanzwelt, die wir heute haben, den Durchblick? Bereits 2012 suchte ich diesbezüglich Orientierung und wandte mich an die Deutsche Bank, seinerzeit meine Hausbank.

Damals befanden sich die Zinsen schon seit einiger Zeit im Sinkflug, und ich hatte um Anlagevorschläge für Aktienwerte gebeten. Dass ich dabei nur Unternehmen unterstützen wollte, die wirklich nachhaltig wirtschaften, hatte ich dem Anlageberater vor unserem ersten Treffen zu bedenken gegeben. Seine Reaktion war überschwänglich. Nachhaltigkeit sei ein großes Zukunftsthema und ich bei ihm an der absolut richtigen Adresse. Seine Bank habe sehr fähige Analystinnen, die sich nur mit solchen Kundenwünschen beschäftigten. So viele hörbare Ausrufezeichen! Das gab mir Zuversicht. Dann jedoch hörte ich erst einmal lange nichts. »Gut Ding will wohl Weile haben«, dachte ich. Und schließlich legte mir der Analyst bei einem Treffen auch eine Liste vor – allerdings mit lauter gewöhnlichen Blue Chips. Was sollte an diesen Großkonzernen besonders nachhaltig sein? Ganz oben auf der Liste stand auch noch einer unserer Hauptwettbewerber, ein großer US-Konzern. Von ihm wusste ich nun aber sehr genau, dass er mit glaubwürdiger Nachhaltigkeit eher gar nichts zu tun hatte. Also fragte ich, nach welchen Kriterien die Liste entstanden sei. Der Berater druckste herum. Ich blieb hartnäckig. Schließlich musste er einräumen, das Ranking basiere auf einer Google-Suche mit den Stichwörtern »Nachhaltigkeit« und »Sustainability«.

»Wie bitte?« Ich glaubte mich verhört zu haben. Sollten tatsächlich Google-Algorithmen darüber entscheiden, ob ein Unternehmen nachhaltig war oder nicht? »Haben Sie denn geprüft, ob vor dem Wort ›Nachhaltigkeit‹ vielleicht öfter mal das Wort ›nicht‹ stand?«, wollte ich wissen. Und in welchen unterschiedlichen Zusammenhängen sei der Begriff »Nachhaltigkeit« denn verwendet worden? Hatten sie geprüft, wie oft das Wort aufgetaucht war, weil ein Konzern selbst über seine vermeintliche Nachhaltigkeit schwadroniert hatte? Und wussten sie, wie viele Google-Treffer auf unabhängige Quellen zurückgingen? Ich erhielt keine Antworten. Ich war fassungslos. Bei so vielen Bankmitarbeitern hätte ich bereits damals mehr erwartet. Entwaffnend offen entgegnete mir der Berater, dass sich außer mir kaum jemand für diese Kriterien interessiere. Viele Kundinnen würden nachhaltige Produkte als reines Statussymbol betrachten. Wenn sie in ihrem Umfeld erzählen könnten, dass sie Geld verdienen und trotzdem Gutes tun würden, würde ihnen das reichen. Diese Kunden wollten keine Details wissen. Eine Google-Suche wie diese würde vollkommen reichen. Für mich war das Gespräch damit beendet. Es war zum Fremdschämen und ausgesprochen desillusionierend. Das fand wohl auch der Anlageberater, der aufgrund meines hartnäckigen Nachhakens aus dem

Nähkästchen geplaudert hatte. Und dann wenig später die Bank verließ.

Konnte es noch schlimmer kommen? Es konnte. Vier Jahre nach diesem Desaster gab ich den Analysten der gleichen Bank eine neue Chance, weil ich in der Zwischenzeit zwar in selbst ausgesuchte Aktien investiert hatte, mir dies aber zu zeit- und nervenraubend wurde. Ich teilte also mit, dass ich mein Portfolio sukzessiv umgestalten wolle. Es solle – nach den neuesten Erkenntnissen – die wirklich nachhaltigsten Werte enthalten. Vorsorglich wies ich auf meine letzte Analystenerfahrung hin. Erneut war die Reaktion enthusiastisch. Ich könne beruhigt sein, teilte mir der Berater mit, die Bank habe sich verändert. Nachhaltigkeit sei jetzt ein Zukunftsthema und werde wirklich ernst genommen. Nur vorbildliche Kriterien hätten eine Chance. Jede Menge selbst spendierte Vorschusslorbeeren. Es klang verheißungsvoll nach »Wir haben verstanden!«. Verstanden habe ich dann alles später. Aber der Reihe nach. Die Berater kamen mit einem riesigen, umweltunfreundlichen Packen Papier und einem nicht enden wollenden, recht ermüdenden Prolog. Sie sprachen von »Heerscharen von Hightechanalysten«, die mit modernsten Methoden spannende und nachhaltige Anlageformen für mich gefunden hätten. Ich war gespannt. Ein erster Blick in die Unterlagen zeigte mir – ganz oben auf der Liste – erneut den gleichen US-Konzern aus unserer Branche. Nach einem ersten fassungslosen Staunen fragte ich erneut nach den Kriterien. Die Antwort kam prompt: Es gebe nun eine sogenannte Blacklist. Sie hätten alle Unternehmen aussortiert, die nicht nachhaltig seien. Der Rest komme in die »Best in Class« der ökologisch-nachhaltigen Werte. Wenn ich mehr wissen wolle, müsse bei einem weiteren Termin ein anderer Analyst dazustoßen. Ich wollte.

Einige Zeit später saß ich also einem freundlich lächelnden Analysten gegenüber. Nach einer schier endlosen Einleitung erklärte er endlich die Blacklist: Die Bank vergebe Negativ- oder

Ausschlusspunkte, übrig bleibe nur die »Best in Class«-Liste. »Und wer wurde aussortiert?« Die Antwort: Wer bei Kinderarbeit, Waffenproduktion, dem Betrieb von Atomanlagen, Drogenhandel oder -anbau sowie bei Fällen grober Bestechung erwischt wird, fliegt raus. Alle anderen seien sauber und nachhaltig. Ach wirklich? Immerhin dreiunddreißig Prozent habe die Bank anhand dieser Blacklist aussortiert, meinte der Berater. Pessimistisch betrachtet, war also ein Drittel der Unternehmen – frei nach Don Corleone – nur mehr oder weniger der ehrenwerten Gesellschaft zuzurechnen oder direkt im Atom- oder Waffenbusiness. Optimistisch gesehen, waren damit zwei Drittel der üblichen Blue Chips nachhaltig und somit »Best in Class«. Mehr vermochte diese Bank an Qualitätsauslese nicht zu leisten? Offenbar war es vollkommen egal, welche Ökobilanz ein Unternehmen am Ende hatte und wie hoch seine ökologischen Folgekosten waren. Diese Ausschlusskriterien waren so denkbar unterambitioniert, dass bereits jedes Unternehmen gut war, das nicht ein paar Menschenleben riskiert oder Kinder ausgebeutet hatte. Langsam, aber sicher verstand ich: Die Analysten wollten gar keine inhaltliche Schärfe. Sie wollten nur die Illusion von Nachhaltigkeit und Fairness erzeugen. Applaus erntet allein der Aktienwert. Für echte Nachhaltigkeit rührt sich kaum jemand. Schlimmer noch: Das Wirtschafts- und Finanzsystem blendet die Umweltkosten bewusst aus. Würden sich diese gemäß dem Verursacherprinzip in den Bilanzen der Unternehmen wiederfinden, stünde so manche Aktie, Dividende und Unternehmensbilanz komplett anders da. Doch bislang stehen einfach die Steuerzahlerinnen dafür gerade.

Der Analyst, der mir noch immer gegenübersaß, war erst ratlos und wurde schließlich vorwurfsvoll. Man müsse einmal über Erwartungsmanagement reden, meinte er. Es sei die Regel, dass auch Kunden, die sich über Nachhaltigkeitswerte erkundigten, darauf achteten, dass das Verhältnis zwischen Gewinn und Risiko nicht unterdurchschnittlich sei. Ökologie ja. Aber die Gewinnerwartung zurückschrauben? Lieber nicht. Deshalb müssten die großen Konzerne mit ihren renditestarken Verheißungen im Portfolio bleiben. Ein besseres Nachhaltigkeitsmanagement, meinte er, würde ich nirgendwo finden. Das reichte mir endgültig. Unser Gespräch war beendet. Ich war nachhaltig verstimmt.

Weil ich jedoch ein treuer Kunde bin und daran glaube, dass auch Unternehmen aus ihren Fehlern lernen, gab ich der Bank eine dritte Chance. 2018 war ich zwar schon etwas desillusioniert und nach etwas zu abenteuerlichen Direktinvestitionen in diverse Geothermieprojekte endgültig von spontanen Eingebungen geheilt. Aber ich hoffte immer noch, die Bank hätte nun begriffen, dass echte Nachhaltigkeit ein Megatrend ist. Und in der Tat: Man habe aus seinen Fehlern gelernt und gehe mit der Zeit, bekam ich zu hören. Mittlerweile gebe es nicht nur eine Blacklist, sondern auch eine Whitelist – also eine Liste mit Pluspunkten, die Aktienwerte sammeln könnten. Wieder lernte ich einen neuen Analysten kennen. Offenkundig hatte es sich herumgesprochen, dass ich immer alles ganz genau wissen wollte. Denn siehe da, der große US-Konzern stand nicht mehr ganz oben auf der Liste. Stattdessen aber unser Hauptwettbewerber im Großkundenbereich. Wie aber sollte dieses Unternehmen, dessen neu erworbene Tochterfirma mit Spezialchemikalien am Fracking mitverdiente, etwas mit ökologischem Wirtschaften zu tun haben? Also wieder die Frage nach den Kriterien. Diesmal in Bezug auf die Whitelist. Die Antwort: Die Bank hatte Fragebögen entworfen, durch die sich Nachhaltigkeit direkt messen lassen sollte. Eine der Fragen an die Konzerne lautete beispielsweise, ob sie einen Nachhaltigkeitsbeauftragten oder eine -beauftragte hätten. Eine andere, ob es einen Sonderbeauftragten oder -beauftragte für Abwassermanagement gebe. Im Prinzip ging es darum herauszufinden, ob ein Unternehmen Geld in entsprechende Stabsstellen investiert hatte. Die Sache hatte nur einen Haken: Weil die Fragen allein mit »Ja« oder »Nein« zu beantworten waren, ging daraus nicht hervor, was die Mitarbeiterinnen tatsächlich leisteten. Die Whitelist zeigte damit zwar die Absicht der Unternehmen, nicht aber ihr Handeln. Nun ist es jedoch so: Je größer und finanzkräftiger ein Konzern ist, desto mehr Stäbe kann er installieren und damit auf der Whitelist punkten. Das sagt aber nichts darüber aus, inwieweit tatsächlich Nachhaltigkeit im Unternehmen gelebt wird. Ich nenne diese Augenwischerei »Checkbox-Illusionismus«. Und der lohnt sich. Großkonzerne beschäftigen inzwischen ganze Heerscharen von Checkbox-Illusionisten. Sie sorgen dafür, dass ihr Unternehmen für die Fragebögen der Analystinnen optimiert ist. Umgekehrt scheinen diese dann darauf zu achten, dass sie auf keinen Fall die wirklich aussagekräftigen Fakten abfragen. Eine Ablenkungsfalle in Reinkultur.

In diesem Sinne war wohl auch das Unternehmen auf der Whitelist optimiert, das mit der Water Purification – also der Wasseraufbereitung – beim Fracking Geld verdient. Es macht also aus dem sehr schmutzigen Wasser, das beim Hineinpressen der Chemikalien in Schiefergestein anfällt, etwas weniger schmutziges Wasser. Das wurde mir nun als nachhaltiges Investment angeboten. Das sollte nach Ansicht der Bank nachhaltiges Wirtschaften sein. So adeln Analysten einen Konzern, der auf die Teilreinigung des brutal giftigen Frackingwassers spezialisiert ist und damit der US-Frackingindustrie als Steigbügelhalter dient. Meinen Ärger über dieses Täuschungssystem bekam der Analyst ab. Ich hielt ihm vor, dass er ein krankes System unterstütze. Ich fragte ihn, ob er gar nicht gewillt sei, die Dinge in der Tiefe zu beleuchten. Ich stellte die Vermutung in den Raum, dass es der Bank wohl nur darum gehe, neue Begriffshülsen zu finden, um einen Marketingnebel über die trostlosen Fakten zu legen. Der Analyst fühlte sich bei der Ehre gepackt. Man müsse doch alles relativ sehen, fand er. Wenn eine Firma aus ganz, ganz schlimm ein Weniger-schlimm mache, sei das doch nachhaltiges Handeln. Ich konnte es nicht glauben. Wenn er alles relativiere, so mein Gegenargument, wo bleibe dann die Orientierung an moralischen Mindeststandards und an dem notwendigen Mindesteinsatz zum Erhalt unserer Umwelt? Wo die mündige Entscheidung Kundinnen? Ganz offensichtlich verstand er nicht, was mir fehlte. Es gebe doch die Kriterien der Whitelist… Verblüffend ehrlich räumte er ein, dass es doch immer so sei bei dem Thema »Nachhaltigkeit«: Wer etwas tiefer bohre, erkenne, wie viel von all dem Schall und Rauch sei. Ob das nun individueller Zynismus war oder ein durch die berufliche Sozialisation entstandener Opportunismus (oder vielleicht beides), mein Gespräch war beendet. Und das war meine letzte Begegnung mit einem Analysten dieser Bank.

Reaktive Analysefallen

Meine Erwartungen habe ich jedoch nicht nach unten geschraubt. Meine Kriterien gelten bis heute: Ich möchte Ehrlichkeit und keinen Etikettenschwindel. Ich möchte ehrliche Siegel und ehrliche Auskünfte über Unternehmen und ihre Produkte, damit ich über meine Investitionen bewusst und qualitätsbasiert entscheiden kann. Wer genauer hinschaut, als diese Bankanalysten es taten, stößt sehr wohl auf Unternehmen, die verantwortungsvoll und nach echten Kriterien der Nachhaltigkeit wirtschaften. Dazu müssten die Analysten jedoch den Mut haben, einige der Blue Chips aus ihren Portfolios zu verbannen. Mit ihnen sind sie allerdings oft schon seit Jahrzehnten eng verbunden. Deshalb geschieht das bis heute nicht. Stattdessen sind Analystinnen sowie Banken selbst noch viel rückwärtsgewandter, als sie selbst es manchen Traditionsunternehmen bescheinigen. Regelrecht reaktiv werden sie, wenn ein globaler Trend wie »Nachhaltigkeit« einmal nicht direkt der unmittelbaren Gewinnsteigerung und prosperierenden Wirtschaft dient. Dann greifen sie lieber auf den beschriebenen Etikettenschwindel zurück. So sind sie vermeintlich auf der Höhe der Zeit. Aber eben nur vermeintlich. Das prägt vor allem die Banken und ihre Investmentberatung, wobei es unter den Kleineren wohl auch positive Ausnahmen gibt, wie etwa die GLS Bank, zu der ich schließlich ging.

Äußerste Skepsis ist also angebracht, wenn sich der Finanzsektor mal wieder als »jetzt endlich nachhaltigkeitsorientiert« ausruft, so wie im Herbst 2021. Schön wäre es ja. Ernsthaft. Doch noch schöner wären ernsthafte Belege dafür. Leider sehe ich bei den übrig gebliebenen Großbanken nur wenig davon. Stattdessen flog 2021/22 gleich mehrfach der Schindluder auf einer noch mal viel höheren Ebene auf. Hunderte Milliarden Euro waren in sogenannte ESG-Investments geflossen. Anlagen, von denen die Kunden der Investmentfonds glaubten, sie enthielten Firmen, die Kriterien wie »Environmental«, »Social« und »Governance« – also ESG – besonders berücksichtigten. Dass ein Unternehmen wie Wirecard darin vertreten war, zeigt bereits, wie zuverlässig die Beurteilung der Investmentberaterinnen war. Nämlich gar nicht. Über viele Jahre waren offensichtlich systematisch die Gütekriterien völlig vernachlässigt worden – ganz entgegen der Behauptung des Fonds, der meinte, die Nummer eins unter den Nachhaltigskeitsfonds zu sein und immerhin eine Tochtergesellschaft der Deutschen Bank ist. Schlimmer noch, wider besseres Wissen und gegen eindeutige Beweise hatte der Fonds in großem Stil umweltschädliche Unternehmen unter den ESG platziert. Das hatte System. Und zwar so extrem, dass der Betrugsvorwurf im Raume stand, juristisch verfolgt wurde und 2022 schließlich massive Konsequenzen für die Verantwortlichen sowie das Unternehmen hatte. Kein Einzelbeispiel. Der Etikettenschwindel mit dem Güte- und Kaufkriterium »Nachhaltigkeit« wird fast schon systematisch bei vielen der weltweit führenden Fonds eingesetzt.[24]

Experten schätzen das globale Volumen solcher Fonds mittlerweile auf mehr als zwei Billionen US-Dollar. »Ein hohes Maß an Greenwashing« attestiert der Ex-BlackRock-Manager Tariq Fancy, damit früherer Repräsentant einer der weltweit führenden Vermögensverwalter, im September 2021 im *Handelsblatt*. Für ihn sind ESG ein »gefährliches Placebo«, weil jetzt alle schnell auf den Nachhaltigkeitszug aufspringen wollten. Im besten Fall siegt gegen diese Art der Ablenkungsfalle irgendwann die Ehrlichkeit. Dann würde die Lücke zwischen Behauptung und Tat geschlossen. Das könnte positive Entwicklungen in Unternehmen anregen und verstärken. Im schlimmsten Fall bleibt es beim Etikettenschwindel. Doch dieses kriminelle Verhalten – wenn nicht im juristischen, so zumindest im moralischen Sinne – untergräbt leider massiv das Vertrauen ins Finanzwesen, in die Wirtschaft und auch die Steuerungsfähigkeit der Politik. Und es erschüttert sogar das Vertrauen in die Unternehmen, die die soziale und ökologische Nachhaltigkeit ernsthaft und solide auf ihre Fahnen geschrieben haben. Denn wenn wir noch nicht mal einem großen, international operierenden Finanzinstitut und führendem europäischen Vermögensverwalter bei so komplexen Anlagefragen trauen können – wem dann?

Vermutlich war der gute Ruf deutscher Großbanken und Finanzinstitute schon vor langer Zeit ruiniert. Aufgrund ihrer dubiosen Rolle während der Weltfinanzkrise, nachdem Lehman Brothers zusammengebrochen und die Zockerei mit Junk Bonds aufgeflogen war. Sie hatten bei den ganz Großen mitspielen wollen und dabei streberhaft und mit deutscher Gründlichkeit erst ihren Ruf und dann ihre Solidität in den Sand gesetzt. Nun haben sie den Schuss schon wieder nicht gehört – nämlich dass Nachhaltigkeit kein weiterer blöder Marketingtrend ist, sondern die Menschen wirklich bewegt und bewegen muss. Stattdessen ersetzen sie konsequente Entscheidungen durch freche Behauptungen bis hin zur Unwahrheit. Behauptungen, an die sie anscheinend selbst glauben. Oder an denen zumindest niemand in aller Öffentlichkeit zweifeln darf. Das erlebte ich, als ich in den Kundenbeirat eines großen deutschen Finanzinstituts berufen wurde. Ich präsentierte eine Studie zu den Most Trusted Brands.

Dass unser Unternehmen oben rangierte, nahmen alle noch mit Wohlgefallen auf. Das joviale Lächeln verflüchtigte sich jedoch recht schnell aus den Gesichtern der hochkarätigen Bankenvertreterinnen, als ich ihnen gegenüber – zugegeben frech – erwähnte, dass die repräsentative Umfrage ihnen selbst leider einen auffallend schlechten Platz auf der Vertrauensskala attestiert hatte. Wo sich die Bank zuvor doch noch als Branchenführer in Sachen Nachhaltigkeit bezeichnet hatte – allerdings nicht ausgehend von einer unabhängigen Repräsentativbefragung, sondern von einer Umfrage unter den eigenen Mitarbeitern. Ihre Nachhaltigkeit, so die Aussage des damaligen CEOs Josef Ackermann, sei doch schon dadurch belegt, dass sie dies als Begriff in ihre Unternehmensvision integriert hätten. Die Kraft der Worte schlägt damit die des Faktischen? Echte Nachhaltigkeit bleibt so auf der Strecke. Denn wenn Milliardenbeträge in regelrechte Nachhaltigkeitsbluffs fließen, nicht aber in die, die wirklich konsequent die Umwelt schützen, verschiebt sich der Markt noch mehr in eine schädliche Richtung. Im schlimmsten Fall entsteht ein Teufelskreis aus Etikettenschwindel, finanziellen Mitteln, daraus resultierender Marktmacht und der Bestätigung, mit diesem irreführenden Ansatz ganz gut weggekommen zu sein. Und schon können sich die Managerinnen der Großkonzerne wieder ihren Kernkompetenzen zuwenden: den Zahlen. Ihrem Aktienkurs. Der Glorifizierung der Analysten. Letztere stehen am Anfang und am Ende der meisten, vielleicht sogar aller Ablenkungsfallen, die der Finanzsektor gegen nachhaltiges Produzieren und Wirken aufzubieten hat.

Drum prüfe ...

Ich bin mir der privilegierten Position sehr wohl bewusst, die ich als recht unabhängig entscheidender Unternehmer habe. Dennoch reicht es nicht, dass die meisten Entscheidungsträgerinnen mittlerweile erkannt haben, dass wir alle vielleicht gerade noch die Chance haben, die schlimmsten ökologischen Katastrophen zu stoppen. Die Umkehr läuft viel zu träge ab. Recycling wird selbstverständlich in vielen Branchen propagiert. Von weißer Ware über Kommunikationselektronik bis hin zu Fahrzeugen, überall gibt es interessante Ansätze wie Rücknahmeaktionen oder Mietmodelle. Sie bedürfen jeweils eigener Analysen und Erfolgsmessungen. Etliche Grundlagen unserer Methoden ließen sich hier anwenden. Notwendig sind selbstverständlich eigene Praxistests, wie das Beispiel des Outdoorherstellers Patagonia gezeigt hat. Und doch erzeugt jede Industrie nach wie vor Berge von Müll. Nicht nur Plastikmüll. Er sollte in keiner Weltregion landen, nur um dort Schäden zu erzeugen, die uns im reichen Westen zunächst noch erspart zu bleiben scheinen. Auch dies zu vermeiden gehört zu einem guten Nachhaltigkeitskonzept. Einem Konzept mit globaler Verantwortung. Und diese Verantwortung müssen wir alle gemeinsam übernehmen – oder untergehen.

Was uns fehlt, ist einfach Transparenz. Meiner Überzeugung nach sollten wir uns bei der Analyse von Nachhaltigkeitswerten das Steuerrecht zum Vorbild nehmen. Das Finanzamt schaut auch gerne mal genau hin, ob ein Unternehmen bei den Angaben schummelt. Steuerberater können zwar bei der Interpretation helfen. Doch die Fakten müssen stimmen. Wie wäre es wohl um die Steuerehrlichkeit innerhalb der geltenden Gesetze bestellt, wenn alle wüssten, dass ihre Steuererklärungen niemals überprüft würden? Schummeln wäre dann die Regel. Aber genau so funktioniert die Whitelist der Analystinnen. Ich plädiere daher für strenge Kontrollmaßnahmen. Regelmäßige, unangekündigte Nachhaltigkeitsaudits würden den Bluffs ein Ende bereiten. In diesem Fall nach Maßgabe wissenschaftlich bewährter Referenzpunkte zum optimal nachhaltigen Produzieren, Distribuieren und Vermarkten. Nur nachprüfbare Maßnahmen würden einer externen Überprüfung standhalten. Zugegeben, das kostet zunächst etwas mehr durch den administrativen Aufwand. An dieser Stelle allerdings ist er jedoch überlebenswichtig.

Und wie im Steuersystem hat das Risiko, öffentlichkeitswirksam ertappt zu werden, zwar nicht perfekte, aber doch spürbare Abschreckungswirkung für alle, die mit dem Feuer spielen.

Echte Nachhaltigkeit lässt sich im Übrigen auch nicht einfach über die CO_2-Bilanz abbilden. Analystinnen lieben CO_2-Bilanzen, weil sich diese so schön zurechtschustern lassen. Damit können sich Menschen ihr schlechtes Gewissen wunderbar reinwaschen, wie es zum Beispiel eine Stiftung tat: Sie versprach, für jeden gezahlten Euro einen Baum zu pflanzen. *Die Zeit* recherchierte nach.[25] Und siehe da, die Bäumchen waren in einem intakten Wald in Mexiko gepflanzt worden. Wieso gerade dort? Welche der jungen Bäume waren denn nun gepflanzt worden, und welche waren natürlich gewachsen? Warum hatte die Stiftung keine Freifläche bepflanzt? Was also war Fiktion? Was Werbung? Rhetorische Fragen. Doch mithilfe solcher und ähnlicher CO_2-Zertifikate können sich Unternehmen eine klimaneutrale Bilanz zusammenkaufen – ohne dass sie bei der Herstellung und dem Vertrieb ihrer Produkte groß etwas ändern müssten. Niemand weiß in so einem Fall genau, wie viel Greenwashing da mit dabei ist.

Der moderne Ablasshandel

»Klimaneutral« ist das neueste Zauberwort der Greenwashing-Industrie. Kaum etwas lässt sich so schön rundrechnen. In vielen Unternehmen beliebt, obwohl schon manche Satiresendung im TV das Thema zu Recht aufs Korn genommen hat, sind Bemühungen, sich ohne allzu große Verringerung der eigenen umweltschädlichen Emissionen als komplett »umweltgeläutert« darzustellen. Um das »richtig« zu berechnen, werden dann gerne mal die Bereiche der Wertschöpfungskette aus der Betrachtung ausgeklammert, die am schmutzigsten sind. Denn wie sagt das alte Sprichwort: Wo kein Kläger, da kein Richter!

Je nachdem, worauf ein Unternehmen den Begriff »klimaneutral« bezieht – eine Ware, eine Dienstleistung oder das gesamte Unternehmen –, erfordert dies in der offiziellen Zertifizierung unterschiedliche Anforderungen. Hinzu kommt, dass Klimaneutralität nicht immer bedeutet, dass ein Unternehmen tatsächlich etwas Wesentliches in seiner eigenen Produktion, im Einkauf seiner Rohstoffe oder in seinem Vertrieb ändert, also eigene Maßnahmen umsetzt. Es kann sich Klimaneutralität auch einkaufen. Zum Beispiel, indem es CO_2-Zertikate erwirbt, die seine negative CO_2-Bilanz ausgleichen sollen. Das ist übrigens nicht nur bei Unternehmen beliebt. Auch Bundesregierungen rechnen sich so ihre Klimaschutzmaßnahmen schön.

Die Art des Wirtschaftens wird sich nicht ändern, solange nicht sachverständige Menschen in unbequemen, tiefergreifenden Audits analog einer Steuerprüfung vor Ort hinter die Kulissen schauen. Wenn es weiterhin bequemer ist, eine Illusion zu optimieren, als echte Lösungen zu schaffen. Wenn es immer noch gelingt, kritische Verbraucher zu täuschen und zu verwirren. Wir müssen gerade deshalb immer hinterfragen, was uns die Analystinnen im neuen Milliardenmarkt hier als nachhaltig verkaufen möchten. Bleiben wir kritisch und hartnäckig. Denn die Gleichgültigkeit der Anleger bestraft die wirklich nachhaltigen Unternehmen. Und auch die Medien haben eine wichtige Bedeutung. Ihnen ist es beispielsweise zu verdanken, dass unehrliche Anbieter nicht mehr davonkommen. So geschehen bei den vermeintlichen ESG-Nachhaltigkeitsfonds. Ein Extrembeispiel vielleicht, aber leider noch nicht gänzlich untypisch für etliche Ablenkungsfallen. Doch schließlich und endlich ist es vor allem die Politik, die durch die richtigen Rahmenbedingungen für Fairness und Transparenz sorgen muss. Nicht nur im Finanzmarkt, sondern auch in der Kommunikation. Grund genug, sich auf die Suche nach Ablenkungsfallen in der Politik zu machen.

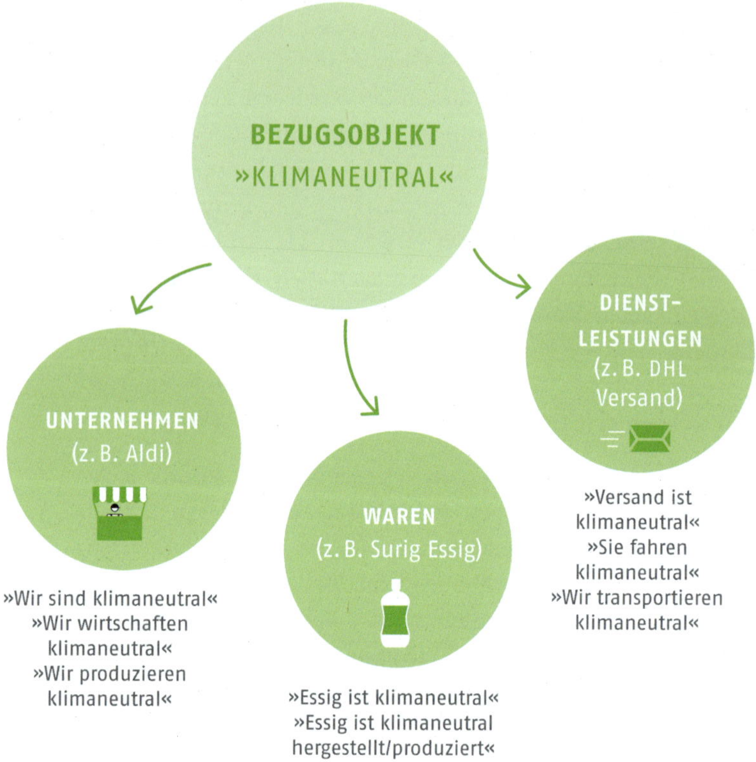

Quelle: Wettbewerbszentrale

Der Begriff der Klimaneutralität: Die vermeindliche Abkürzung zur Heiligsprechung.

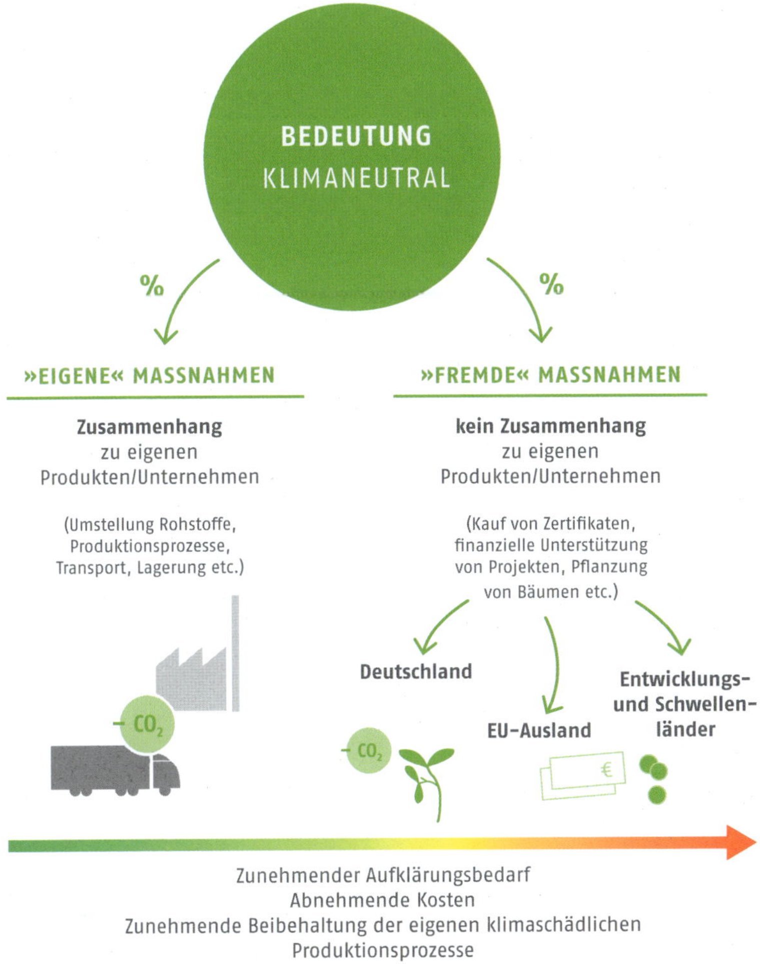
BEDEUTUNG
KLIMANEUTRAL
%
%
»EIGENE« MASSNAHMEN
Zusammenhang
zu eigenen
Produkten/Unternehmen
(Umstellung Rohstoffe,
Produktionsprozesse,
Transport, Lagerung etc.)
- CO_2
»FREMDE« MASSNAHMEN
kein Zusammenhang
zu eigenen
Produkten/Unternehmen
(Kauf von Zertifikaten,
finanzielle Unterstützung
von Projekten, Pflanzung
von Bäumen etc.)
Deutschland
EU-Ausland
Entwicklungs-
und Schwellen-
länder
- CO_2
€
Zunehmender Aufklärungsbedarf
Abnehmende Kosten
Zunehmende Beibehaltung der eigenen klimaschädlichen
Produktionsprozesse

Kapitel 7

Politik und Lobbyismus

»Das Geheimnis des Lebens sind Ehrlichkeit und fairer Umgang. Wenn du das vortäuschen kannst, hast du es geschafft.«

Groucho Marx

Ob Klimakrise oder Plastikmüll – egal, um welche der globalen ökologischen Krisen es sich handelt, die Politik kann und muss die richtigen Leitplanken errichten, damit wir gemeinsam auf eine Lösung zusteuern. Die Politik und ein größerer Teil der Industrie stimmen zwar grundsätzlich zu, dass dringender Handlungsbedarf besteht. Diese Erkenntnis führte bislang aber weder zu schnellen Gesetzesinitiativen noch zu einer Umstrukturierung unternehmerischer Handlungsprozesse. Das politische Risiko schien wohl hasenherzig zu groß, von den Wählerinnen für auch nur kleine Veränderungen abgestraft zu werden. Doch dass die Politik national und international tunlichst auf all diese Krisen reagieren muss, ist mittlerweile eine breite öffentliche Meinung und damit in Demokratien eine Frage von Wählerstimmen. Jedenfalls solange nicht andere Themen wie Wirtschaftskrise und Krieg das Klimaproblem wieder von den Prioritätenlisten verdrängen.

Der Staat sollte unbedingt mit einem Green Public Procurement beginnen – also einer umweltfreundlich ausgerichteten öffentlichen Auftragsvergabe. Die öffentlichen Haushalte würden so nachhaltige Produkte und Dienstleistungen mit ihren Zigmilliarden unterstützen, zum Nutzen aller Bürgerinnen, anstatt nur auf das aktuelle Haushaltsjahr und das billigste Angebot zu achten (das sich langfristig fast immer als das teuerste erweist). Im Vergleich zu dem, was an Umweltdesastern auf uns zukommen könnte, sind Fehlplanungen wie Stuttgart 21, der Berliner Flughafen oder der Bau der digitalen Infrastruktur Deutschlands nur Stürme im Wasserglas. Die Politik hat hier eine sehr wichtige Lenkungsverantwortung. Vornehmlich dort, wo Märkte heute versagen. Plastikeinwegbesteck, -wattestäbchen oder -wegwerfbecher abzuschaffen war richtig. Das geht aber nur bei Produkten, die sich problemlos durch weniger schädliche ersetzen lassen, sodass niemand verzichten muss. Ist das nicht der Fall, lässt sich solch eine Maßnahme in einer Demokratie sehr viel schwerer durchsetzen – ich erinnere an das Veggie-Day-Debakel der Grünen oder ihren Vorschlag, Autos teilweise durch Lastenfahrräder zu ersetzen. Schließlich wollen wir Umweltschutzmaßnahmen nicht wie in einem autokratischen Politiksystem unter Zwang umsetzen. Die meisten von uns, die Erfahrungen in der Erziehung von Kindern machen durften, kennen die Herausforderung: Häufiger Zwang provoziert Trotz und Widerstand. Hilfreicher sind Anreize, Einsicht und Vorbilder.

Um die Plastikmüllkrise anzugehen, reichen Verbote also nicht aus. Wir müssen vor allem unsere Recyclingquote von Altplastik dramatisch steigern. Doch die bleibt nach wie vor gering. Das ist vor allem darauf zurückzuführen, dass Neuplastik viel günstiger ist als Rezyklat. Die wirtschaftlichen Folgen der Coronakrise haben den Kostenunterschied noch verstärkt. Als der Rohölpreis rapide sank, gingen auch die Recyclingquoten stark zurück. Das mag sich mit der Preisexplosion durch die kriegsbedingte Energiekrise 2022 vorübergehend etwas anders dargestellt haben. Inzwischen ist Neuplastik wieder deutlich billiger, und solange nicht in zusätzliche Recyclinganlagen investiert wird, wird das mit hoher Wahrscheinlichkeit so bleiben. Aus diesem Grund muss die Politik Verpackungen fördern, die ganz oder teilweise aus Rezyklat hergestellt sind. Entsprechende Schritte kamen denn auch. Zum Beispiel mit dem Verpackungsgesetz, das seit

2017 gilt. Es sollte unter anderem die Recyclingquoten für Kunststoffverpackungen bis 2022 auf 63 Prozent erhöhen. Dies war zwar ein Schritt in die richtige Richtung, allerdings muss das Gesetz dringend verbessert werden. Zum Beispiel sollten die Rezyklatanteile in Verpackungen belohnt werden. Eine Verpackung, die zu hundert Prozent aus Rezyklat besteht, sollte also stärker gefördert werden als eine, die nur »bis zu 25 Prozent« recyceltes Material enthält. Wir sind bislang nahezu die Einzigen in der Branche, die eine derartige Belohnung fordern. Diese Forderung machte uns hier und da zu den unbeliebten Strebern der Branche. Andere Unternehmen meinten zum Beispiel, dass es schon ausreiche, wenn sich eine Plastikverpackung theoretisch recyceln lasse, um eine Förderung aus Steuermitteln zu verdienen. Meine Meinung sieht anders aus. Als ich im September 2020 im Parlamentarischen Beirat des Bundestages für nachhaltige Entwicklung zum Thema »Nachhaltigkeit Made in Germany« sprechen durfte, plädierte ich – wie danach in vielen weiteren politischen Gremien – für eine deutsche Fondslösung: Die Einnahmen aus einer Steuer auf Neuplastik sollten in einen Fonds eingehen, der die Hersteller von Rezyklaten unterstützen würde. Würden die Rezyklate dadurch günstiger als Neuplastik, würden auch diejenigen das Material nutzen, die Ökologie nicht als das oberste Prinzip ihrer Unternehmensführung betrachten.

2021 trat schließlich als weiterer Meilenstein die von der EU beschlossene Plastiksteuer auf nicht recyceltes Plastik in Kraft. Sie sollte nicht nur Anreize zum Recycling von Plastik schaffen, sondern auch zusätzliches Geld in den Haushalt bringen. Seit Januar 2021 erhebt die EU deshalb 80 Cent pro Kilogramm nicht recyceltem Plastikverpackungsmüll. Das war ebenfalls ein wichtiger Schritt. Wenn man schon Haushaltslücken füllen muss, dann doch bitte schön mit Maßnahmen, die der Umwelt helfen. Die Plastiksteuer trägt dazu bei. Das heißt, sie könnte. Wenn sie richtig eingesetzt würde. Deutschland zahlt zwar jetzt den von der EU geforderten Steuerbetrag an Brüssel. Doch anders als in den meisten großen EU-Ländern muss in Deutschland jeder Steuerzahler dafür aufkommen, egal ob die Person Neuplastik einspart oder nicht. Weil Deutschland also die von der EU bezweckte verursachergerechte Umlage gezielt ausgehebelt hat, fließt das Geld nun zwar an die EU, eine ökologische Lenkungswirkung bleibt jedoch aus, da der Betrag aus dem allgemeinen Gesamthaushalt des Bundes kommt. Empörend? Nun, es geht noch schlimmer: Statt Neuplastik gezielt zu verteuern, wie es die EU fordert, subventioniert Deutschland Neuplastik weiterhin versteckt. Denn Neuplastik ist – anders als alle anderen Produkte, die aus Rohöl gemacht werden, wie etwa Benzin, Diesel oder Heizöl – von der Mineralölsteuer befreit. Ich fasse das noch mal zusammen: Die deutsche Bundesregierung verteuert das umweltschädliche Neuplastik durch die EU-Plastiksteuer nicht und macht es sogar noch günstiger, indem es dieses von der Mineralölsteuer befreit! Da wundert es nicht, dass Deutschland schon längst nicht mehr als ökologischer Transformationstreiber in der EU gesehen wird, sondern als Ausbremser.

Doch selbst wenn die Plastiksteuer in unserer Republik umgesetzt würde, so wie es übrigens im Koalitionsvertrag der Bundesregierung steht, gäbe es immer noch eine entscheidende Unschärfe. Was nämlich fehlt, ist eine Definition des Begriffs Rezyklat. Sinnvoll wäre es, nur Altplastik aus Privatmüll zuzulassen. Das sind die bereits erwähnten Post Consumer Rezyklate (PCR). Industrielle Produktionsabfälle, das sogenannte Post Industrial Rezyklat (PIR), sollten weder gefördert werden noch als Rezyklatanteil in einer Verpackung gelten dürfen. Auch das chemische Recycling, die Pyrolyse, darf keine Option sein, solange energieschonendere Verfahren wie das mechanische Recycling zur Verfügung stehen. Das fordern wir mit unseren Partnern – Remondis und dem Naturschutzbund Deutschland (NABU). Dann könnten, so der NABU, die Unternehmen ihre Recyclingerfolge nicht mehr schönrechnen. Die Politik hat dabei einen wichtigen ordnungspolitischen Auftrag. Sie muss dort eingreifen, wo der Markt die Umwelt nicht ausreichend schützt – oder sie sogar zerstört.

Die Psychotricks der Plastiklobby

Und die Politik würde all das vielleicht auch umsetzen, wären da nur nicht die Widerstände, Gegenkräfte und Ablenkungsfallen der Großkonzerne. Genauer gesagt: ihrer Lobbyisten, benannt nach der Vorhalle eines Parlamentes, wie die *lobia* des römischen Senats, des britischen Unterhauses oder des US-Kongresses. Historische Vorbilder. Weil heute der Begriff in Verruf geraten ist, wird auch neudeutsch von Public Information Policy gesprochen. In jedem Fall wollen sie politische Prozesse direkt oder indirekt beeinflussen. Das ist nicht per se verkehrt. Ja, Lobbygruppen, die ihre Interessen gegenüber der Politik und der Gesellschaft vertreten, gehören zur Demokratie dazu. Lobbyismus ist deshalb durch das Grundgesetz geschützt, wie durch das Recht auf freie Meinungsäußerung, das Recht auf Demonstration, das Recht auf Vereinigungsfreiheit, das Recht auf politische Partizipation oder das Petitionsrecht. Auch Nichregierungsorganisationen (NGOs) – wie der NABU – oder Jugendbewegungen wie Fridays for Future sind, so gesehen, Lobbygruppen. Sie setzen sich jedoch für das öffentliche Interesse ein. Bestenfalls entstehen aus dem Wettstreit der Lobbyistinnen gute Kompromisse. In den Vorhallen der Macht wird aber leider nicht selten mit Täuschungen und Tricks um Einfluss gerungen. Diejenigen, die die Gegenrede führen und korrigieren könnten, sprich die Umweltschützer, sind meist nicht dabei.

Das gilt besonders bei der Wirtschaftspolitik. Immer mehr aber auch bei der Klimaschutzpolitik, wo sich ebenfalls die klassischen Konflikte zwischen Arbeitsplätzen, Investitionen und Subventionen einerseits und dem Umweltschutz andererseits entspinnen. So bezeichnete der Bundesverband der Deutschen

Industrie (BDI) 2020 die drohende Einführung der EU-Plastiksteuer als »Gift für Wohlstand und Beschäftigung in Deutschland«, obwohl es pro handelsübliche Plastikflasche gerade mal um eine Verteuerung von 1,6 Cent gegangen wäre. Je komplexer und komplizierter solche Fragen sind – sich also nicht auf einige griffige Schlagzeilen reduzieren lassen –, desto bedeutsamer sind die nicht öffentlich sichtbaren Entscheidungsprozesse. Das gilt im Guten wie im Schlechten. Im Guten, solange Bürgerinnen darauf vertrauen können, dass die Volksvertreter sich kompetent und unabhängig für die besten Lösungen einsetzen. Im Schlechten, wenn der Einfluss von Interessengruppen überhandnimmt. Das trifft auf den Graubereich des gerade noch juristisch Erlaubten zu und erst recht natürlich auf den kriminellen Bereich der Bestechungsgelder (die allerdings selten nachzuweisen sein dürften). Das gilt aber auch für den legalen Bereich der Einflussnahme. Es lässt sich beispielsweise nicht nachvollziehen, wieso Abgeordnete auf den Honorarlisten von Unternehmen stehen dürfen, deren Interessen ihre Entscheidungsbereiche direkt berühren. Ebenso unverständlich ist die eher symbolische Schamfrist von einigen Monaten, die Politikerinnen verstreichen lassen müssen, bevor sie in lukrative Jobs bei den Unternehmen wechseln können, die sie zuvor mit ihren politischen Entscheidungen begünstigen konnten. Und das hat nichts damit zu tun, dass viel zu wenige Menschen aus der Wirtschaft in die Politik gehen. Das ist dringend notwendig. Das bedeutet aber nicht, dass Abgeordnete dann fröhlich die Interessen ihrer ehemaligen (und vielleicht auch künftigen) Arbeitgeber intransparent weiterverfolgen dürfen. Mit der Betonung auf *intransparent.* Gar nicht so selten sind die den Lobbyistinnen zuarbeitenden Fachabteilungen der Firmen ungleich größer als die der nicht immer gut bezahlten Behörden- und Ministeriumsmitarbeiter. Und so strecken diese irgendwann die Waffen und beziehen sich nur zu gerne auf deren Expertise. Was okay wäre, wären diese unabhängig. Doch die Interessenvertreterinnen sind geschickt darin, vermeintliche Sachzwänge zu finden und diese juristisch und wirtschaftlich scheinbar gut belegt zu verkaufen.

Die europäische Demokratie läuft damit Gefahr, »zu einer wirtschaftsdominierten Lobbykratie ausgehöhlt zu werden«, urteilte die Organisation Lobbycontrol 2019.[26] In Berlin sind nach ihren Schätzungen bis zu 6.000 Lobbyisten tätig. Einige Hundert von ihnen haben sogar direkten Zugang zum Bundestag. In Brüssel sollen etwa 25.000 Lobbyistinnen die Interessen ihrer Auftraggeber vertreten. Etwa 70 Prozent von ihnen sind für Unternehmen und Wirtschaftsverbände tätig. Sehr viele haben sogar privilegierten Zugang zu den Kommissarinnen. Der niederländische Politikwissenschaftler und Lobbyismusexperte Rinus van Schendelen nannte Brüssel gar einmal die »Champions League des Lobbyismus«.[27] Die Einflüsterer überhäufen die Abgeordneten mit ihren Berichten, Statements und Änderungsanträgen für Gesetzesvorlagen. Rund um die Gebäude der europapolitischen Instanzen findet man einen regelrechten Speckgürtel aus wunderschönen Altbauvillen oder beeindruckenden zeitgenössischen Gebäuden. Die Klingelschilder, die im Gegensatz zu den Bauten äußerst diskret und unauffällig daherkommen, verweisen auf die teuersten Beratungsfirmen, die erfolgreichsten Interessenvereinigungen, Kanzleien und Unternehmensrepräsentanzen. Warum wohl? Schön auch für die hochpreisigen Restaurants und Bars, die die Treffpunkte für lauter ehrenwerte Gesellschaften sind.

Immerhin gibt es ein Lobbyregister auf EU-Ebene. Die Bundesregierung hat lange und heftig über ein solches Register in Deutschland gerungen. Im März 2021 hat sie unter dem Eindruck der Coronamaskenaffäre schließlich ein Lobbyregistergesetz beschlossen. Das Register schafft jedoch im besten Fall etwas mehr Transparenz. Treffen mit Lobbyistinnen müssen Regierungsmitglieder aber weiterhin nicht veröffentlichen. Hilfreicher wäre ein legislativer Fußabdruck, das heißt, dass jede Gesetzespassage kenntlich gemacht werden muss, die direkt oder indirekt von Interessenvertretern kommt. Mehr Transparenz ist also dringend notwendig. Wie diese systematisch verhindert wird, konnte ich 2017 erleben, als ich von Frans Timmermanns, dem Vizepräsidenten der EU-Kommission und engagiert in der Umwelt- und Klimapolitik, nach Brüssel eingeladen wurde. Er hatte eine kleine Runde von Expertinnen zum Austausch gebeten, bevor im Januar 2018 die europäische Plastikstrategie veröffentlicht werden sollte. Darunter auch der EU-Kommissar für Umwelt, maritime Angelegenheiten und Fischerei Karmenu Vella sowie zahlreiche Vertreter von Verbänden. Etwa ein Dutzend der Gäste kam vonseiten der Plastikproduzenten. Fünf davon waren eng vernetzt im Verband der Kunststofferzeuger PlasticsEurope sowie dem Dachverband European Plastics Converters (EuPC). Auch ein Verpackungsmanager eines US-Konzerns – einer unserer Hauptwettbewerber – saß mit am Tisch. Timmermanns wollte wissen, ob es einen Grundkonsens zwischen den Plastikproduzenten und industriellen Plastikverwendern gebe – und wie sie das Plastikproblem lösen wollten.

Zunächst kamen die Plastikproduzenten zu Wort. Sie lieferten ein Musterbeispiel für das Drei-Stufen-System, das immer wieder bei solchen Treffen und Diskussionen zum Einsatz kommt. In der ersten Stufe zeigen sich die Lobbyistinnen emotional und reuevoll. Sie streiten nichts ab. Sie erkennen die Probleme an. Ein typischer Schachzug. Sie beteuern, sie hätten verstanden, dass sich etwas ändern müsse, und versichern, dass sie sich längst um eine Lösung bemühten. Im zweiten Schritt geben sie sich kollegial. Wir alle seien doch auf der gleichen Seite, nämlich der der Guten, beteuern sie. Wortreich beschreiben sie den von ihnen angestrebten Lösungsweg, den sie reichlich mit positiv besetzten Begriffen garnieren. Sie wollten dabei demokratisch und gründlich sein, geben sie an, und dass deshalb die besten Technologien aller Beteiligten auf internationaler Ebene abgestimmt werden sollten. Nur dann habe man den maximalen Hebel, um tatsächlich etwas bewegen zu können, so ihre These. Plastik im Meer sei schließlich kein lokales, sondern ein globales Problem. Daher müsse man auch alle einbinden. Gemeinsamkeit, Verständnis füreinander, internationale Einigkeit, globale Abstimmung. Geradezu hymnisch breiten sie aus, wie altruistisch sie handeln und wie umfassend sie alle Mitmenschen teilhaben lassen wollen. Alle müssten mit ins Boot geholt werden. Denn was bringe es schon, wenn nur die EU etwas tue? Nein, sie seien dafür, keine halben Sachen zu machen. Sie wollten das ganz große Rad drehen. So groß, dass alle staunen. Sie hätten schon die Fühler ausgestreckt. Nein, nicht nur mit den G7 reden. Auch nicht allein mit den G20. Alles viel zu klein gedacht! Sie wollen niemanden vergessen, selbst die kleinste Inselnation nicht.

All das klingt meistens sensationell. Es dient jedoch vor allem der Selbstinszenierung als Weltretter. Wirkliche Veränderungen wollen die Lobbyisten auf diese Weise auf den Sankt-Nimmerleins-Tag verschieben. Der folgt auf Stufe drei mit dem Credo »Nichts überstürzen«. Keine Lobbyistin möchte sich zeitlich festlegen. Sie bleiben nebulös und verlegen Ziele weit in die Zukunft. Was ja auch notwendig ist, wenn man alle, wirklich alle mitnehmen möchte. Im Sport nennt sich diese Taktik Zeitspiel. Denn bis sich die Politik mit so vielen Stakeholdern in der ganzen Welt abgestimmt hat, können Jahrzehnte vergehen. Doch die haben wir nicht. Abgesehen davon, dass es ohnehin fraglich ist, ob es überhaupt möglich wäre, eine Einigung mit tatsächlich allen jemals hinzukriegen. Dass die EU als enorm einflussreiche Wirtschaftsmacht und Vorbild voranschreiten sollte, um Standards zu setzen – auf diese Idee kommt im Lobbystück leider niemand. Dafür sorgt der eingeübte Chor der Stichwortgeberinnen für die Politik. Und so verknüpfen sie ihre Taktik gerne mit dem Argument eines vermeintlichen Wettbewerbsnachteils. Tatsächlich können Regulierungen zu Nachteilen führen. Die Lobbyisten aber wollen vor allem die Entwicklung und Verbreitung von Zukunftstechnologien auf die lange Bank schieben.

Dabei machen Technologie- und Wissensvorsprung gerade den Erfolg der europäischen Wirtschaft aus. Innovationen sind der Motor unserer Wirtschaft. Sie sichern unseren Wohlstand und – in diesem Fall – auch den Schutz der Umwelt. Die Lobbyistinnen wollen hingegen nur verdecken, dass sie den Status quo so lange wie möglich bewahren wollen. Und das bedeutet, die Werbetrommel für die Vorzüge ihrer veralteten Produkte zu rühren. Das führt zu aberwitzigen Argumentationen, wie zum Beispiel dem, dass Plastik das Klima schone. Es konserviere schließlich Lebensmittel – und gerade Fleisch verursache viel CO_2, wenn es hergestellt werde. Derweil quillt das Meer von Plastik über.

Nach den Plastikproduzenten kamen beim Treffen in Brüssel die Unternehmen zu Wort, die ihre Produkte in Plastik verpacken. Es sprach zunächst der Vertreter des US-Wettbewerbers. Auch er gab sich beflissen. Sein Unternehmen arbeite intensiv an einer umfassenden Lösung, um Altplastik zu verwerten, meinte er. Zum Beispiel am Holy-Grail-System, das Verpackungen je nach Plastikart sortieren können soll, indem es einen für das menschliche Auge unsichtbaren Code auf dem Etikett unter UV-Licht ausliest. Das klingt technisch faszinierend. Es hat nur einen Haken: Solange nicht jedes Land mitmacht, das Plastikverpackungen in die EU importiert, funktioniert dieses System nicht wirklich. Bevor das Codiersystem nicht wirklich marktreif ist und überall auf der Welt eingesetzt wird, können – so das Lamento – die Konzerne kaum große Fortschritte beim mechanischen Recycling machen. Die Farben, die tatsächlich die Recyclingfähigkeiten herabsetzen, seien andernfalls ein schier unüberwindliches Problem (erstaunlich, dass wir in unserem Unternehmen eine Lösung dafür gefunden haben). Doch solange sich nicht alle einigen, sei eine Lösung nicht in Sicht. Wir haben jedoch leider nicht die Zeit, um eine Monstervereinbarung zwischen – sagen wir – 18.000 Unternehmen, 1.800 Verbänden und 180 Staaten abzuwarten. Vorausgesetzt, jedes Land kann diese komplizierte Technik finanzieren, einführen und auch beherrschen. Ob dann auch tatsächlich immer der richtige Code auf der Verpackung steht? Ich bezweifele das. Vielmehr handelt es sich hierbei um einen weiteren der gängigen Hinhaltetricks und Ablenkungsfallen: die sehr aufwendigen Verfahren.

Auf künftig vielleicht mögliche Technologien zu verweisen ist ein beliebter Trick der Lobbyisten, um sich nicht festlegen zu müssen. Es werde sowieso immer etwas Neues und noch Besseres erfunden, so ihr Argument. Dafür brauche es Fördermittel. Aber bitte keine Regelungen. Der Witz: Wenn sich die Politik nicht festlegt, wird eine Technologie auch niemals an ihren Ergebnissen gemessen. Es gibt keine Beweisführung für ihre Funktionalität. Doch das stört die Interessenvertreterinnen wenig. Rocket Science sei nun mal nicht von jetzt auf gleich realisierbar, heißt es. Und wenn es jemand schaffen könne, dann nur internationale Großkonzerne. Bis es so weit sei, brauche die Menschheit Übergangslösungen, wie etwa das chemische Recycling. Übertragbar ist diese Strategie auch auf Gas als angebliche Brückentechnologie und viele andere Bereiche. Besonders gut ließ sich diese Taktik auch im Bundestagswahlkampf 2021 beobachten: Wir dürften nicht regulieren – irgendwann würde die Klimakrise schon durch eine rettende Technologie gelöst … Zeitgleich drängen die Plastiklobbyisten darauf, das mechanische Recycling nicht zu fördern. Wo bleibe da die Technologieoffenheit? Alle müssten die gleichen Chancen haben! Unausgesprochen dabei: Bitte die Neuproduktion von Plastik nicht vermeiden, denn das schadet bestimmten Branchen der Großindustrie. Deshalb lehnen sie eine Förderung der Pyrolyse übrigens keineswegs ab.

Sobald sich die von der Zukunft erhoffte Technologie dann doch als Rocket Science erwiesen hat, weil sie zu kompliziert ist und einfach zu lange braucht, folgt der Trick des multinationalen Agierens. Diese weitere Ablenkungsfalle funktioniert umso besser, je multinationaler ein Konzern aufgestellt ist. Dann heißt es: »Uns sind die Hände gebunden. In verschiedenen Ländern gelten unterschiedliche Richtlinien. Nur gemeinsame Normen und Technologien können funktionieren.« Doch dieser Versuch führt, wenn überhaupt, zu einer Einigung auf den kleinsten gemeinsamen Nenner. Den allerkleinsten. Der Wettbewerber in Brüssel fuhr fort, dass sein Unternehmen zudem die Konsumentinnen ins Zentrum ihres Schaffens rücke. Und diese lehnten Rezyklate eben leider ab. Das Material sei so gräulich und wirke optisch wenig schön. Die Menschen liebten es hingegen bunt. Dann endlich war seine Tirade vorüber, und ich war an der Reihe. EU-Kommissar Timmermanns wollte nach so viel Problemdarstellung wissen, wo ich die größten Hürden auf dem Weg zu mehr Recycling sehen würde. Dass wir damals trotz unserer mittelständisch überschaubaren Firmengröße bereits Weltrekordhalter beim Einsatz von Plastikflaschen aus 100 Prozent Rezyklat waren, hatte sich vermutlich herumgesprochen. Andernfalls wären wir als kleinstes Unternehmen in dem Kreis wohl nicht eingeladen worden. Ich zählte also die aus meiner Sicht vier wichtigsten Hürden auf:

1. Wir müssen auf Farbe im Plastik verzichten. Bunt können die Produkte am Ende trotzdem aussehen, wenn man den Inhalt – wie wir es tun – mit umweltfreundlichen Lebensmittelfarben lebensfroh gestaltet.

2. Wir müssen untrennbare Verbunde aus mehreren Plastikarten vermeiden. Denn das ist der Hauptgrund für die schlechte Recyclierbarkeit vieler Folien und Nachfüllbeutel (unserer Konkurrenten).

3. Keine recyclingfeindlichen Additive – also chemische Zusatzstoffe – in den Verpackungen. Diese kommen zum Beispiel in Orangensaftflaschen zum Einsatz, weil sie diese undurchlässig für UV-Licht und Sauerstoff machen. Dieses Plastik lässt sich jedoch nicht mehr mechanisch recyceln.

4. Die Qualität der Plastikverpackungen erhalten. Die Punkte eins bis drei sind in der Branche wohl bekannt und führen zu dem Vorurteil, dass recycelbare Plastikverpackungen unattraktiv sein müssen. Wir können seit Jahren das Gegenteil beweisen: Wir haben zum Beispiel einige Spülmittelkonkurrenten im deutschen Markt überholt, was die Attraktivität und den Marktanteil unserer Marke angeht.

Meine Ausführung löste eine Woge der Erheiterung aus. Das Gesicht des Großkonzernlobbyisten verfärbte sich dunkelrot, und auch die anderen Vertreter von Plastikherstellern waren sichtlich verärgert.

Eine weitere Bühne für ein exemplarisches Lobbytheaterstück ergab sich für mich wenig später in einer Landesvertretung in Berlin. Eingeladen hatte die Deutsche Bundesstiftung Umwelt. Das Thema der Veranstaltung war »Quo vadis, Plastik?«. Im Anschluss an die Podiumsdiskussion durften die Zuschauenden den Vortragenden Fragen stellen, also auch mir. Ein junger Mann richtete sich, psychologisch nicht ganz ungeschickt, einfühlsam direkt an mich. Wir säßen doch alle im selben Boot, meinte er. Wir kämpften doch um dieselbe Sache. Uns allen gehe es doch um eine bessere Zukunft. Offen blieb zunächst, ob er für sich sprach oder als Abgesandter eines Unternehmens. Allerdings bemühte er sich sichtlich, eine Bestätigung von mir zu bekommen – ein zustimmendes Kopfnicken oder wenigstens ein aufmunterndes Lächeln. Doch das blieb ich ihm schuldig. Vielleicht hatte mich seine zu professionelle Freundlichkeit misstrauisch gemacht, die irgendwie zu einstudiert wirkte. Vielleicht kennen Sie die etwas glatt auftretenden jungen Professionals, gerne auch mal mit Trolleys auf Flughafenrolltreppen und in der Businessclass unterwegs. Meine Vermutung bestätigte sich. Meine Nachfrage ergab, dass er den Verband European Plastic Converters (EuPC) vertrat, also den Unternehmensverband der Plastikindustrie. Ein Lobbyist also. Immerhin mit offenem Visier. Wer die Branche kennt, weiß, dass häufig U-Boote und Agents Provocateurs bei solchen Veranstaltungen unterwegs sind. Sie geben sich nicht zu erkennen, schreiben aber umso eifriger mit, um dann ihren Herren, seltener Damen, Bericht zu erstatten. Hier war es also ausgerechnet ein Vertreter jenes Verbands, der sich zu Beginn der Coronapandemie mit einem Brief an die EU-Kommissionspräsidentin Ursula von der Leyen wandte und erklärte, dass Kunststoffprodukte wegen ihrer »einzigartigen Vorteile« notwendig seien. Sie stünden für Hygiene, Sicherheit und Schutz vor Kontamination. Die Angst vor dem Virus sollte offenkundig dazu genutzt werden, das geplante Verbot von Plastikwegwerfbesteck ab Juli 2021 zu verzögern. Man beißt doch nicht die Hand, die einen rettet.

Und nun saß ein Vertreter dieses Verbands also hier und tat so, als würde er das Problem anerkennen. Als würde er sich für weniger Plastik einsetzen. Doch das Gegenteil war der Fall. Dies erläuterte ich dem Publikum, das wohl etwas verwundert war, warum ich bei den freundlichen Worten dieses Fragenstellers so zurückhaltend reagierte. Ich verwies auf die versteckte Agenda solcher Wortbeiträge und dass es dieser Organisation darum gehe, mehr Neuplastik zu produzieren und nicht weniger. Insgeheim fragte ich mich: War der junge Mann wirklich so zynisch, dass er nichts dabei fand, solch ein Versteckspiel zu betreiben? Oder hatte er die Meinung seiner Arbeitgeber in einem unternehmerischen Sozialisationsprozess so sehr verinnerlicht, dass er ernsthaft glaubte, was er da sagte? Ich habe jedenfalls gelernt, dass diejenigen, die mich in aller Öffentlichkeit mit Freundlichkeit und Charme am heftigsten umarmen, oft hinter verschlossenen Türen den erbittertsten Widerstand gegen Veränderungen leisten. Und ich neige nicht zum Misstrauen. Eine Politik, die sich auf solche Taktiken und Scheinargumente einlässt, verhindert jedoch, dass wir eine Bestandsaufnahme der besten, aktuellen Technologien machen und diese dann fördern. Zum Wohl aller und der Umwelt.

Und was tut die Politik?

Da ist es schon fast tröstlich, dass trotz all der Lobbyarbeit immer noch eine Mehrheit der Menschen die Notwendigkeit der ökologischen Wende anerkennt. Die Programme fast aller Parteien spiegeln das wider. Wie wichtig dabei Emotionen sind, zeigt die überwältigende Resonanz auf die Auftritte der Schülerin Greta Thunberg bei der Weltklimakonferenz in Kattowitz, beim Gipfel in Davos und vor der EU-Kommission. Während die UN-Delegierten erleichtert den mühsam errungenen Deklarationskompromiss bejubelten, galt der öffentliche Jubel den flammendmahnenden Appellen der damaligen Schülerin. Das Beispiel zeigt, wie mühselig es ist, regionale, nationale und globale Ziele zu erreichen. Es braucht den Konsens darüber, dass und wo es überhaupt ein Problem gibt. Schon hier demonstrieren zahlreiche internationale Mächte, dass ihnen wirtschaftliche und strategische Ziele wichtiger sind als noch so einhellige Erkenntnisse und das Globalwohl. Bis hin zur offensichtlichen Lüge stellen sie kurzerhand das Selbstverständliche infrage. Glaubwürdigkeitsinstanzen wie den internationalen Klimarat akzeptieren sie nicht mehr. Nehmen wir als Beispiel die USA. Mitte 2022 hatte der Oberste Gerichtshof es der amerikanischen Bundesumweltbehörde deutlich erschwert, die Emission von Treibhausgasen zu regulieren. Er verhinderte besseren Umweltschutz, obwohl niemand, nicht einmal das Gericht selbst, bestritt, wie wichtig er ist. Das reiht sich ein in die lange Liste der eindeutigen Klientelpolitik: die Beendigung des liberalen Abtreibungsgesetzes, die Ausweitung der Möglichkeit zum Tragen von Waffen – trotz immer schlimmer werdender Amokläufe und Mass shootings – und vielem mehr. Das Schicksal der Armen, Minderheiten, Andersdenkenden und Kranken interessiert die rechte Gruppe nicht mehr. Demokratie, Chancengleichheit, faire Wahlen scheren sie einen Teufel. Hauptsache, die erzreaktionären Öl- und Gasbarone können ungehemmt ihre Profite sogar noch steigern. Verschwörungstheorien? Schön wäre es. Doch wer sich die

Großspender anschaut, die der »Grand Old Party« – also den Republikanern – zum Sieg verholfen haben, weiß, wem die von Trump ernannten Richter ihre Positionen verdanken. Positionen, die sie wohlmöglich zum Vorteil dieser Spenderinnen nutzen. Schmutzige Spiele, schmutzige Geschäfte.

Die Ölindustrie weiß seit Jahrzehnten, wie sehr die Verbrennung fossiler Energien die Umwelt zerstört. Das ist belegt. Werte, Menschenrechte und Armutsbekämpfung tritt die Politik in ihrem Auftrag mit Füßen. Die Fossilbranchen sind Feinde der Menschheit. Milliarden an staatlichen Subventionen werden dennoch nach wie vor Richtung Öl, Kohle und Gas gelenkt. Gas, das die EU gar – neben dem Atomstrom – zur Topliste für »umweltfreundliche« Investitionen rechnet. Diese Haltung ist leider keine Frage der Partei. Joe Manchin, ein führendes Mitglied der US-Demokraten, hat sich während der Präsidentschaft Joe Bidens unrühmlich dadurch hervorgetan, dass er so gut wie alle seine Reformvorhaben blockierte. Besonders unrühmlich war dabei, dass er lange Zeit auch noch die kleinste Maßnahme zum Schutz unseres Klimas mit seinem Veto verhinderte. Vermischte sich dabei öffentlicher Auftrag mit höchst privaten Interessen? Vermutlich. Denn dieser Mann, der einen Staat mit weniger als einem Prozent der US-Bevölkerung vertritt, war der damals größte Spendenempfänger der Fossilindustrie im Senat! Schließlich gab Manchin nur deshalb etwas nach, weil ihm seine demokratischen Kollegen vermutlich einen Deal anboten. Wohl nicht nur für seinen Staat, darf spekuliert werden. Denn er verdient höchstpersönlich mit seinem Bergbauunternehmen viele Millionen. Ein früherer Obama-Berater beschrieb ihn dazu in der *New York Times* als den Mann, der »eigenhändig die ganze Menschheit ins Verderben stürzen könne«.[28] Das ist nicht übertrieben.

Solche spektakulären Einzelfälle gibt es in Europa bislang noch nicht. Doch auch hier wird die Fossilindustrie mit Milliarden subventioniert. Eine im Juli 2020 veröffentlichte Recherche des internationalen Journalistennetzwerkes *Investigate Europe* kam zu dem erschreckenden Ergebnis, dass fossile Brennstoffe durch die EU-Regierungen sowie Großbritannien, Norwegen und die Schweiz jedes Jahr mit mindestens 137 Milliarden Euro subventioniert werden, direkt und indirekt.[29] Allein in Deutschland sollen demnach fossile Brennstoffe Förderungen von üppigen 37 Milliarden Euro erhalten haben. Für Flugbenzin gab es laut Bericht eine Steuervergünstigung in Höhe von 12,5 Milliarden Euro. Das Dieselprivileg ließ sich die deutsche Bundesregierung 11,5 Milliarden Euro kosten, und die energieintensiven Industrien erhielten immerhin noch 5,4 Milliarden Euro. Daneben schüttet die EU auch weiterhin Milliardenbeträge an die konventionelle Landwirtschaft aus. Wenn die Regierungen ihre Subventionspraxis nicht ändern, erreichen wir die Klimaziele der EU nicht, monierte Vizekommissionspräsident Timmermans im *Investigate Europe*. Manches mag sich im Schatten des Krieges geändert haben. Manches davon ist sicherlich noch schlimmer geworden. Ähnlich sieht es mit einem anderen großen CO_2-Emittenten aus: der Beton- und Stahlindustrie. So berichteten die Medien in Deutschland 2021 endlich auch einmal darüber, dass deren Herstellung jährlich allein in unserem Land 50 Millionen Tonnen CO_2 erzeugt.[30] Hier müssen wir dringend etwas ändern. Das bedeutet nicht, dass die Politik den Menschen – nach dem Plastikbesteck – nun auch noch ihre Häuser und Brücken nehmen sollte. Das ist zwar ein gängiges Lobbyargument, aber völliger Blödsinn. Nicht die Gebäude sind das Problem. Das Problem ist, wie bedenkenlos wir auch hier die Möglichkeit des Recyclings ignorieren. Aller Erkenntnis zum Trotz verhindern Lobbyistinnen auch hier umweltfreundlichere Herstellungsprozesse. Beton lässt sich nämlich schon längst recyceln. Das weiß nur kein Verbraucher. Und das soll möglichst auch niemand wissen. Denn dann könnten lieb gewonnene Gewohnheiten und Gewinne auf dem Spiel stehen. Diese Erkenntnis wiegt umso schwerer, als sich die

Zementindustrie zeitgleich mithilfe von eigentlich gut gemeinten Klimaschutzmaßnahmen der EU bereichert. Die Rede ist vom Emissionshandel. In einem Geflecht aus Lobbyarbeit, komplizierten Regeln, Subventionen und Verrechnungsmodi schaffte es manches Unternehmen, aus dem Emissionshandel noch finanzielle Gewinne in Höhe von mehreren hundert Millionen Euro abzugreifen. Noch dreistere Machenschaften haben niederländische Wissenschaftler ausgerechnet: Indem Unternehmen die vermeintlichen Kosten für den Emissionshandel an ihre Kunden weitergaben und gleichzeitig von der EU Zertifikate geschenkt bekamen, schafften sie Profite in Milliardenhöhe beiseite.[31] Als wäre das nicht schlimm genug, kommt noch dazu, dass auf diese Weise in der Realität kein Baumaterial konsequent umweltfreundlicher hergestellt wird. Diese Unternehmen mussten dazu auch nicht die kleinste messbare Veränderung in Sachen Umweltschutz umsetzen. Und das, obwohl die Recyclingtechnologie für Beton ähnlich wie beim Plastik zwar etwas teurer ist, aber funktioniert. Man sieht: Das Drei-Stufen-System der Lobbyisten funktioniert in allen Branchen.

Und so haben wir uns in der deutschen Politik seit einigen Jahrzehnten irgendwie daran gewöhnt, dass langfristige, breit angelegte Perspektiven – gar Visionen für die Gesellschaft – verpönt sind. Natürlich kennen wir die Vorstellung des globalen Friedens. Auch ist klar, dass die Politik die umweltfreundlichen Maßnahmen irgendwie steigern muss. Doch einen großen Entwurf, einen Masterplan für alle Gesellschaftsbereiche – daran traute sich kaum eine führende Politikerin. Bestenfalls gab es einmal ein Etikett für eine konzertierte Aktion der Wirtschaft. Der »Ruck durch die Gesellschaft«, den der Bundespräsident Roman Herzog 1997 gefordert hatte, das eine große Ziel, die alle vereinende Idee – das alles ist bislang ausgeblieben. Sogar in den noch relativ prosperierenden Zeiten. Dabei könnte der Kampf aller gegen den Klimawandel ein solches Großziel sein. Und immerhin sind Teile der Jugend, der Wissenschaft und der Politik, ja sogar der Wirtschaft öffentlichkeitswirksam aktiv geworden. Fridays for Future ist da nur ein Beispiel. Dass anspruchsvolle Umweltschutzziele die Wirtschaft keineswegs immer schwächen, sondern sie auch stabilisieren und zum qualitativen und quantitativen Wachstum beitragen können, erkennen mittlerweile immer mehr. Aber kann sich die ökologische Transformation auch gegen den Widerstand der Lobbytruppen durchsetzen? Eines muss klar sein: Klimaschutz, Biodiversität und Kreislaufwirtschaft müssen eine hohe politische Priorität bekommen. Das wird inzwischen von allen anerkannt. Spätestens seit der Bundestagswahl 2021.

Wir sind der Staat

Ich will nicht auch noch in den Klagechor derer einstimmen, die in den letzten Jahren einen echten politischen Zukunftsentwurf für unsere Gesellschaft, unsere Welt vermisst haben. Unter den Stichworten »Digitalisierung«, »Demografischer Wandel« oder »Bildung« gibt es viele Bereiche, die die Politik in den letzten Jahrzehnten sträflich vernachlässigt hat. Viele weitere Bereiche ließen sich nennen. Die Politik darf nicht bei akademischen Fingerübungen und schönen Worten stehen bleiben. Die unbestreitbaren Erkenntnisse aus der Forschung müssen mit den erfolgreichen Anwendungen in der Wirtschaft zusammenwirken. Dabei müssen selbst Vorurteile gegenüber nicht ganz so korrekten Materialien wie Plastik überprüft und notfalls neu bewertet werden. Automatisch, wie in veralteten Wirtschaftslehren, ergibt sich der Wandel schon lange nicht mehr. Es ist an der Politik, national und international die Steuerungsfunktion endlich anzunehmen und zu verwirklichen. Wenn schon Lobbyismus, dann doch bitte für uns alle und die Natur. Denn die Wiederherstellung einer gesunden Umwelt dient nicht nur dem Allgemeinwohl. Es geht schlicht um unser Überleben. Bei der deutschen Bundesregierung, der Opposition und im Parlament ist das grundsätzlich inzwischen angekommen. Jetzt und in den nächsten Jahren geht es allerdings darum, den politischen Willen auch in Handeln und in sinnvolle Rahmenbedingungen umzusetzen.

Um den Umweltschutz in unserem Land deutlich zu verbessern, fehlt aber nicht nur die politische Initiative. Es fehlt auch an konsequenten und brauchbaren, in der Realität getesteten Maßnahmen. Das ist die Aufgabe der Unternehmer. Der Mittelstand hat hier eine besondere Bedeutung. Von Führungskräften höre ich oft, dass die Politik den Mittelstand zu wenig finanziell unterstützt. Hier gibt es in etlichen Branchen in der Tat noch großen Handlungsbedarf. Diese Frustration darf aber nicht dazu führen, der Regierung und den politischen Akteurinnen unter Generalverdacht unlautere Absichten zu unterstellen. Und so wichtig der Ausgleich zwischen den unterschiedlichsten Partikularinteressen und den Gruppierungen in einer Demokratie ist: Alle müssen noch viel deutlicher für sich und die anderen bestimmen, dass das Allgemeinwohl alle Einzelinteressen überlagert, wenn es um das Überleben unserer Nachfahren geht. Und zwar auch dann, wenn Deutschland Umweltschutzmaßnahmen im Alleingang ergreifen muss. Es reicht nicht zu sagen, wir könnten keine globalen Erfolge erzielen, solange Afrika, China und viele weitere Kontinente und Länder nicht mitzögen. Dieses Argument hört man zwar nur noch selten von Politikern. Aufseiten der Lobbyistinnen sowie mancher Bürger ist es durchaus noch beliebt. Es braucht also auf allen Seiten die Willigen und Vorausgehenden, die zeigen, wie erfolgreicher Umweltschutz aussehen kann, der Schule macht. Es ist menschlich verständlich, dass diejenigen, die einmal bessere Zeiten erlebt haben, moralische Grundsätze infrage stellen mit dem Wunsch, die guten alten Zeiten zurückzuholen. Verständlich vielleicht. Akzeptabel ist es aber nicht, wenn wir uns unseren kurzfristigen Wohlstand durch einen langfristigen Schaden für alle unsere Nachfahren erkaufen.

Umso wichtiger ist es offenzulegen, welche Unternehmen Umweltbewusstsein nur vortäuschen und welche es entlang aller Herstellungsprozesse ernst meinen, zum Beispiel durch klare Zertifizierungen. Das muss auch die Politik unterstützen. Nur so können die Kundinnen bei ihrer Entscheidung eine bewusste Wahl treffen. Denn die Macht der Verbraucher ist groß. Die Kundin ist im Lobbystück die Superheldin. Sie kann die Rettung bringen und ein Happy End herbeiführen für die Umwelt, für Innovationen, für die Zukunft der Produkte und damit für die Arbeitsplätze und den Wohlstand in unserem Land. Verbraucher, das sind wir aber alle. Ebenso wie Bürgerinnen. Als solche müssen wir uns ebenfalls einbringen. Zu Recht klagen Politiker, dass sich die Menschen viel mehr am politischen Leben beteiligen sollten. Wir sollten Parteien beitreten, uns bei demokratischen Initiativen von NGOs engagieren, an unserer eigenen politischen Bildung arbeiten und mit unseren Freunden, Bekannten und in unserem sozialen Netzwerk über wichtige politische Themen diskutieren. Und wir sollten konstruktive eigene Verhaltensmuster daraus ableiten, auch als Gegengewicht zu den hoch bezahlten Lobbygruppen. Mit anderen Worten: Wir alle sollten die Politikerinnen unterstützen. Ich weiß sehr wohl, wie anstrengend und belastend die Existenz in der Politik fast immer ist. Gesundheitlich, sozial, familiär, körperlich. Die Kenntnisse, Ideen und Netzwerke der Menschen, Unternehmen und Organisationen des eigenen Wahlkreises zu nutzen kann dabei jedoch entlasten. Das geschieht auch durchaus unter dem Banner der Bürgernähe. In Wahlkampfzeiten natürlich noch einmal mehr als sonst. Leider aber erfahren vermutlich viele Politikerinnen, dass die Menschen immer irgendetwas von ihnen wollen. Selten kommen sie auf sie zu, um ihnen ihre Unterstützung oder ihr Wissen anzubieten – und zwar ohne dass durch die Hintertür gleich wieder Lobbyinteressen mit hereinkommen. Kurz und gut: Ob Unternehmer oder Managerin, ob Analyst oder Marketingexpertin, ob Lobbyist oder Politikerin und nicht zu vergessen wir als Bürger und als Konsumentinnen – wenn wir unsere Zukunft gut gestalten wollen, bedarf es einer riesigen Gemeinschaftsanstrengung. Die öffentliche Meinung spielt dabei eine wichtige Rolle. Und damit in besonderer Weise die Medien.

Kapitel 8
Medien

**»Fliegen und Menschen haben eines gemeinsam:
Man kann beide mit der Zeitung erschlagen.«**
Dieter Hildebrand

Unabhängige Medien sind immens wichtig, wenn es darum geht, die Ablenkungsfallen zu enttarnen und damit auszuhebeln. Denn Medien dienen nicht nur der kurzfristigen Informationsverbreitung. Sie schaffen langfristige Weltbilder, setzen Themen und definieren, unter welchen Blickwinkeln sich Öffentlichkeit und Politik gesellschaftlich relevanten Sachverhalten annähern. Damit spielen sie eine bedeutende Rolle für alle Bewusstseinsprozesse: ob Menschen bereit sind, ihr Verhalten zu verändern oder nicht. Ob unsere menschliche Gemeinschaft zusammenhält oder zerbröselt. Sie können scheinbar abstrakte, globale und weit entfernte Entwicklungen – wie den Klimawandel oder die Plastikstrudel im Meer – in Form stellvertretender Erfahrungen nah und emotional an uns heranholen. Bestenfalls lehren sie uns, dass wir Gegenmaßnahmen ergreifen müssen, bevor wir am eigenen Leibe die negativen Konsequenzen erfahren müssen. Nicht jede und jeder muss etwa selbst einen Krieg erlebt haben, um ihn vermeiden zu wollen. Die Medienbilder erreichen uns mit ihrer zum Teil drastischen Sprache schon vorher. Klimawandel und Vermüllung sind zwar mittlerweile in unserem Umfeld viel näher und erfahrbarer, als es der Krieg hoffentlich jemals sein wird – verheerende Katastrophen wie Hochwasser, Waldbrände oder Hitzewellen erleben wir schließlich inzwischen auch in den deutschsprachigen Ländern immer häufiger.

Dennoch braucht es Vermittlung, um so abstrakten Themen wie dem Klimawandel ein Gesicht zu geben. Die Dauerpräsenz der Medien in unserem Alltag über ein ganzes Menschenleben hinweg prägt zu einem ganz wesentlichen Teil unser Denken und Handeln, unsere Wahrnehmung der Wirklichkeit – egal, ob wir Privatperson oder Firmenleiterin, Politikerin oder Aktivist sind. Wollen wir etwas für den Umweltschutz tun, kommen wir ohne sie nicht aus.

Umso wichtiger ist es, dass es Medien gibt, die unabhängig von den Interessenlagen einzelner Personen oder Gruppen arbeiten. Das unterscheidet sie zum Beispiel von politischen oder kommerziellen Kampagnen. Unter traditionellen Journalistinnen gilt daher immer noch das Prinzip des Tagesthemen-Moderators Hanns Joachim Friedrichs, dass sich ein Journalist mit keiner Sache gemein machen solle – und sei es eine noch so hehre. Das angelsächsisch geprägte Ideal ist es, völlig unvoreingenommen und möglichst neutral an eine Sache, Person oder Gruppe heranzugehen. Sauber in die Tiefe zu gehen, mit unterschiedlichen Perspektiven zu recherchieren und eine Geschichte möglichst vollständig wiederzugeben. Dass dies nur ein Ideal sein kann, ist klar. Journalistische Objektivität ist ein Drahtseilakt. Allein schon die Wortwahl ist nie neutral. Viele scheinbar unverfängliche Begriffe sind in Wirklichkeit bereits kulturell mit bestimmten Bedeutungen aufgeladen und wecken dadurch bei den Rezipienten verschiedene Emotionen. Der Wortgebrauch in den Medien wirkt sich zudem auf das Sprachverhalten der Nutzer aus.

Aber nicht nur die Wortwahl beeinflusst unsere Wahrnehmung von Themen: Bereits die Art der Platzierung einer Information in einer Zeitung, auf einer Website oder in einer Sendung kommentiert unausgesprochen ihre Wichtigkeit. Gleiches gilt für den Raum, den eine Geschichte oder ein Thema über die Zeit hinweg in der Berichterstattung – auch im Verhältnis zu anderen Sachverhalten – einnimmt. Ganz zu schweigen von der Macht der Bilder, die unmittelbar emotional wirken. Das Foto eines einzigen ölverschmierten Vogels löst mehr Empörung aus als die Zahl »eine Million« verendeter Tiere. Dieser unbewussten Wirkungsmacht kann niemand entkommen.

Auch alle Journalistinnen bringen immer ihre eigenen Standpunkte, Sozialisationen, kulturellen, sozialen, redaktionellen Einbettungen mit ein. Dennoch muss eine demokratisch funktionierende Gesellschaft einen Journalismus erwarten dürfen, der diesem Ideal möglichst nahe zu kommen versucht. Der sich jedenfalls nicht leiten lässt durch Voreingenommenheit oder Befindlichkeiten. So schwer das auch manchmal fallen mag. Nur mit diesem Ideal erfüllen Medien die Funktion der vierten Gewalt: die der unabhängigen Instanz außerhalb von Legislative, Exekutive und Judikative. Ein wirtschaftlicher Medienpluralismus sorgt in prosperierenden Staaten dafür, dass sich Menschen über mehrere journalistische Plattformen und Quellen ein recht vollständiges Bild der Wirklichkeit machen können. Und das ist wichtig. Vor allem in Zeiten wie diesen, wo weite Teile der Gesellschaft die globalen ökologischen Bedrohungen theoretisch zwar kennen, doch in der Praxis nicht handeln. Hier müssten die Medien ihre Rolle als Informations- und Meinungsvermittler besser erfüllen. Immerhin gibt es mittlerweile keinen Mangel mehr an sachlicher Berichterstattung in den Publikumsmedien zu Themen wie Umweltschutz und Kreislaufwirtschaft. Ende der 1960er-Jahre waren das noch exotische Randthemen. Heute sind prominente Verfechter des Umweltschutzes öffentlich so sichtbar, dass in Politik und Gesellschaft kaum noch ein Zweifel an der Brisanz der Themen besteht. Nachhaltigkeit, Naturschutz und die Darstellung entsprechender Lösungsansätze stehen ganz oben auf der Medienagenda. Da gibt es nichts mehr zu meckern.

Hoffnungen und Enttäuschungen

Als ich wieder einmal in freudiger Erwartung am Wochenende das jüngste E-Paper meines Lieblingswochenmagazins zur Hand nahm, sah ich sofort die Titelstory zum Thema Kreislaufwirtschaft. Gespannt las ich die Geschichte, wurde aber immer frustrierter. So einseitig schien sie mir. Allgemein kann ich wahrlich nicht klagen über einen Mangel an ausgewogener und sachkundiger Berichterstattung über Naturschutz, Umweltprobleme und konkret auch unsere eigenen Lösungen. Umso mehr ärgern mich dann aber unvollständige Berichte, die offenbar nur bestimmte Ansätze und Prozeduren auswählen und herausstellen, andere aber gar nicht erwähnen. Es ist vollkommen in Ordnung, wenn sich Journalistinnen mit einzelnen Lösungen befassen. Nicht in Ordnung ist es, mögliche Lösungen gar nicht erst zu erwähnen. Wenn ein Bericht nämlich relevante Fakten weglässt oder nur ganz bestimmte Lösungswege betont, kann eine Scheinrealität entstehen. Dann nehmen Mediennutzerinnen die Möglichkeiten einseitig wahr. Im ärgsten Fall entsteht so ein fatalistisches Meinungsklima. Ich erinnere an die Symbollösung der Plastikfischer. Es ist natürlich vollkommen in Ordnung, darüber zu berichten. Schädlich wird es nur dann, wenn neben den schönen, beruhigenden Bildern die tatsächlichen Größenverhältnisse von Raum, Zeit und Energie gar nicht vorkommen. Wenn also fröhliche Rettungsromantik mehr Raum in den Medien erhält als zwar langweiligere, aber eben effektive Lösungen. Das kann dann beispielsweise verhindern, dass sich Verbraucherinnen überhaupt für echte Lösungen entscheiden können. Und dass die Politik einen unmittelbaren Handlungsdruck durch die Öffentlichkeit spürt. Dann bleibt sie ruhig bei ihren Deklarationen stehen.

Manchmal habe ich das Gefühl, einige Journalistinnen wollen sich ihre Vorurteile nicht durch Recherche kaputt machen lassen. Schon im Recherchestadium versuchen sie, ihre Hypothesen eher zu bestätigen als zu widerlegen. Jedenfalls, wenn von vornherein ein ganz bestimmter Tenor durch das Medium vorgegeben ist. Sei es, weil es sich ganz explizit im gesellschaftspolitischen Meinungsspektrum positioniert. Sei es, weil die Redakteure im Unternehmen implizit mit ihren Meinungen und Vorlieben sozialisiert werden. Im späten zwanzigsten Jahrhundert mag beides – die expliziten Meinungspositionierung einer Plattform und der Standpunkt von Journalistinnen – noch stärker übereingestimmt haben als heute. Doch auch heute recherchieren Journalisten gegebenenfalls eben so lange weiter, bis sie recht behalten. Ist das aber noch neutrale Berichterstattung – oder eher eitle, wahlweise angepasste Selbstvergewisserung? Solange ich mich in einem Themenbereich auskenne, vermag ich als Leser die Spreu vom Weizen zu trennen. Mein Vertrauen in die Medienberichterstattung leidet inzwischen aber durch die Annahme, dass bei den mir weniger vertrauten Themen ähnliche systematisch verzerrende Mechanismen ablaufen könnten, ohne dass ich es beurteilen kann. Das ist problematisch, solange ich auf nur eine Quelle bauen kann. Doch in der gut funktionierenden Demokratie gibt es zum Glück den Meinungspluralismus und unterschiedliche Informationsplattformen, die sich professionell und ethisch einem hohen Qualitätsstandard verschrieben haben und sich Überprüfungen stellen. Es gibt dafür im Englischen den prägnanten Begriff der *accountability*.

Selbstverständlich ist all dies allerdings selbst in Demokratien nicht mehr. Vieles kann die Unabhängigkeit der Medien massiv belasten: sozialer Druck, politische Korrektheit, Drohungen von extremen Gruppen, voreilig ernannte Meinungsführerinnen ohne nachprüfbares Berufsethos in sozialen Medien, fehlende Ressourcen, die Wirtschaftskrise der Medien … Es gibt ein Feld, in dem die Übergänge zwischen neutraler und interessengeleiteter Berichterstattung fließend sind. Werbung sollte eigentlich immer als solche zu erkennen sein. Bei der professionellen Öffentlichkeitsarbeit – den Public Relations (PR) – geht es jedoch auch darum, ein Partikularinteresse möglichst breit in den Medien zu platzieren, ohne dass die Intention oder der eigentliche Absender dahinter für die Nutzerinnen sichtbar wird. Auch dies ist nicht von vornherein verwerflich. Im Wettbewerb um Aufmerksamkeit braucht wohl jedes Unternehmen, jede Organisation und jede Gruppierung eine professionell gemachte Kommunikationsarbeit. Doch die sollte sich eben auch der Wahrheit verpflichtet sehen – und nicht nur die maximale Aufmerksamkeit um jeden Preis suchen. Ins Grübeln komme ich, wenn ich lese, dass Studien[32] bereits vor Jahrzehnten zu dem Schluss gekommen sind, dass die Nachrichten bis zu einem Drittel aus nicht gekennzeichneten PR-Informationen bestehen. Das gilt zwar nicht für die Qualitätsmedien und die öffentlich-rechtlichen Sender. Aber überall da, wo die Ressourcen und die Zeit aller knapp sowie die Bequemlichkeit mancher groß sind, scheinen die vorgefertigten Meldungen der PR-Abteilungen eine angenehme Lösung zu sein: für kleinere Lokalblätter, den Boulevard sowie alle Medien, denen an einer möglichst spektakulären Schlagzeile gelegen ist. Ganz zu schweigen von den Influencern, deren Geschäftsmodell es ist, Produkte gegen Bezahlung in ihren Beiträgen zu platzieren.

Aber die PR beschränkt sich nicht nur darauf, Produkte zu lancieren. Sie versucht auch, Themen auf die Agenda der Medien zu setzen – oder dafür zu sorgen, dass manche nicht darauf landen. Zwei Konzepte aus dem Bereich der Ablenkungstricks kennen wir bereits von den Lobbyistinnen: das Spiel mit der Abstraktion und der Überkomplexität. Bei der Abstraktion versuchen PR-Experten, die Probleme so weit von den Menschen wegzubewegen, dass sie mit der Realität kaum noch etwas zu tun zu haben scheinen und damit ihre Brisanz verlieren. Der Klimawandel und seine Ursachen beispielsweise betrafen jahrzehntelang angeblich nicht die Bürgerinnen unseres Landes, sondern spielten sich in weit entfernten Weltregionen ab. Es waren immer die anderen Länder, die regelmäßig von Überschwemmungen heimgesucht wurden oder höchst unverantwortlich handelten (ganz anders als wir natürlich). Gewürzt mit einer gehörigen Portion kultureller Vorurteile: Im Gegensatz zu uns fehlten »den anderen« die Einsicht, die Fähigkeit und auch die Motivation, um große Veränderungen anzuschieben. Mag manchmal stimmen, meist mit Sicherheit aber nicht. Denn die Hersteller, die wirklich globale Umweltschäden anrichten, sitzen nicht in den Ländern des Globalen Südens, sondern bei uns.

Anders funktioniert die Strategie der Überkomplexität. Hier abstrahieren die PR-Fachleute gerade nicht. Vielmehr führen sie eine Vielzahl sehr konkreter Ursachen und Wechselbeziehungen ins Feld. Gleichzeitig verweisen sie auf die schier unmögliche Aufgabe, dies alles zu entwirren und angemessene Lösungen zu entwickeln. Die Überkomplexität wird auch dadurch nicht einfacher, dass im Zeitalter der sozialen Medien eine Meinungsvielfalt entstanden ist, die eine normale Nutzerin gar nicht mehr überblicken kann. Zwar trägt die Onlinegemeinschaft im positiven Fall zu einer viel breiteren Sammlung von Tatsachen und relevanten Themen bei, als dies die professionellen Medien jemals könnten. Doch im negativen Fall entstehen dadurch Verwirrung, Fake News und Verschwörungstheorien. Eben die sogenannten Filterblasen mit ihren Parallelwelten, in denen Objektivität und faktenbasierter Journalismus herzlich egal sind.

Die angeblich einfacheren und schöneren Zeiten vor den digitalen Medien wirken selbst für Babyboomer wie Episoden aus einer inzwischen sehr fernen Vergangenheit. Die regelrechte Explosion von Kommunikationsplattformen im Digitalzeitalter hat dafür gesorgt, dass immer mehr Informationen immer weniger Glaubwürdigkeit gegenübersteht. Alles scheint relativ und unübersichtlich geworden zu sein. Kein Wunder, dass Populismus und Verschwörungstheorien zunehmen. Kein Wunder, dass Intellektuelle das vermeintliche Ende der Aufklärung in der westlichen Welt beklagen.

Die Errungenschaft der Aufklärung war es, den Aberglauben und das magische Denken durch das Leitprinzip nachprüfbarer Tatsachen zu ersetzen. Damit konnte eine nüchterne Wissenschaft mithilfe ihrer Methoden die Welt möglichst neutral beobachten und beschreiben. Diese Haltung entwickelte sich zum Prinzip eines funktionierenden Gemeinwesens, in dem die Demokratisierung des öffentlichen Lebens erst möglich wurde: Informationen sollten dabei potenziell jedem und jeder zugänglich sein. Theoretisch. Praktisch können nicht alle alle Kompetenzen und Entscheidungskriterien, die sie zur Bewältigung ihres Alltags brauchen, selbst erwerben. Daher entwickelten sich neue Glaubwürdigkeitsinstanzen. In der westlichen Welt entstand ein System aus Schulen, Forschung, Politik, Wirtschaft und Medien, das auch durch externe und interne gegenseitige Kontrolle insgesamt dem Wohl aller dienen sollte. Der Journalismus hat als sogenannte vierte Gewalt im Staat eine besondere Kontrollfunktion. Die Bürger geben diesen Institutionen im Idealfall einen Vertrauensvorschuss, um sich eine möglichst nüchterne und sachliche Grundlage für ihre Entscheidungen zu geben. Die Schwemme von Fake News und nicht mehr unter journalistisch-professionellen Kriterien recherchierten Informationen in den sozialen Medien deuten nun jedoch darauf hin, dass uns diese Grundlage mehr und mehr verloren geht.

Voraussetzung für diese Grundlage ist auch ein Zusammenleben, das sich der Idee von Vernunft und Aufklärung verschrieben hat. Da allerdings könnte ich bei allem Optimismus hin und wieder verzweifeln. Menschen stellen die naturwissenschaftlichen Erkenntnisse zu Corona oder zum menschengemachten Klimawandel infrage und halten sie für ein gefälschtes Produkt finsterer Mächte. Das geschieht entweder aus politischem Opportunismus, selbst gewählter Ignoranz oder Bequemlichkeit. Noch ist die Gesellschaft zumindest in Deutschland wohl mehrheitlich gegen solche Verschwörungstheorien immun. Darüber sollten auch spektakuläre Medienbilder von Demonstrationen gegen Coronamaßnahmen nicht hinwegtäuschen. Aber bis zu 40 Prozent der US-amerikanischen Bevölkerung – ein Land, das einmal der Inbegriff von Pragmatismus, wissenschaftlicher Qualität und einer effektiven, nüchtern handelnden Wirtschaft war und immer noch ist – glaubt solche Botschaften allerdings offenbar und verhielt sich in der US-Präsidentschaftswahl 2020 entsprechend. Der Angriff auf das Capitol am 6. Januar 2021 und die Lügenkampagnen des Trump-Lagers sind ein Signal dafür, dass die Idee der Aufklärung nicht von allein und für immer in einem demokratischen Zusammenleben verankert bleibt. Immerhin haben die Midterms 2022 in den USA gezeigt, dass auch in diesem Land extremer Populismus doch nicht bei den meisten zu ziehen scheint.

Unser Zusammenleben erfordert gemeinsame Grundregeln der Sprache und Bedeutung, der Definition von Tatsachen und der Akzeptanz bestimmter Algorithmen. Ohne diese kann es langfristig kein erfolgreiches ökonomisches Handeln geben. Wissenschaft und Wirtschaft blühten, historisch betrachtet, immer parallel zueinander und befruchteten sich gegenseitig. Wissenschaft und Wirtschaft verständigten sich dabei auf eine gemeinsame Bewertungsbasis aus Währungen, Zahlen, Abläufen oder Effekten und schätzten damit die jeweiligen Objekte ein. Das sind valide Ergebnisse in der Forschung und Handelswaren in der Wirtschaft. Als Mittler für solche Erkenntnisse und Ergebnisse gab es bislang anerkannte Glaubwürdigkeitsinstanzen, denen die Menschen aufgrund ihrer Professionalität und Unabhängigkeit Vertrauen schenkten. Zwischen Wissenschaft, Unternehmen und Bürgerinnen müssen vertrauenswürdige Medien vermitteln. Und integre Journalisten verdienen dieses Vertrauen auch mehr als die sogenannte Schwarmintelligenz der vielen, die im Zweifelsfall eher von Stimmungen als von Sachkenntnis geleitet ist. Selbst die durchaus seriösen Medien lassen sich, besonders in wirtschaftlich schwierigen Zeiten, vom schnellen Klick und von der spektakulären Schlagzeile nur allzu schnell verlocken, anstatt auf tiefergehende Analysen zu setzen, mit denen sie nur stark interessierte Menschen erreicht.

Zu einer Verschiebung von Realitätswahrnehmung kann darüber hinaus die Personalisierung in den Medien beitragen. Wir Menschen lieben Geschichten mit (vermeintlichen) Heldinnen wie die Plastikfischerinnen Boyan Slat oder Marcella Hansch. Menschen interessieren sich nun mal für Menschen. Deshalb nehmen wir Entscheidungen oder gesellschaftliche Prozesse viel aufmerksamer wahr, wenn sie personalisierbar sind. Unabhängig davon, wie einflussreich ein einzelner Politiker tatsächlich ist, verfolgen viele das Parteiengeschehen vor allem über die geradezu rituell befragten Repräsentanten. Wie viel Sympathie oder Antipathie sie bekommen und wie gut ihre Medienpräsenz ist, bestimmt nicht zuletzt auch über ihren Wahlerfolg oder -misserfolg. Talkshows sind Bühnen. Meist lässt sich vorher schon vorhersagen, wer dort welche Meinung äußern wird. Solche Meinungsschlagabtausche sagen aber leider wenig darüber aus, inwieweit die Akteure in Politik und Wirtschaft tatsächlich auch echte Lösungen voranbringen – wie also die Realität aussieht. Dazu tragen auch Medienverhalten wie etwa die der False Balance bei, die besonders bei Sachthemen in Talkshows mehr Dramatik, Pep und Spannung herstellen sollen: Jede Perspektive soll gehört werden. Oft zulasten nachweisbarer Fakten, bei denen wissenschaftlich keine Kontroversen mehr bestehen, wie bei den Ursachen für den Klimawandel. Da sitzt dann einer Nobelpreisträgerin in einer Talkshow ein Hobbyforscher gegenüber – und erzeugt so den Eindruck, als würden hier zwei gleichwertige Antagonistinnen für Meinungsausgewogenheit sorgen. Dabei verschiebt dies die Wahrnehmung der Realität – auch entgegen den Ergebnissen seriöser wissenschaftlicher Studien. Wirklichkeit ist aber keine Frage der öffentlichen Abstimmung und erst recht keine spektakuläre Sichtweise einzelner Talkgäste. Wohl auch deshalb haben derlei Personalisierungen mittlerweile zu Glaubwürdigkeitsfallen geführt. So wurde beispielsweise der Emotionsikone Greta Thunberg unterstellt, sie handele allein aus Gründen der Selbstdarstellung – als ob dies den sachlichen Hintergrund ihrer Mission in Verruf bringen könnte.

Krisenmeldungen ohne Folgen

Bleibt die Frage, warum die unzähligen Berichte über Klimawandel, Artensterben, Plastik im Meer und all den anderen Umweltkrisen noch immer nicht zum Handeln geführt haben. Weshalb hat die Dominanz all dieser Negativmeldungen keine echten Reaktionen hervorgerufen? Auf der einen Seite sind Krisenmeldungen genau das, womit sich immer mehr Medien die Aufmerksamkeit der Nutzerinnen verschaffen. Es ist eben eine Urfunktion des menschlichen Organismus, potenziellen Gefahren mehr Beachtung zu schenken als harmlosen Reizen. Schon allein, um notfalls fliehen zu können. Diese physiologischen Relikte sind selbst bei den Zuschauenden im Fernsehsessel zu finden, wenn sie einen Krimi schauen – und das, obwohl sie im heimischen Sessel absolut sicher sind.

Aus diesem Grund ist die Sensation das Geschäftsmodell des Boulevardjournalismus. Das kann dann zur Ablenkungsfalle werden, wenn nur noch das Spektakuläre die Blicke auf sich lenkt – obwohl es in Wahrheit gar nicht wichtig ist. Eine Herausforderung für den Qualitätsjournalismus, denn der muss dann Fakten mit aufregenden oder gar unterhaltsamen Elementen verknüpfen. Wer nichts unmittelbar Spektakuläres zu bieten hat – Sensationsbilder, auffallende Schlagzeilen, effektvolle Aktionen –, geht in der unüberschaubaren Menge der Medienangebote unter. Zynisch ist der mediale Negativismus dennoch nicht von vornherein. Eine Grundaufgabe von Kommunikation und Medien ist es, die Menschen frühzeitig vor Gefahren zu warnen. Erst wenn das zum Geschäftskern wird und Medien ohne tatsächliche Not inflationär mit Bedrohung und Gewalt umgehen, stellt sich die Frage nach den so vermittelten Weltbildern. Studien zeigen, dass Bürger die Gefahr spektakulärer Todesarten, etwa durch Terrorismus und Mord, überschätzen.[33] Schleichende und indirekte Bedrohungen wie Krankheiten, Fehlernährung und Umweltschäden unterschätzen sie hingegen. Das galt während der COVID-19-Pandemie genauso wie beim Ukrainekrieg.

Ein Hindernis für Problemeinsicht und Handlungsbereitschaft ist oft, dass Menschen die Gefahren nicht unmittelbar erleben. Nur wenige haben schon einmal selbst auf den plastikübersäten Stränden Balis gestanden. Und solange die Emotionen über die Medien nicht so intuitiv zu vermitteln sind wie etwa bei Kriegsdramen, wird vieles schnell wieder vergessen oder verdrängt. Zwar rückte das klimatische Unheil Jahr für Jahr näher an unsere eigene Haustür heran – der Dürresommer 2018 ist dafür nur ein Beispiel –, dann aber mussten die Umweltkatastrophen in den Zeitungen und Fernsehshows in Aufmerksamkeitskonkurrenz zu anderen Bedrohungen treten. Wenn es nach den Medien geht, beschäftigt sich die Menschheit mit so vielen Krisen auf einmal wie nie zuvor.

Je mehr Horrorbilder von toten Vögeln oder plastikvermüllten Stränden wir sehen, je mehr Statistiken über die bedrohlichen Entwicklungen vor uns liegen und je eindringlicher und lauter die seriösen Wissenschaftlerinnen ihre Warnungen aussprechen, desto mehr gewöhnen wir uns an all die Schrecken. Uns im Westen ging es doch immer noch gut. Die Wirtschaft wuchs. Es gab Vollbeschäftigung. Der Konsum war ungebrochen. Lästig erschienen allenfalls diejenigen, die lautstark gegen die Ausbeutung der Natur protestierten. Vor allem, wenn sie dafür die Schule schwänzten. Und so sehen wir uns – neben der Abstumpfung – einem ganzen Bündel von Faktoren gegenübergestellt: Einerseits sind die Ursachen, Ausprägungen und Folgen der Umweltverschmutzung so komplex, dass ein Laie schnell aussteigt. Da gibt es so viele Probleme, dass Nutzer gar nicht wissen, wo sie zuerst ansetzen sollen. Andererseits gibt es ein Wirrwarr an Lösungsansätzen, bei denen Unkundige leicht den Überblick verlieren. Da gehen die Leute in Detailinformationen unter und wissen zum Schluss nicht mehr, wer wofür zuständig ist, weil sich unter dem Verweis auf »die anderen« alle Entscheiderinnen aus ihrer Verantwortung stehlen. So entsteht bei den Mediennutzer flugs eine erlernte Hilflosigkeit. Die Vielfalt und Menge der Weltprobleme erscheinen uns derart überwältigend groß, dass wir Menschen ihnen nur noch machtlos gegenüberzustehen scheinen. Zu vermuten ist, dass es früher genauso viele Herausforderungen für die Menschheit gab – jedoch bekam das der oder die Einzelne nur in einer viel geringer dosierten und zeitlich verzögerten Form mit als im Zeitalter der allgegenwärtigen sozialen Medien. Kein Wunder, dass manche schier verzweifeln angesichts dieser unfassbaren Kakophonie an echten und scheinbaren Problemen. Ebenso kein Wunder, dass die Sehnsucht nach der neuen Übersichtlichkeit zunimmt. Und dass es in den Medien eine nostalgische Renaissance früher beliebter Formate wie »Wetten, dass..?« oder »Geh aufs Ganze!« gibt. Erst recht nach Kriegsausbruch und Einbruch der globalen Wirtschaft.

Vielleicht gehören deshalb Comedy- und Satiresendungen seit einigen Jahrzehnten für viele – vor allem für jüngere Menschen – zu den Hauptnachrichtenquellen. *The Daily Show* in den USA zählte laut etlicher Studien[34] lange Zeit für Zuschauerinnen zwischen zwanzig und dreißig Jahren zu den wichtigsten Nachrichtenressourcen. In Deutschland sind es Sendungen wie *Extra 3*, die *heute-show*, Jan Böhmermanns *ZDF-Magazin Royale* oder *Die Anstalt*, die trotz oder gerade wegen ihres satirischen Anstrichs so ernst genommen werden, dass es mittlerweile sogar Faktenchecks zu diesen Programmangeboten gibt. Scheint den Menschen die Wirklichkeit so relativ, dass sie nur noch der Zuspitzung Glauben schenken? Oder ist die Überspitzung auch deshalb zu einer attraktiven Formel geworden, weil die Realität selbst so trostlos oder gar gefährlich zu sein scheint, dass sie sich nur noch mit Ironie oder Zynismus ertragen lässt? Wenn das Weltgeschehen unsere Grundbedürfnisse wie Sicherheit und Wohlbefinden bedroht, wenn Terrorismus, internationale Handelskonflikte und Kriege direkt vor unserer Haustür stehen, wenn die Politik die Gesundheits- und Umweltkrisen nicht mehr lösen zu können scheint, dann erzeugt das jedenfalls eine massive Verunsicherung. Selbst bei den Menschen, denen es vergleichbar gut geht. Die Medien sollten in den Krisenzeiten sicherlich nicht beschönigend operieren. Da aber, wo eine nur noch bedrohungsbetonende Berichterstattung verzerrend auf die öffentliche Wahrnehmung wirkt, könnte der häufigere Einsatz von Vergleichstabellen mit nüchternen Zahlen wie zum Beispiel bei Mordraten zur Versachlichung und manchmal Beruhigung beitragen. Ein klassisches Metier für guten Datenjournalismus.

Depression und Kommunikation

Langfristig führt diese Verunsicherung zu einer Art kollektiver Depression, das wissen wir aus der Soziologie und der Volkswirtschaft. Denn wo die Überforderung durch eine Überzahl an Krisen auf einen Glaubwürdigkeitsverlust von Politik und Medien trifft, entsteht das Gefühl relativer Hilflosigkeit. Es hilft dabei nicht, dass die Menschen eine große Lücke zwischen den Worten der Entscheidungs- und Meinungselite einerseits und ihrem Handeln andererseits erleben. Depression geht mit Ohnmacht einher. Und so ziehen sich viel zu viele in ihre private Enklave zurück. Sie verschließen sich der aktiven Beteiligung an der Gesellschaft. Sie werden träge.

Dieser Rückzug ist schwierig, weil sich niemand der Allgegenwärtigkeit der digitalen Katastrophenmeldungen entziehen kann. Dort, wo die Hilflosigkeit nicht zur Depression, zum Rückzug führt, folgt ihr die unterdrückte Wut.[35] Wir erleben das unter dem Begriff des Wutbürgers, inzwischen auch bekannt als Querdenkerin. Der Schritt von passiver Wut zu aktiver Aggression ist dann nur noch ein kleiner.

Ohnmacht und Wut werden teils auch dadurch verstärkt, dass zu all den Krisen in der Welt eine individuelle Krise im Sinne der mehrfach angesprochenen kognitiven Dissonanz hinzukommt. Hier treffen dann Verwirrung, Desorientierung und erlernte Hilflosigkeit auf das Produkt einer viele Jahrzehnte währenden Fokussierung auf das Eigeninteresse, die individuelle Identität, das Ego bis hin zum Narzissmus. Kurz, der neokapitalistische Blick auf den persönlichen Vorteil im Wettbewerb mit anderen paart sich auf ungute Weise mit der zunächst nachvollziehbaren Idee, alle müssten sich möglichst von gesellschaftlichen und wirtschaftlichen Zwängen befreien. So, wie es die 1968er propagierten. Das ist gut, wenn die Emanzipation der Diskriminierung und Benachteiligung von Minderheiten entgegenwirkt. Das ist nicht so gut, wenn die »Selbstbefreiung« zulasten anderer geht und diese zum Objekt erneuter Diskriminierung macht, statt an einem Strang gegen jede Form von Herabwürdigung, aber auch gegen jede Art von Zynismus und strukturellem Opportunismus zu ziehen. Die Suche nach den Sündenböcken trifft dann meist die Schwächsten der Gesellschaft. Oder Menschen nehmen die vermeintlich abgehobenen und unredlichen Eliten aufs Korn. Dieser fehlgeleitete Befreiungswille von Zwängen führte bereits so weit, dass ein Tankstellenmitarbeiter erschossen wurde, nur weil er auf die Maskenpflicht hingewiesen hatte. Gefühle, nicht mehr Sachlichkeit und Sachverstand prägen die Debatten. Radikale politische Bewegungen erhalten Zulauf. Frühere Glaubwürdigkeitsinstanzen bis hin zur Wissenschaft verlieren ihre Überzeugungskraft. Immer größere Teile der Gesellschaft sind nicht mehr konsensfähig. Die Ablenkungsfallen schnappen zu. Und wir sind weiter von einer Lösung unserer so drängenden Probleme entfernt als je zuvor.

Wir müssen uns deshalb klarmachen, dass die vielleicht wichtigste Wirkung aller Kommunikationsinhalte die Weltbilder sind, die wir ungewollt und unbewusst erzeugen. Die dann jedoch sehr schnell zu einer Meinungsbildung führen. Wenn zum Beispiel Plastik immer nur in einem negativen Zusammenhang gezeigt wird, verwundert es nicht, dass viele Bürger dem Material nichts Positives mehr abgewinnen können. Selbst wenn es in vielen Bereichen unabdingbar gute Dienste leistet. Und – ich kann es nicht oft genug wiederholen – wenn wir es als Teil einer geschlossenen Kreislaufproduktion umweltfreundlich nutzen könnten.

An diesem Beispiel zeigt sich zugleich das eigentliche Dilemma der Medien: Wir wollen einerseits über sie die Realität abbilden. Gleichzeitig verändern wir mit ihnen aber auch unsere Wahrnehmung der Realität und damit die Realität selbst. Das führt im negativen Fall dazu, dass die Kommunikation über Nachhaltigkeit wichtiger wird als nachhaltiges Handeln. Für einen dominanten Ichbezug zählt bei den Konsumenten vor allem die richtige Befindlichkeit, mit der sie sich selbst auf die Schulter klopfen können. Das gelingt besonders gut in den Blasen der sozialen Medien. In denen kann man sich trefflich suhlen, wenn man den Heißluftblasen entsprechender Kommunikationsprofis folgt. Ob es um politische Gesinnung oder wirtschaftlichen Umweltschutz geht, die opportunistische Meinung schlägt allzu häufig die echte Veränderung – zumindest wenn diese nicht spektakulär ist und an der persönlichen Komfortzone kratzt. Egokult statt werteorientiertes, positives Ichgefühl. Pfennigfuchserei bei Alltagsprodukten, damit für Statussymbole Geld keine Rolle spielen muss. Denn im Statuswettbewerb gilt das Prinzip »Du bist, was du konsumierst«. Hauptsache, man ist der König oder die Königin im Heißluftwettbewerb um die größte Aufmerksamkeit und das größte Scheinprestige. Unser soziales Miteinander ist damit vielleicht eine der wichtigsten Ursachen für die katastrophalen Fehlentwicklungen unserer Zeit. Einerseits. Andererseits ist es aber auch der Weg aus der Krise. Sich an die Gruppe, die Gemeinschaft anpassen zu wollen hat uns das erfolgreiche Zusammenleben beschert, das uns als Menschheit auch zu den positiven Höhenflügen geführt hat. Was also ist es genau, was uns über uns selbst zu ungeahnter Größe hinauswachsen lässt – oder wahlweise das Niederste in uns zum Vorschein bringt? Zeit, sich dem tiefsten Kern der Ablenkungsfallen zu widmen: unserer eigenen Psyche.

Kapitel 9

Die Bürger und Bürgerinnen – wir alle

»Die Hölle, das sind die anderen.«
Jean-Paul Sartre

Der einzelne Mensch ist Dreh- und Angelpunkt jeder möglichen Veränderung. Ob Verbraucher oder Unternehmerin, ob Politiker oder Autokratin. Und der einzelne Mensch ist in der überwiegenden Mehrzahl auch dazu bereit. Unser Unternehmen hat es immer wieder untersuchen lassen: In repräsentativen Stichproben stimmt die überwältigende Mehrzahl der Bürger und Bürgerinnen in Deutschland inzwischen darin überein, dass wir unser Verhalten zugunsten der Nachhaltigkeit ändern müssen. Senioren sind dieser Ansicht genauso wie ganz junge Menschen, Arbeiterinnen ebenso wie Unternehmenschefs, Männer wie Frauen und die, die sich als divers bezeichnen. Schaut man sich allerdings an, wie viele Menschen ihr Verhalten tatsächlich nachhaltig verändern, sieht es nicht mehr so rosig aus. Man könnte auch sagen: katastrophal. Offenbar ist die Einsicht weit verbreitet, doch die Konsequenzen sollen bitte andere tragen. Sündenböcke finden sich zuhauf: der Staat. Die Unternehmen. Die Mitbürger. Die Reichen. Die Armen. »Die Hölle, das sind die anderen«, meinte schon der französische Philosoph und Schriftsteller Jean-Paul Sartre. Es sind immer die anderen, die einem das Leben schwer machen. Doch ganz so einfach ist es natürlich nicht. Auch Sartre hatte 1944 schon darauf hingewiesen, dass es sich hierbei in Wahrheit um ein Spiegelbild handelt.

Denn die anderen nehmen mich natürlich genauso als »Hölle« wahr wie ich sie. Damit sind wir alle füreinander die Hölle.

Der Schweizer Schriftsteller und Dramatiker Friedrich Dürrenmatt greift diesen Gedanken in seinem Theaterstück *Der Besuch der alten Dame* auf. Er gehört zu einem frühen Leitmotiv meiner eigenen Einstellung gegenüber der Gesellschaft. Die 1956 uraufgeführte Tragikomödie entstand unter dem unmittelbaren Eindruck des Zweiten Weltkrieges, war äußerst erfolgreich und lief 1959 sogar im Fernsehen. Die Geschichte: Claire Zachanassian kehrt als alte Dame in ihren Heimatort Güllen zurück. Sie musste ihn vor vielen Jahren verlassen, als Alfred Ill sie zwar schwängerte, die Vaterschaft jedoch abstritt und mithilfe bestochener Zeugen vor Gericht gewann. Nach vielen Tiefs kam Zachanassian im Laufe ihres Lebens zu Reichtum und Ansehen. Nun macht sie den Einwohnerinnen der maroden Kleinstadt ein zweifelhaftes Angebot: Wer Alfred Ill ermordet, erhält eine Milliarde. Die Bewohner von Güllen sind entrüstet. Aber gleichzeitig beginnen sie, das noch nicht einmal erhaltene Geld zu investieren – bis sie am Ende in einer kollektiven Tat Alfred Ill vor den Augen der versammelten Presse ermorden. Der Kern der Geschichte ist die Doppelbödigkeit der Menschen. Die Kluft zwischen ihren moralischen Reden, ihrer geheuchelten Unschuld auf der einen Seite und ihrem skrupellosen, egoistischen Verhalten auf der anderen. Dürrenmatt stellt damit sehr grundlegend die Frage nach der rückwärtsgewandten Schuld in Abgrenzung zur vorwärtsgewandten Verantwortung. Er zeigt unsere Neigung, uns selbst notfalls mit allerlei Ausreden und Rationalisierungen davon freizusprechen und die Verantwortung anderen aufzubürden.

Seit meiner ersten Lektüre Mitte der 1980er-Jahre faszinieren mich die Prinzipien, die Tiefe und die Nuancierung der Darstellung sowie die vielen direkten und indirekten Anspielungen. Allein schon der Name der erfundenen Kleinstadt Güllen weckt

Assoziationen wie »Gülle«, »Umweltverschmutzung« oder auch die Untiefen des sozialen Miteinanders. Bis heute hält das Werk wichtige Lektionen für unser Denken und Handeln in der Umweltdebatte bereit. Dass Heuchelei und Habgier am Ende gewinnen, war zum Beispiel die Entscheidung der Bewohner von Güllen. Sie hätte auch anders ausfallen können. Ebenso wie es heute unsere Entscheidung ist, ob wir nur an unseren eigenen Nutzen denken oder auch an das Gemeinwohl und die Welt insgesamt. Ob wir uns bei dem verzweifelten Versuch verausgaben, den (vermeintlichen) wirtschaftlichen Niedergang aufzuhalten, nostalgisch an der Vergangenheit kleben und weiterhin bedenkenlos konsumieren wollen – oder ob wir uns daranmachen, die Schönfärberei und Ablenkungsfallen zu entlarven, und eine andere Art der Wertschöpfung angehen.

Doch wie beim *Besuch der alten Dame* gibt es auch hier keine einfache Aufteilung in Gut und Böse. Der einstige Täter Alfred Ill verdient eine gerechte Strafe. Doch am Ende fühlt man mit ihm als Opfer. Das ursprüngliche Opfer Claire Zachanassian erweist sich hingegen im Laufe des Stückes als immer fragwürdigerer Charakter und als Täterin. Ebenso ist es in der heutigen Umweltdebatte. Auch hier helfen lieb gewonnene Klischees kaum noch. Auch hier verschwimmen die ethischen Grenzen. Nicht immer schützen etwa diejenigen die Umwelt am meisten, die am lautesten sind oder die schönsten Bilder produzieren. Das Stück zeigt aber noch eine weitere Facette. Es erzählt, wie schnell die wirtschaftliche und moralische Krise von Güllen zu direkter und indirekter Aggression führt und wie leicht die Bewohner von Güllen dies vor sich und den anderen rechtfertigen und ihre Sprache entsprechend schönfärben. Auch das kommt mir bekannt vor …

Der Wissenschaftsjournalist Christian Stöcker hat ähnliche Mechanismen am Beispiel etlicher Geschehnisse in Australien in den vergangenen Jahren ziemlich gut illustriert.[36] Extreme Naturkatastrophen suchten den Kontinent in dieser Zeit immer häufiger heim. Die verheerenden Feuersbrünste forderten Milliarden Tier- und Dutzende Menschenleben. Es kam zu Überflutungen, massiven Hitzewellen mit atemraubender Luftverschmutzung und einem gigantischen Absterben der Korallen im Great Barrier Reef. All dies lag weit außerhalb normaler statistischer Schwankungen. Die Ursachen ließen sich eindeutig den messbaren Klimaveränderungen und den bekannten menschlichen Eingriffen zuordnen. Dennoch verwehrten sich große Teile der Regierung und Bevölkerung dieser Einsicht. Sie blieben weiterhin auf ihrem klimaschädlichen Kurs. Der ökonomische, kohlebasierte Wohlstand hatte – wieder einmal – über den Umweltschutz und damit das Leben gesiegt. Publizistisch übrigens unterstützt vom Medientycoon Rupert Murdoch, der schon in vielen weiteren Ländern wie Großbritannien und den USA eine äußerst unrühmliche Rolle spielte und regelmäßig klimafeindliche Populisten fördert. Obwohl Umfragen zeigten, dass die Mehrheit der Australier den Klimawandel als Problem ernst nahm, traf die Mehrzahl ihre Wahlentscheidung zugunsten einer nicht gerade umweltfreundlichen Politik. Der Grund: Regierung und Presse hatten es lange Zeit gut verstanden, wahlweise die katastrophalen Folgen zu leugnen und/oder so zu tun, als sei Australien nicht direkt betroffen. Und sie hatten den wirtschaftlichen Profit als übergeordnet dargestellt. Dann hatten jedoch die Schrecken des Klimawandels so zugenommen, dass nahezu jede Bürgerin die Folgen am eigenen Leibe erleben musste. Zumindest in Australien schaffte es auf diese tragische Weise dann doch eine Partei mit einem Nachhaltigkeitsprogramm in die Regierung.

Sowohl Dürrenmatts Theaterstück als auch die jüngste Geschichte Australiens liefern drei Lektionen: erstens dass Widerstände aufgrund von Opportunismus und Profitgier verwerflich sind. Zweitens aber auch, dass Widerstände gegen Bequemlichkeit und Ablenkungsfallen notwendig sind, um gesellschaftliche

Innovationen zum Besseren der Welt voranzubringen. Und drittens, dass es nichts bringt, vergangene Fehlentscheidungen und -entwicklungen anzuprangern. Es ist hilfreicher, Versäumtes detailliert zu analysieren und dann künftig verantwortlicher zu handeln. Verantwortung statt Schuld muss unsere Debatte prägen. Der richtige Widerstand führt zu mehr Verantwortung und zu mehr Vertrauen.

Kahnemann und die empirische Psychologie

Wenden wir uns also der Frage zu, warum wir Menschen die Verantwortung nur allzu gerne auf andere schieben. Warum weisen wir so gerne Schuld zu? Wieso klaffen Erkenntnis und tatsächliches Handeln so weit auseinander? Dies ist eines der ganz großen Themen der modernen empirischen Psychologie. Die Forschungsgruppe um den Nobelpreisträger Daniel Kahnemann und seinen viel zu früh verstorbenen Kollegen Amos Tversky hat sich ausführlich dieser Sache gewidmet.[37] In einer Reihe beeindruckender Experimente zeigten sie, dass der Grund für die Kluft zwischen Absicht und Tun vor allem die daran beteiligten Emotionen sind. Wir sind nicht das immer vernünftig kalkulierende Wesen, als das wir uns selbst so gerne wahrnehmen. Unsere Intuition, unser soziales Umfeld, unsere ungeprüften Erfahrungen und unsere Tendenz, uns vorschnell an scheinbar stimmige Situationen anzupassen, beeinflussen uns. Beim Denken, Fühlen und Handeln müssen wir ständig mehrere Faktoren bewusst und unbewusst verarbeiten, die meisten davon gleichzeitig. Wir Menschen bewegen uns ständig in mehreren Spannungssphären. Auf der einen Seite suchen wir Harmonie, auf der anderen wollen wir die anderen übertreffen. Wir wünschen uns Kontrolle, haben aber auch Lust auf etwas Neues, Unbekanntes. Wir lieben unsere Gewohnheiten, möchten aber auch unseren eintönigen Alltag durchbrechen. Wir wollen uns an Gemeinschaftsnormen anpassen und Teil der Gemeinschaft sein, gleichzeitig möchten wir aber auch unsere Individualität betonen. Kurz und gut: Wir schwanken ständig zwischen Polen wie Sicherheit und Abenteuerlust, Bequemlichkeit und Neugier hin und her.

In diesem Schwanken entstehen psychologische Mechanismen, die so gut wie kein Mensch gerne erträgt. Kontrollverlust gehört ebenso dazu wie eine zu große Diskrepanz zwischen unterschiedlichen Einstellungen, Meinungen oder Wünschen und Wahrnehmungen – zum Beispiel, dass wir die Umwelt schützen und gleichzeitig unsere Gewohnheiten beibehalten wollen. In diesem Fall spricht man von kognitiver Dissonanz.

In der Regel versuchen wir, diesen unangenehmen Gefühlszustand dadurch abzumildern, dass wir uns eines der beiden Dinge schönreden. Zum Beispiel verharmlosen wir unser umweltschädigendes Verhalten. Dann heißt es etwa im Wahlkampf, dass technologische Innovationen irgendwann die Lösung bringen würden. Bis dahin könnten wir einfach so weitermachen. Oder auch, dass so ein kleines Land wie Deutschland ohnehin nichts ausrichten kann. Durch dieses Schönreden entsteht oft eine sogenannte erlernte Hilflosigkeit: Menschen sind davon überzeugt, dass sie eine als schwierig empfundene Lebenssituation nicht ändern können – also keine Kontrolle darüber haben. Und das, obwohl es dafür, von außen betrachtet, keinen Grund gibt. So entstehen laut dem US-Psychologen Martin Seligman beispielsweise Depressionen.[38] Das Gefühl der erlernten Hilflosigkeit wussten Regierung und Presse bislang dadurch zu betäuben, dass sie materiellen Wohlstand versprachen und die Risiken abwiegelten.

Kurzfristige Vorteile eines »Weiter so«

Mitunter betreiben Menschen einen immensen Aufwand, um Veränderungen zu vermeiden, kognitive Dissonanzen abzubauen und ihr Weltbild aufrechtzuerhalten. Sie schieben finanzielle, organisatorische oder kulturelle Gründe vor, warum ein Wandel angeblich nicht möglich ist. Vieles davon sind Ausreden. In Wahrheit stehen – bewusst oder unbewusst – verschiedene Motive hinter dem Verhalten. Aus psychologischer Perspektive kommen dabei verschiedene Verarbeitungsmodi ins Spiel: die Physiologie (also die normalen Lebensvorgänge), die Emotion (also die psychophysische Bewegtheit aufgrund von Ereignissen) und das Mentale (also die intellektuelle Ebene). Eine Analyse auf psychologisch-wissenschaftlicher Basis kann dazu beitragen, das Wechselspiel zwischen diesen Verarbeitungsmodi zu verdeutlichen. Zugleich kann sie zeigen, wie die individuelle, die soziale und die gesellschaftliche Ebene ineinandergreifen.

Ein Verhaltensmotiv ist zum Beispiel die Trägheit. Sie bezieht sich vor allem auf den physiologischen Zustand und zielt auf ein möglichst geringes Anregungsniveau. Fast alle kennen sie als vorübergehende Antriebslosigkeit, die umso größer wird, je länger man sich ihr hingibt. Im früheren Fernsehzeitalter gab es dafür den Terminus Couch Potato. Will man sich von der Trägheit trennen, muss der legendäre innere Schweinehund überwunden werden. Wenn sich Trägheit kollektiv ausbreitet, wird Veränderung umso schwieriger. Aus diesem Gruppentrend auszubrechen ist unangenehm und könnte sich direkt oder indirekt auf der nächsthöheren Hierarchieebene auswirken. Die berühmtberüchtigte Behördenträgheit in Deutschland ist dafür ein Beispiel. Nicht immer zutreffend in der Beschreibung, aber umso ärgerlicher, wenn der Bürger oder ein Unternehmen bei Anträgen und Antragsbearbeitung darunter leidet: »Kommen Sie morgen wieder, wir haben jetzt Feierabend«, soll auch schon mal bei Gesundheitsämtern üblich gewesen sein.

Ein zweiter, mit der Trägheit verwandter emotionaler Mechanismus ist die Risikovermeidung. Sie ist im Gegensatz zur Trägheit eher ein aktiver Vorgang. Aus Angst vor Veränderung – in der Firma, der Gruppe oder im Privatleben – entwickeln manche aufwendige Abwehrstrategien. Vermutlich hat die psychologische Dynamik von Vermeidungsgefühlen die weitreichendste Widerstandswirkung. Besonders, wenn sie von der Führungsebene in Unternehmen, Organisationen oder Gesellschaften gefördert oder gar propagiert wird. Häufig mit dem Scheinargument notwendiger »Solidität« verbrämt und/oder mit der en vogue gewordenen »Resilienz« erklärt.

Natürlich sind nicht alle gegen aktiven Umweltschutz vorgebrachten Argumente Ausreden für dahinterliegende Gefühls- und Trägheitsmotive. Wer zum Beispiel in einem Konzern seine Karrierechancen nüchtern abwägt, passt sich der materiellen Haltung im Unternehmen an. Er entscheidet sich gegen die längerfristige Nutzenperspektive, die zugleich dem Allgemeinwohl dienen würde, und für die direkte Vorteilsmitnahme. Es kommt zum kurzfristigen Denken. Das ist menschlich. Akzeptabel angesichts der globalen Krisen allerdings nicht.

Wenn die sachlichen, ethischen, sozialen und umweltbezogenen Argumente zu überzeugend sind, bleibt den Menschen als Ausweg aus ihrer kognitiven Dissonanz immer noch die Delegation. Das heißt, sie verlagern die Verantwortung – weg von sich und hin zu anderen. Politiker bilden dann zum Beispiel einen Arbeitskreis. Konzerne richten aufwendige, hochdurchorganisierte und professionalisierte Abteilungen für alles Mögliche ein, was sich gut anhört, aber wenig tatsächliche Wirkung entfaltet.

Die kurzfristigen Gründe für ein »Weiter so« kann man mit einer Reihe psychologischer Verarbeitungsmechanismen erklären.[39] Auf der physiologischen Ebene, also der eines körperlichen Erregungslevels, sind es individuelle, soziale und gesellschaftliche Motive. Zu den individuellen gehört zum Beispiel eine als angenehm erlebte Trägheit. Sozial äußert sich so ein Motiv etwa, indem jede Unruhe vermieden werden soll. Und auf gesellschaftlicher, kollektiver Ebene zeigt sich dies zum Beispiel in Form einer generellen Veränderungsskepsis. Dies setzt sich in Gefühlstendenzen fort. Die Menschen beginnen etwa, sich vor jedem Risiko zu fürchten. Diese Gefühlstendenz kann ebenfalls zum Teil einer informellen Gruppen- und Unternehmenskultur werden. Und dies wiederum führt zu einer Gesellschaft, in der Vorsicht vor Veränderung ein durchgängiges Leitmotiv ist.

Während dies eher reflexhafte, nicht unbedingt bewusste Mechanismen beschreibt, gibt es auch sogenannte kognitive Prozesse.[40] Dann entwickeln Menschen rationale oder scheinrationale Gründe, warum sie auf herkömmlichen Abläufen beharren: Sie seien der eigenen Karriere nützlicher. Man sei eingebunden ins Quartalsdenken. Man ist gewöhnt an eine Gesellschaft, die unangenehme Fakten ganz gerne verdrängt. Leider wird dies vonseiten der Politik nicht selten unterstützt. All das wirkt sich dann auch im Handeln aus – oder besser gesagt, indem man bestimmte Verhaltensänderungen vermeidet. Entscheidungen sind lästig und potenziell aufwendig. Man kann auf mangelnde kurzfristige Belohnungen für eine Veränderung verweisen und bewegt sich generell in einer sich gegenseitig verstärkenden Beharrungskultur. Auch für Normen und Werte lassen sich zu all dem passende Begründungen finden. Die Verantwortungsverlagerung wurde bereits genannt. In Großunternehmen kann man es auch durch die Gründung von und Delegierung an eigene Abteilungen für Corporate Social Responsibility (CSR) bewerkstelligen, solange man sich als Führungskraft nicht ebenso selbst in der Pflicht sieht. Ökonomisch sind Veränderungen sowieso häufig mit Investitionen verbunden, das kann dann ein Quartalsergebnis beeinträchtigen.

Langfristige Nachteile eines »Weiter so«

Widerstände gegen notwendige Veränderungen und Innovationen – ein »Weiter so« – hat, langfristig gesehen, erhebliche Nachteile. Nicht nur für die Umwelt. Die psychologischen Auswirkungen lassen sich entlang der verschiedenen Modi zuordnen. Stellen sich zum Beispiel Politikerinnen realen Bedrohungen nicht, so führt das auf individueller Ebene zu innerem Unwohlsein – auf kollektiver Ebene zu einer nervösen und gereizten Gesellschaft. Das können wir seit der Coronapandemie beobachten. Der belanglose bis gereizte Wahlkampf im Herbst 2021 entspannte die Situation auch nicht. Dieses Gereiztsein ist physiologisch spürbar und führt zusammen mit einer wirtschaftlichen Krise und internationalen Bedrohungen zu latenter Aggression, gesellschaftlicher Frustration, Angst vor der Zukunft, Unzufriedenheit mit der Politik, schlimmstenfalls zur Hinwendung zu Verschwörungstheorien und extremen Gruppierungen.[41] Sicherlich hatte es auch mit dem Ukrainekrieg und der damit verbundenen Energiekrise zu tun, dass Mitte 2022 die Zustimmungswerte für die Ampelkoalition schon wieder abflauten. Aber die Anspannung ist mittlerweile zu einer Art Dauerzustand geworden. Dass der Planet Erde – und damit wir Menschen – massiv bedroht sind, ist überall zu spüren. Gefahren wie den Klimawandel und den drohenden ökologischen Kollaps zu ignorieren wird immer aufwendiger und anstrengender. Solange Politik und Wirtschaft darauf nicht reagieren, solange Bürger nicht wissen, was sie tun können, so lange nehmen Sorge, Furcht und Angst zu. Die Menschen nehmen einen Kontrollverlust wahr. Die Gesellschaft fällt auseinander.

Im negativsten Szenario führt all dies zu einer desintegrierten Gesellschaft. Aufklärung und wissenschaftliche Erkenntnisse wären dann nicht mehr die Grundlagen der Demokratie. Sie würden ersetzt durch kollektive Angst, beruhigende oder beunruhigende Fake News und Spaltung. Das Ergebnis wäre unter anderem ein sehr hoher volkswirtschaftlicher Schaden. Deshalb müssten sich nicht nur Wissenschaft, Politik und Medien, sondern auch die Unternehmen eingehend mit den Widerständen auseinandersetzen. Zunächst empathisch und sachlich, wenn nötig, aber auch entschlossen und konfrontativ.

Es sind also unsere psychologischen Muster, allen voran die Bequemlichkeit und andere Randfaktoren, die uns Menschen dazu bringen, Ausreden zu finden. Dabei muss es gar nicht zu einem bewussten Denkprozess kommen. Wir Menschen glauben zwar nur zu gern, dass wir sachlich entscheiden und handeln. Lange hielt sich die These, der Mensch sei ein *Homo oeconomicus*, also ein ökonomisch-sachlich entscheidendes Lebewesen. In Wirklichkeit aber färben wir uns einfach nur sehr vieles schön. Recht einfache emotionale Tricks reichen, um uns vollkommen anders handeln zu lassen. Wir brauchen nur andere Rahmenbedingungen, die uns eine passende Interpretation dafür liefern.

Die in diesem Buch beschriebenen Ablenkungsfallen greifen diese psychologischen Abwehrmechanismen auf und nutzen sie aus. Die allermeisten der Ablenkungsfallen werden allerdings nicht aus Spaß am Reinlegen oder aus Willkür entwickelt. Sie leiten sich her aus den genannten Belohnungswerten, die damit für die »Fallensteller«, aber auch die »Empfängerinnen« oder besser »Nur-zu-gerne-Opfer« verbunden sind. »Nur zu gerne« schreibe ich, weil Unternehmen auf der Klaviatur der Empfänglichkeit von Verbrauchern für Billigangebote, emotionale Ansprachen, Bilder und Bequemlichkeit gut und professionell zu spielen wissen.

Ich habe versucht, unterschiedliche Ablenkungsfallen wie Billigpreis, Slogans, Greenwashing oder auch Überkomplexität in einer Übersicht zusammenzufassen, siehe Tabelle auf der nächsten Seite. Die Übersicht basiert auf meinen eigenen Beobachtungen und leidvollen Erfahrungen sowie den zahlreichen Beispielen, über die regelmäßig nach sauberer Recherche unter anderem in den Verbrauchermagazinen des deutschen Fernsehens wie »WISO« im ZDF oder »Plusminus« in der ARD berichtet wird und in denen deutlich wird, welches Kalkül hinter den Tricks steht, wie sich diese Tricks erkennen und verarbeiten lassen, welche Kompetenz Bürger dazu benötigen und welche Kon-

Ablenkungsfalle	Kalkül	Verarbeitung	Kompetenz	Konsequenz
Billigpreis	Schnäppchen-sucht	Qualitäts-vergleich	Echter Nutzen	Qualität & Preis
Claims und Slogans	Desinteresse	Widerwille	Kritische Konsu-menten	Ehrlichkeit
Greenwashing	Positivimage	Faktenvergleich	Produktwissen	Echte Nachhaltigkeit
Anbiederung	Vertrauen	Erfahrungs-geschichte	Qualifiziertes Vertrauen	Langfristiges Vertrauen
Konsumenten-appelle	Wirgefühl	Dissonanz-reduktion	Selbst-wirksamkeit	Kompetenzhilfe
Symbolhandeln	Beruhigung	Emotion	Nüchterne Faktenanalyse	Balance Fakt/Symmetrie
Abstraktion	Ohnmacht	Vereinfachung	Deduktion	Konkretisierung
Überkomplexität	Überforderung	Einzelfallsuche	Differenzierung	Präzise Information
Soziale Anpassung	Mitlaufen	Harmonie	Zivilcourage	Neutrends
Verlagerung der Verantwortung	Sündenböcke	Sozialer Vergleich	Ursachenwissen	Verantwortungs-übernahme
Influencer	Soziale Ansteckung	Austausch	Erkennen von Glaubwürdig-keitsinstanzen	Glaubwürdige Influencer

Ablenkungsfallen und die nötige psychologische Nutzerkompetenz, um ihnen zu begegnen.

sequenzen die produktive Verarbeitung gesellschaftspolitisch, psychologisch und wirtschaftlich haben müsste.

Man kennt das aus dem eigenen Alltag: Die Ablenkungsfallen stellen uns nicht nur die anderen, wir bekommen das auch selbst ganz gut hin. Bewusst und unbewusst. Ausreden finden wir alle: »Wir allein können doch gar nichts bewirken, solange die anderen nichts tun« oder »Ich würde ja gerne, kann es mir aber nicht leisten« oder »Ich habe keine Zeit«. Da kommt es nur zu gelegen, dass uns Teile der Industrie bequeme Ablenkungsfallen und Greenwashing-Produkte anbieten, mit denen wir zumindest unser Gewissen beruhigen und unseren sozialen Status sichern können. »Unsere Produkte sind so nachhaltig, Sie müssen selbst gar nichts mehr tun«, versprechen uns die Werbeslogans und Labels. Die Ablenkungsfallen der anderen treffen auf unsere eigenen. Dabei führen beide in die Hölle. Und das meine ich durchaus wörtlich.

Dennoch bin ich optimistisch, denn uns ist, bei allen Einschränkungen und Erkenntnisdefiziten, immerhin die Fähigkeit zum Denken gegeben. Wir können Irrtümer und Ablenkungsfallen reflektieren, reduzieren oder gar abstellen. Forscher wie Tversky und Kahnemann sind da sehr hilfreich mit ihren Ergebnissen. Denn unsere Ohnmacht im Anthropozän ist selbst verschuldet. Unsere Hilflosigkeit ist erlernt. Indem wir lernen zu handeln, können wir uns daraus jedoch befreien. Offenbar funktioniert das aber nur, wenn wir die Gefahren und Bedrohungen in der Welt richtig einschätzen …

Gefühlte und tatsächliche Risiken

Je öfter und dramatischer Medien über eine bestimmte Bedrohung berichten, twittern oder reden, desto größer ist die Bereitschaft, sich mental und emotional damit auseinanderzusetzen. Etliche globale Studien zeigen zum Beispiel, dass die Angst davor, ermordet zu werden, unverhältnismäßig groß ist. Die Sorge, man könne an einer Blutvergiftung oder einem Schlaganfall sterben, ist hingegen viel zu gering. Jedenfalls wenn man nach den tatsächlichen Statistiken geht. Doch Blutvergiftungen und Schlaganfälle sind eben so alltäglich, dass niemand darüber berichtet oder einen Spielfilm daraus macht.

Doch obwohl die Medien mittlerweile voll sind von Schreckensbildern über die Umweltzerstörungen aller Art und den Menschen, die darunter leiden, sind die Reaktionen darauf bei uns noch immer höchst zaghaft. Das liegt nicht nur daran, dass es laut neueren Studien anscheinend ein beachtlicher Teil der jüngeren Generation schafft, sich erfolgreich jeder herkömmlichen Art von Journalismus und Berichterstattung zu entziehen (meine Hoffnung ist, dass die ökologische Gefährdung auch in den beliebten Social-Media-Kanälen stattfindet und verantwortungsvolle Influencer sich ihrer genauso häufig annehmen wie andere ihrer Selbstbespiegelung und ihrem unreflektierten Konsumismus).[42] Nein, offenbar müssen wir Gefahren unmittelbar am eigenen Leib erleben, bevor wir wirklich entschlossen handeln. Die Herausforderung besteht also darin, dass wir die aktuell wirklich großen Gefahren lange Zeit eben nicht unmittelbar erlebten. Kriege spielten sich in anderen Weltregionen ab. Krankheiten wie zum Beispiel Ebola erreichten uns nicht. Wenn Bedrohungen dann auch noch sehr abstrakt sind, wie der Klimawandel oder das Artensterben, ist das ein Problem. Halten wir die Gefahr für tödlich? Nein, höchstens für spätere Generationen. Wir schätzen Risiken falsch ein. Und damit bin ich bei der Crux. Die alarmierenden Bilder und Meldungen aus Presse, Fernsehen und dem Internet kennen wir. Aber wirklich persönlich bedroht fühlen sich nur diejenigen, die sich tiefergehend damit befassen. Anders als beispielsweise beim Krieg oder bei vergangenen Pandemien gibt es keine Eltern und Großeltern, die von ihren eigenen Erfahrungen erzählen könnten. Es gibt höchstens Menschen irgendwo ganz anders auf der Welt, die jetzt schon von Flut, Waldbränden oder Dürren betroffen sind. Aber die – so unser zynisches Vorurteil – haben ohnehin gelernt, mit Katastrophen zu leben …

Diese Schwierigkeit beim Einschätzen von Gefahren hat ihre Ursache in unseren archaischen Reflexen.[43] Diese sollen vor allem unser unmittelbares Überleben sichern: Ein lauter Knall, eine schnelle Bewegung oder ein ungewöhnliches Detail lassen unseren Aufmerksamkeitsapparat in Habachtstellung gehen, um notfalls zu fliehen oder zu kämpfen. Ein Schatten in einer dunklen Gasse hat kurzfristig viel bessere Chancen, uns in Angst und Schrecken zu versetzen, als ein noch so riesiger

Berg aus Plastikmüll. Und das ist zunächst gut so. Ohne unseren Angst- und Fluchtreflex würden wir nicht überleben. Erst wenn eine direkte Gefahr vorüber ist, können wir uns den Luxus leisten, uns über künftige Gefahren den Kopf zu zerbrechen. Dabei stellen wir dann ja vielleicht auch fest, dass der Müllberg eine viel, viel größere Gefahr für die Menschheit ist als ein Schatten in einer dunklen Gasse … Während Reflexe automatisch ablaufen, entstehen Gefühle vermutlich durch einigermaßen bewusste Wahrnehmungs- und Erkenntnisprozesse. Selbst wenn das nur Sekundenbruchteile nach den Reflexen geschieht. Wir reagieren intuitiv – und haben fast zeitgleich eine Vorstellung davon, warum wir etwas tun. Vor einem Löwen zu fliehen, das machen unsere Reflexe für uns. Die einigermaßen abstrakten Umweltkrisen lösen hingegen so gut wie nie einen Reflex aus.

Wir leben also mit einem archaischen Erbe, das es uns trotz aller Antizipationsfähigkeit schwer macht, lieb gewonnene Routinen und Alltagsannehmlichkeiten aufzugeben. Vor allem dann, wenn es darum geht, bislang abstrakte Gefahren zu verhindern. Das erklärt, warum uns Kleinigkeiten erschrecken können und geringfügige Bedrohungen manchmal so groß erscheinen. Die wirklich großen aber nehmen wir oft kaum zur Kenntnis. Anders ist das, falls uns Statusverlust, materielle Einbrüche oder sozialer Druck drohen. Dies kann äußerst tiefgreifend sein und sich zusammen mit den physischen Gefahren ergeben. Hier aber soll es vor allem um das biologische Überleben gehen. Und hier ist die Diskrepanz zwischen tatsächlicher und gefühlter Bedrohung nicht leicht zu überwinden. Die vergeblichen Mühen gut gemeinter Kampagnen – ob für eine gesunde Ernährung oder ein verantwortungsvolles Umweltverhalten – zeugen davon. So bleibt nur der indirekte Weg über die sogenannten kognitiven Abläufe.

Wir müssen uns informieren, lernen und verstehen. Dazu brauchen wir Gespräche, Statistiken, traditionelle und soziale Medien. Irgendwann beginnt ein Mensch, darüber nachzudenken. Manchmal macht er sich dann auch Sorgen. Teilweise entstehen sogar stärkere Gefühle wie Angst oder Panik. Wenn das dazu führt, dass jemand nach Lösungen sucht, ist das gut. Oft setzt aber ein anderer psychologischer Mechanismus ein: die Verdrängung. Menschen versuchen das Unangenehme zu ignorieren, um möglichst angstfrei weiterleben zu können. Eine unmittelbare Gefahr gibt es ja nicht. Sie müssen weder fliehen noch kämpfen, um ihre Angst aufzulösen. Und genau das ist es, was die meisten tun. Typologisch gibt es in der Wissenschaft eine Bezeichnung für diejenigen, die eher zur Verdrängung von Gefahren neigen: die Represser. Da lobe ich mir fast schon den Gegentypus, den Sensitizer.[44] Er bleibt trotz Sorge oder Angst handlungsfähig, wendet sich einer Bedrohung zu und sucht – gemeinschaftlich mit anderen – nach Lösungen. Auch wenn diese Einschätzung eher auf meiner Vermutung als auf einer wissenschaftlichen Studie beruht, würde ich Greta Thunberg und ihren Mitstreiterinnen eine besonders hohe Sensitization zuschreiben. Man beachte die Sprachverwandtschaft zwischen Sensitizer und Sensibilität. Kein Wunder, dass weniger empfindsame Gemüter dies zugleich als hypersensibel mit dem Anklang von Hysterie bezeichnen. Ich schätze diese Empfindsamkeit eher als augenöffnende Verweigerung gegen das »Weiter so« ein.

Denn die Sensitizer sorgen dafür, dass sich immer mehr Menschen des Klimas unserer Erde gedanklich annehmen. Kleinere Gruppen debattierten so lange, bis Menschen handeln. Selbst in diesem indirekten Vermittlungsablauf sind die psychologischen Verarbeitungsmechanismen akut. Kollektiv gibt es dadurch ein fast schon spürbares physiologisches Unwohlsein in der Gesellschaft. Bei den Sensitizers macht sich Nervosität breit. Sie spüren eine zunehmende körperliche Unruhe, auch wenn sie physisch nicht direkt bedroht sind. Die emotionale Reaktion ist gesellschaftlicher Ärger – über diejenigen, die die Krisen verursachen, nichts dagegen unternehmen, aber auch diejenigen, die sich für eine Verbreitung der Themen einsetzen. Greta Thunberg kann ein Lied davon singen. Diese Emotionen verstärken sich dadurch, dass die Menschen die gleichen Reaktionen in ihrer Umgebung beobachten. Hier suchen sie nach Trost und Bestätigung. Wenn dazu eine vertrauenswürdige Informationsgesellschaft gehört, ausgewogene Kommunikationsplattformen und individuelle Medienkompetenz, dann ist das der Idealfall. Dann können sich die Menschen bewusst oder unbewusst an gesellschaftlichen Vorbildern orientieren. Deshalb ist es so wichtig, dass Politikerinnen, Unternehmer, Prominente und selbst Wissenschaftlerinnen vorleben, wie die Bürger insgesamt mit dem Umweltweltthema umgehen sollten und wie sie zur Lösung beitragen können. Insgesamt ist es also recht verwirrend, was da alles an Psychologie abläuft, wenn wir einer Gefahr ausgesetzt sind.

Die relevantesten Gefahren?

Welche Gefahren fürchten die Bürgerinnen am meisten? Zahlreiche Institute und Umfrageorganisationen erfassen dies regelmäßig in Repräsentativstudien. Dabei zeigte sich Anfang der 2020er-Jahre eine international recht übereinstimmende Reihenfolge. Die folgenden Zahlen stammen von Statista und basieren auf einer weltweiten Befragung in 29 Ländern im Jahr 2020 mit rund 20.000 Teilnehmern zwischen 16 und 64 Jahren.[45] Sie wurden danach gefragt, welche drei umweltgefährdenden Faktoren am dringendsten politisches Handeln erfordern. Nicht überraschend, nannten die Menschen weltweit an erster Stelle mit rund 40 Prozent die globale Erderwärmung. Dem folgte auf Platz zwei mit rund 35 Prozent die Luftverschmutzung. Rechnet man die 14 Prozent derjenigen hinzu, für die die Emissionen zu den wichtigsten Gefahren zählen, waren das rund die Hälfte aller Befragten. Mit über 30 Prozent folgte dem an dritter Stelle der Umgang mit Abfällen. Addiert man dazu die 15 Prozent der Befragten, die sich vor allem um die übermäßige Verpackung von Konsumgütern sorgten, sowie die 5 Prozent, die einen sorgsameren Umgang mit Kunststoff insgesamt anmahnen, so kommt man auf fünfzig Prozent der Menschen, die darin ein wirklich drängendes Problem sehen! Erst recht, wenn man noch die 20 Prozent dazurechnet, für die die Erschöpfung natürlicher Ressourcen eine der größten Gefahrenquellen ist, und die 16 Prozent, die sich um die künftige Energieversorgung Sorgen machen. Das Waldsterben steht bei einem Viertel der Befragten wegen der massiven globalen Abholzung ganz oben auf der Liste. Wasserverschmutzung und mangelhafte Trinkwasserqualität nennen zusammen etwas mehr als ein Drittel der Befragten. Nicht mehr so dominant wie noch vor wenigen Jahrzehnten ist das Thema der Überbevölkerung mit 15 Prozent sowie der Nahrungsmittelknappheit mit 9 Prozent. Der Schutz freilebender Tiere beschäftigt 15 Prozent, und die Gefährdung von Natur und Mensch als Teil davon (das meint Angst vor Überflutungen und Bodenerosion oder Ähnliches) nennen 11 und 6 Prozent. Natürlich sind die Kategorien nicht völlig trennscharf. Dennoch hilft eine Umfrage wie diese den Menschen dabei, eine Vorstellung davon zu entwickeln, wie relevant Gefahren sind und was dagegen unternommen werden kann. Aus dieser und weiteren Studien geht aber hervor, dass die deutschen Ergebnisse insgesamt ziemlich ähnlich ausfallen wie die im globalen Durchschnitt. Mit jeweils etwa der Hälfte der Befragten bei Mehrfachnennungen liegen auch laut den Resultaten einer rein deutschen Umfrage Erderwärmung, Luftverschmutzung und Umgang mit Plastik und dessen Verwertung in der Dringlichkeit nahezu gleichauf.

Moral versus Vernunft

Wo also unsere Vernunft nicht ausreicht, um das Ausmaß der Krise nicht nur zu begreifen, sondern auch tatsächlich zu handeln, brauchen wir etwas anderes. Wir brauchen etwas, was uns dazu bringt, die Ablenkungsfallen selbst nicht mehr zu wollen. Hier passt ein weiterer großer Denker: David Hume. Im frühen 18. Jahrhundert ein Zeitgenosse und Diskussionspartner des Begründers der Wirtschaftstheorie Adam Smith, war für Hume ein »guter Staat der, der die größte Beglückung für die größte Anzahl von Menschen ermöglicht«. Nicht zuletzt in der angelsächsischen Gesellschaft ist dieses als Utilitarismus bekannte Prinzip bis heute kennzeichnend für Politik und Wirtschaft. Utilitarimus lässt sich laut Hume nicht allein durch Mitgefühl, Wohlwollen, Gerechtigkeit und Gemeinwohlorientierung erreichen. Gerechtigkeit ist für ihn eine »künstliche Tugend«. Und nicht jedes Mitgefühl führt seiner Ansicht nach zu Gerechtigkeit. Manchmal sorge es sogar für das Gegenteil. Humes Grundsatz für die Verhaltensökonomie lautete, dass wir Menschen den Regeln des Common Sense folgen sollten, von dem die Philosophen Thomas Hobbes und John Locke gesprochen hatten. Das heißt, wir sollten uns an die moralischen und sozialen Normen und Gesetze der Gesellschaft halten. Dabei stellt Hume fest, dass die Tugenden aller Menschen und Kulturen ziemlich gleich sind. Niemand lobe beispielsweise den Verrat, die Hartherzigkeit oder den Hass. Hume zeichnet dazu ein schönes Bild: »Der Rhein fließt nach Norden, die Rhone nach Süden. Und doch entspringen beide aus demselben Berg und werden auch (…) von demselben Prinzip der Schwerkraft in Bewegung gesetzt. Die verschiedenen Neigungen des Bodens, auf dem sie fließen, verursachen den ganzen Unterschied des Laufes.«[46]

Moral begründet sich seiner Ansicht nach in unserem sinnlichen Empfinden (also dem Sehen, Hören oder Tasten). Moralisches Verhalten lernen wir als Kind, wenn sich andere uns gegenüber moralisch verhalten und wir dadurch ein positives Gefühl erleben.[47] Dabei zeigt sich auch Humes Skepsis im Hinblick auf die reine Vernunft: »Es läuft der Vernunft nicht zuwider, wenn ich lieber die Zerstörung der ganzen Welt will, als einen Ritz an meinem Finger«, schreibt er in *Ein Traktat über die menschliche*

Natur.[48] Rationale Einsichten, so Hume, würden uns niemals allein zum Handeln motivieren. Mit der Ratio können wir zwar Urteile fällen, Sachverhalte einordnen oder Ursache und Wirkung erkennen. Aber um tatsächlich zu handeln, brauchen wir die innere Bereitschaft, der Ratio zu vertrauen – und diese Bereitschaft stammt nach Hume aus der Welt der Gefühle. Moralische Urteile können wir somit nur treffen, wenn wir beides verbinden. »Die menschliche Natur besteht nun einmal aus zwei Hauptfaktoren, die zu allen ihren Handlungen notwendig sind, nämlich aus den Neigungen und dem Verstande; nur die blinden Betätigungen der ersteren, ohne Leitung des letzteren, machen die Menschen für die Gesellschaft untauglich«, schreibt Hume dazu. Dass in der Regel unsere Gefühle entscheiden und nicht unsere Vernunft, das bestätigt mittlerweile auch die Hirnforschung. Damit passen Humes Überlegungen zu unserer aktuellen Situation: Denn was ist unser gedankenloses »Weiter so« anderes als unser Wunsch, einen Ritz in unserem Finger zu vermeiden – auch wenn dies den globalen Kollaps bedeutet? Was uns also fehlt, ist der richtige Moralsinn im Hume'schen Sinne: ein vorbildhaftes Verhalten, das in uns gute Gefühle auslöst, sodass wir es auch übernehmen *wollen.*

Deshalb sind neue Verhaltensweisen naturgemäß viel leichter zu befolgen, wenn sie ohne spürbare Opfer auskommen. Abgesehen vielleicht für selbst ernannte Märtyrerinnen und Moralapostel, die den Wert ihres Handelns am Grad ihres Leidens bemessen – nicht zuletzt, um damit den anderen ihre Überlegenheit zu demonstrieren. Ich erspare mir, einzelne religiöse Strömungen als mahnendes Beispiel dafür zu nennen. Die meisten Menschen möchten sich jedoch moralisch im Sinne des Allgemeinwohls verhalten, sich also gut fühlen und einen individuellen Nutzen durch ihren Konsum haben. Das ist zum Beispiel der Fall, wenn ein Produkt aus der Kreislaufwirtschaft exakt so wirksam ist wie ein nicht nachhaltig produziertes. Das kostet vielleicht ein paar Cent mehr. Doch dieser Aufpreis wird durch den sozialen und psychologischen – also außerökonomischen – Nutzen mehr als wettgemacht. So kann man sich über das richtige Trendverhalten den Status einer bewussten Bürgerin geben, vielleicht sogar das eines Vorreiters. Wir dürfen umweltfreundliches, moralisch richtiges Verhalten deshalb nicht mit Askese und Verzicht verbinden – also bestrafen. Wir müssen es den Menschen erleichtern, ihre Trägheit und Risikoscheu zu überwinden, indem wir ihnen eine positive Einstellung zu umweltfreundlichem Konsum ermöglichen. Oder anders gesagt: Wir müssen herausfinden, wie wir umweltfreundliches Verhalten systematisch so belohnen, dass die Menschen dies von sich aus wollen. Aber dazu später mehr.

Kapitel 10

Wirtschaft und Ökologie

»Wirtschaftswissenschaft ist das einzige Fach, in dem jedes Jahr auf dieselben Fragen andere Antworten richtig sind.«

Danny Kaye, amerikanischer Schauspieler und Komiker

Ab und zu erinnere ich mich, wie es war als Berufsanfänger. Ich sehe mich, wie ich als frischgebackener Hochschulabsolvent auf die Empfangshalle des Großunternehmens zugehe, das mich soeben als Mitarbeiter im Marketing aufgenommen hat. Ich komme an kleinen und großen Dienstwagen vorbei, an ungünstig und günstig gelegenen Parkplätzen, an Zimmern mit schmalen und breiten Fensterfronten. Mir scheinen diese Unterscheidungen wie ein Gradmesser für die Leistung Einzelner – nüchtern und objektiv bemessen an Fakten, so wie es in den Lehrbüchern steht und es die klassischen Wirtschaftstheorien herausarbeiten. Gleichzeitig habe ich Danny Kayes Zitat im Kopf und bin überzeugt davon, dass es in der Wirtschaft kein eindeutiges »richtig« oder »falsch« gibt. Das mag vielleicht zunächst negativ klingen. Das ist es aber nicht. Denn man muss die Dynamik der Märkte, die Entwicklung der Menschheit und den Gang der Welt berücksichtigen, um eine angemessene Grundlage zu finden, auf der man sich erfolgreichem Wirtschaften systematisch annähern kann. Starre Konzepte helfen nicht.

Ein Beispiel für solch ein Konzept ist die klassische Idee des Wettbewerbs. Viele Anhängerinnen der neoliberalen Theorie missverstehen Wirtschaften und Wertschöpfung als ein Nullsummenspiel. Sie denken: »Meinen Gewinn erziele ich, indem ich den eines anderen reduziere. *The Winner Takes It All.*« Sofern sie nur die kurzfristige materielle Seite und nur begrenzte Ressourcen betrachten, mag dies teilweise noch stimmen. Sobald sie aber die Qualität und die langfristigen Vorteile mit einbeziehen, gilt dieses Nullsummenspiel nicht mehr. Als Firmennovize musste ich jedenfalls erfahren, dass Flexibilität im Denken und Handeln im Unternehmen nicht wirklich zu finden war. Mein Eindruck: Je länger die Kollegen auf ihren Plätzen saßen, desto mehr passten sich ihre Denk- und Gefühlsmuster an die Unternehmenskultur an. Auch wenn die Stellenanzeigen Individualität und maximalen Bewegungsspielraum sowohl angepriesen als auch erwartet hatten, beobachtete ich, wie starr die Kultur dieses großen Unternehmens tickte und was man tun musste, um dort Karriere zu machen. Dass alle Kollegen in einem Unternehmen ähnliche Ziele verfolgen, ist selbstverständlich. Uniforme Strategien sind aber weder sinnvoll noch hilfreich, wenn sie die Suche nach optimalen und originellen Lösungswegen verhindern und wichtige langfristige Perspektiven einschränken. Wenn eben zum Beispiel das Quartalsdenken dramatisch mehr zählt als das Wohl der Allgemeinheit.

Heute bin ich natürlich nicht mehr so naiv zu glauben, dass Statussymbole wie Autos oder Fensterfronten tatsächlich für herausragende Erfolge zum Wohle des Unternehmens stehen. Und es ernüchtert mich zu lesen, wie viele Wissenschaftlerinnen davon ausgehen, dass die meisten in ihrer Karriere nach nur genau diesen Symbolen streben – und zwar egal, ob dies dem langfristigen Wohl der Firma und der Welt dient oder nicht. Strukturell ändert sich so nicht wirklich etwas, solange der Druck von außen durch Wettbewerber, Politik oder Öffentlichkeit nicht zu groß wird. Und so hält sich das alte Egomodell: Man macht nur, was einem selbst nutzt. Sich für den Umweltschutz zu engagieren gehört nicht dazu. Deshalb schieben Manager das Thema in die Marketing- und PR-Abteilungen ab. Aus diesem Grund kommt es auch zu dem Klischee, Ökologie und Ökonomie ließen sich in großem Stil nicht vereinbaren. Bis heute wird dieser Mythos medial und politisch immer wieder ausgespielt. Dann heißt es »Umweltschutz oder Arbeitsplätze«. Dabei zeigt zum Beispiel Frosch, dass sich beides sehr wohl miteinander verbinden lässt. Denn bei uns heißt es: »Nachhaltigkeit ist langfristig Unternehmensgewinn.«

Bei der Trendwende hin zur echten Nachhaltigkeit haben mittelständische Unternehmer in unserer Wirtschaft eine ganz besondere Position. Sie sind auf der einen Seite oft noch nicht in Analystenabhängigkeiten und Hierarchien verstrickt. Das bedeutet, dass sie ihre Unternehmung schnell und kurzfristig (um)steuern können. Auf der anderen Seite haben sie aber auch einen relativ großen Wirkungsraum. Sie haben Einfluss auf ihre Region, ihr unmittelbares Umfeld und – über ihre Produkte oder Dienstleistungen sowie ihre Kommunikation – auf einen größeren Markt. Auf diese Weise können sie die Wahrnehmung einer breiten gesellschaftlichen Öffentlichkeit mit beeinflussen und Menschen tatsächlich zum Umdenken und Anders-Handeln bewegen. Das bedeutet aber auch, dass sie eine besondere Verantwortung haben. Eine Verantwortung, die eine gewisse Haltung voraussetzt.

Meine Initiative, eine echte Kreislaufwirtschaft bei Plastikverpackungen zu entwickeln und zu etablieren, war und ist durchaus auch mühselig. Aber sie gelingt. Doch dazu braucht es die Bereitschaft, zunächst ein höheres unternehmerisches Risiko einzugehen als üblich. Es geht auch darum, dass man offene und ungeklärte Situationen aushalten kann, sich wissenschaftliche Lösungswege erschließt und Herausforderungen als Anreiz und Ansporn sehen kann. Die Ökonomie mit der Ökologie zu verbinden verlangt vor allem eine massive Anpassung im Denken und bei den Entscheidungen in den Chefinnenetagen. Diese müssen die unternehmerische Zivilcourage und die Überzeugung für einige Anfangsinvestitionen aufbringen – auch entgegen möglicher Kritik der Opportunisten oder kurzfristig denkenden Optimiererinnen. Dann entsteht jedoch eine wirtschaftlich ganz neue Ausgangsposition für einen Erfolg, der alle bereichert: das Unternehmen, die Wirtschaft, die Konsumenten – und natürlich die Welt insgesamt. Mich und alle Mitarbeitenden unseres Unternehmens bestärken heute nicht nur der Erfolg unserer Produkte und die wachsende Anerkennung der Öffentlichkeit. Ein nicht zu unterschätzender Lohn ist auch der Sinn, der sich aus der Verbindung von Ökologie und Ökonomie für unser Handeln ergibt. Denn wenn die ökonomischen Werte stimmen, stimmen auch die gesellschaftlichen Werte. Es entsteht eine langfristig sinnhafte Handlungsperspektive für die Gesellschaft, die Wirtschaft und die öffentliche Kommunikation.

Purpose ist der neue Sinn

Beim Purpose handelt es sich um ein seit einiger Zeit recht angesagtes Marketingvehikel. Das Wort kennzeichnet einen in der Kommunikation propagierten Zweck, der über den bloßen Umsatz, den bloßen Gewinn hinausgehen und einen übergreifenden gesellschaftlichen Sinn beinhalten soll, zum Beispiel das gesundheitliche Wohl möglichst vieler Menschen. Solange das Wort keine hohle Floskel für imageträchtige Slogans bleibt, sondern auf einer durchdachten, konsequenten und durchgängigen Strategie basiert, steht es für ein echtes Umdenken im Markt.

Für uns kam der Begriff ein bisschen zu spät – wir haben schon nach den ihm zugrunde liegenden Prinzipien entschieden und gehandelt, als der Terminus »Purpose« noch keine Karriere gemacht hatte. Wichtiger aber als das einprägsame Wort ist ohnehin die Überzeugung, dass unternehmerisches Wirken beidem dienen kann und soll: dem wirtschaftlichen Eigeninteresse ebenso wie dem Allgemeinwohl. Beide Ziele multiplizieren sich und damit die Vorteile, die alle erwarten dürfen. Die Voraussetzung dafür ist eine genaue Vorstellung von Verantwortung. Entscheidungsträgerinnen sollten eben nicht – wie die Personen im Stück *Der Besuch der alten Dame* – die Schuld für Vergangenes anderen zuweisen. Sie müssen vielmehr bereit sein, so zu entscheiden und zu handeln, dass das Ergebnis die Biosphäre hier und heute massiv zu schützen beginnt. Das soll nicht bedeuten, dass ich eine Schuldanalyse vermeiden möchte. Sie darf aber kein Selbstzweck sein oder gar als Feigenblatt für eine Scheinläuterung herhalten. Ihre Funktion besteht allein darin, die richtigen Konsequenzen für die Zukunft abzuleiten: Was verhindert eine nachhaltigere Produktion? Wo haben wir uns durch Rationalisierungen, Beschönigungen und Verantwortungsverlagerung aus der Pflicht gestohlen? Wann und warum handeln wir entgegen unserem Moralsinn?

Wer nicht nur für den eigenen Gewinn und den der Firma arbeitet, sondern das Wohl der Allgemeinheit und der Umwelt im Auge behält, erfährt unmittelbar die Faszination des Handelns. Unabhängige Unternehmer haben meist das Privileg, sich für diesen Weg selbst entscheiden zu können. Sie können ihrer Arbeit einen Sinn, einen Purpose geben. Das macht den eigentlichen Unterschied zwischen Shareholder- und Stakeholder--Value aus: Die Shareholder achten als Anteilseigner allein auf den finanziellen Gewinn, den ein Unternehmen abwirft. Die Stakeholder – also diejenigen, die vom Handeln eines Unternehmens im Allgemeinen betroffen sind – bemessen seinen Erfolg breiter. Sie fragen zum Beispiel auch nach seinem Nutzen für die Gesellschaft oder – endlich – für die Natur. Das zeigt sich in unserem Unternehmen exemplarisch beim Open-Innovation-Ansatz. Er hält eine ganze Reihe von Belohnungen für die verschiedenen Stakeholder bereit. Belohnungen sind von besonderer Bedeutung, wie das letzte Kapitel zeigen wird. Sie sorgen dafür, dass ein am Gemeinwohl orientierter Ansatz auch aus ökonomischer Sicht für das Unternehmen von Vorteil ist:

1. Die Open Innovation begeistert und motiviert alle Beteiligten, weil sie neue Prozesse erleben und neue Erfahrungen machen.

2. Sie liefert messbare Verbesserungen. So entsteht bei allen ein Erfolgsgefühl, sie spüren Selbstwirksamkeit und lernen konkret, wie sie gemeinsam etwas verändern können.
3. Sie stärkt das Zusammengehörigkeitsgefühl, indem Menschen gemeinsam Herausforderungen meistern und Erfolge feiern.
4. Sie sorgt als Pionierleistung für Anerkennung durch eine breitere Öffentlichkeit.
5. Sie verleiht dem individuellen Handeln einen höheren Sinn, denn das gemeinsame Ziel dient allen sowie den nachfolgenden Generationen.

Alle diese positiven Faktoren zusammengenommen ergeben mittel- und vor allem langfristig, dass sich die Open Innovation auch wirtschaftlich für ein Unternehmen lohnt.

Ganzheitlichkeit, Wesentlichkeit, Durchgängigkeit

Ich werde des Öfteren gefragt, woran sich ein tatsächlich nachhaltiges und am Purpose orientiertes Unternehmen denn nun erkennen lässt. Im Laufe meiner mittlerweile über zwanzigjährigen Erfahrung auf diesem Weg haben sich für mich drei wesentliche Prinzipien als gültig und erfolgversprechend herauskristallisiert: Ganzheitlichkeit, Wesentlichkeit und Durchgängigkeit. Sie bestimmen, wodurch unter anderem Vertrauen im Markt, in der Öffentlichkeit und bei Partnern entsteht. Dabei beziehen sie sich auf materielle Ressourcen, soziale Prozesse und Zukunftsprojektionen.

Ganzheitlichkeit: Sie entsteht durch eine konsequente und umfassende Gesamtstrategie des unternehmerischen Handelns. Kommen zum Beispiel erneuerbare Energien in der Produktion zum Einsatz? Erzeugt das Unternehmen eigene Energie? Gibt es eine umweltfreundliche Fahrzeugflotte? Wie sieht die Abfallverwertung aus? Bestehen Plastikgefäße und -verpackungen aus hundertprozentigem Rezyklat? Wie sind Architektur und Arbeitsplätze gestaltet? Wer unsere Firmengebäude betritt, findet zum Beispiel Pflanzen und viel natürliches Licht vor – und hoffentlich auch fröhliche Mitarbeitende. Denn die *Work-Life-Balance* liegt uns am Herzen. Werte wie Teamgeist, Wohlbefinden oder eine gesunde und genussvolle Ernährung in einem hochwertigen Mitarbeitendenrestaurant sind uns wichtig.

Ganzheitlichkeit bedeutet also, dass jeder Bereich eines Unternehmens als ein Teil des Ganzen wahrgenommen wird und in Wechselwirkung mit den anderen steht. Deshalb muss auch jeder Teil umweltschonende Maßnahmen ergreifen sowie die dadurch ausgelösten Synergien kennen. Damit steht Ganzheitlichkeit im Kontrast zu den selektiven Einzelmaßnahmen einer »Limited Edition«, die manchem Unternehmen allein der Imagepflege dienen. Nur auf Basis der Ganzheitlichkeit kann Marketing glaubwürdig sein. Ob es um die Eigenschaften des Gesamtsortiments geht oder um den Neubau einer Produktionshalle, den Umgang mit Brauchwasser oder die Angebote ökologischer Mitarbeitermobilität und vieles mehr: All dies müssen Unternehmer als Gesamtkonzept angehen, wenn sie ein wirklich nachhaltiges Unternehmen mit einem echten Purpose gestalten wollen.

Wesentlichkeit: Viele Bagatellbeispiele zu sammeln, die zwar wenig ökologische Wirkung zeigen, dafür aber ein positives Image erzeugen sollen, ist Greenwashing. Wesentlichkeit entsteht im Gegensatz dazu, wenn Unternehmen nach den zentralen Faktoren, dem Kern, den wirkungsvollsten Hebeln für mehr Umweltschutz fragen. Dann geht es um Substanz anstatt um Oberfläche. Im Fokus stehen Effizienz und Effektivität und nicht der Effekt. Eine wichtige Grundvoraussetzung dafür ist, dass neue, nachhaltige Methoden und Technologien einen möglichst hohen Umweltvorteil mit sich bringen und gleichzeitig finanziell aushaltbar sind. In der Regel ist ein kurzfristiger Return on Investment nämlich nicht machbar. Aber langfristig ist der Gewinn dafür umso größer. Das müssen nur noch die Investorinnen akzeptieren.

Durchgängigkeit: Sie entsteht, wenn sich die Nachhaltigkeit wie ein roter Faden durch alle unsere Ideen, Philosophien und unser Handeln in sämtlichen Hierarchieebenen zieht. Das hat auch eine zeitliche Dimension. Dadurch entsteht Berechenbarkeit auch dort, wo Veränderungen und Neuerungen gefragt sind. Denn die Grundprinzipien und -überzeugungen bleiben bestehen und geben allen Mitarbeitern, Partnerinnen, Kunden und öffentlichen Instanzen eine Orientierung. Vertrauen entsteht auch durch die Balance aus Tradition und Innovation bei der Zuwendung zu Themen des Allgemeinwohls. Tradition schafft Kontinuität und Durchgängigkeit. Innovation ermöglicht im evolutionären Sinne Anpassung an die Umweltbedingungen.

Entscheidend ist: Durchgängigkeit entsteht nicht, weil PR-Abteilungen effektvoll Umweltziele ankündigen, die weit in der Zukunft liegen. Durchgängigkeit ist nur dann gegeben, wenn andere – die Medien, die Öffentlichkeit – ein Unternehmen auch so beurteilen. Das tun sie jedoch langfristig nur, wenn den Worten auch Taten folgen. Und das wiederum gelingt nicht, solange nur einzelne Abteilungen damit beauftragt sind, einzelne Maßnahmen umzusetzen. Vertrauenswürdig ist der, der seine Zuverlässigkeit in der Vergangenheit schon bewiesen hat. Es hilft, wenn die Unternehmenskultur dies fördert. Durchgängigkeit entsteht, wenn es in einem Unternehmen ausreichend Budgets für echte Lösungen gibt, statt das Geld in Greenwashing zu investieren. Das alles steht und fällt mit der inneren Haltung und der Kommunikation aller – vom Geschäftsführer über alle Hierarchieebenen hinweg bis hin zu jedem einzelnen Mitarbeitenden. Nachhaltigkeit ist dann nicht nur ein Thema der Unternehmenskultur. Nachhaltigkeit *ist* die Unternehmenskultur.

Die Kriterien der Ganzheitlichkeit, Wesentlichkeit und Durchgängigkeit lassen sich übrigens auch mit Belohnungswerten in Verbindung setzen, denn sie erzeugen bei allen Beteiligten eine Konsonanz zwischen Denken und Handeln. Die Belohnungswerte werden im Abschlusskapitel ausführlicher thematisiert. Jedenfalls ist ein Handeln, das im Einklang mit den eigenen Überzeugungen steht, wie eine sich selbst verstärkende Belohnung. Indem wir als Unternehmen durch unsere Verhaltensweise und Entscheidungen mittel- und langfristig erfolgreich sind, verstärkt sich unsere Motivation, künftig ebenfalls nachhaltig zu entscheiden und zu handeln. Das trifft zunächst auf die Mitarbeitenden zu. Es strahlt aber auch positiv nach außen aus, bis hin zu den Produkten und dem Unternehmensimage. So entstehen für die Menschen und für das Unternehmen Belohnungswerte nach innen und außen. Heute sind in dem Rahmen die drei Faktoren Ganzheitlichkeit, Wesentlichkeit und Durchgängigkeit deshalb ein fester Bestandteil unserer Strategie. Damit gelten sie für aktuelle Entscheidungen ebenso wie für unsere Zukunftsprojektionen.

Kommunikationskultur

Die genannten drei Prinzipien zeigen sich dann zum Beispiel in unserem Credo für das Marketing: Innere und äußere Kommunikation müssen sich entsprechen. Ich sehe die Unternehmenskommunikation als Teil eines im historischen Sinne aufgeklärten Zusammenlebens. Das schließt die Inhalte und Mittel des Marketings mit ein. Sicherlich ist es für manche ein hehres Ziel, das Marketing und die PR in den Dienst vertrauenswürdiger Informationen zu stellen. Ich glaube aber zutiefst daran, dass langfristig alle davon profitieren: die Unternehmen, die Konsumentinnen und die Gesellschaft. Momentan verharren erstaunlich viele Unternehmen bei den bereits genannten Marketingtricks und Greenwashing-Fallen. Die Karikatur einer unglaubwürdigen Firma ist wohl diejenige, bei der unzufriedene Mitarbeitende auf ein fröhliches Hochglanzimage prallen, wie das bei manchen Großunternehmen mit ihrer Angstkultur der Fall ist. Im Zeitalter der sozialen Medien kommt jedoch so eine Diskrepanz zwischen schönem Schein und schlechtem Sein unweigerlich heraus. Das ist jedem Image abträglich.

So kann es kaum überraschen, dass die Unternehmenskommunikation in der Krise steckt. Die Werbung gehört zum Beispiel laut Studien schon lange zu den unbeliebtesten Medieninhalten überhaupt. 90 Prozent der Bevölkerung empfindet sie als störend.[49] Niemand glaubt ihr mehr. Die Menschen sind dazu viel zu kompetent geworden. Dazu haben auch die Medien mit ihren Informationen und ihrer Aufklärung beigetragen. Manche Unternehmen mögen die entsprechenden Magazine für Verbraucher ärgern. Sie halten sie mitunter sogar für wirtschaftsfeindlich. Doch Aufklärungsjournalismus wie etwa die ARD-Dokumentation *Die Recyclinglüge* von 2022 helfen dabei, Greenwashing-Tricks aufzudecken. Auch bei den Kommunikationstricks, die niemand enttarnt, entwickeln die Verbraucher mittlerweile die aus der Sozialpsychologie bekannte Reaktanz: Sie spüren die Absicht der Schönfärberei hinter den aufmerksamkeitsstarken Bildern und Texten und reagieren verstimmt. PR-Leuten unterstellen sie mittlerweile fast durchgängig einseitige Interessen und Manipulationstendenzen, dem Marketing Beschönigung und Blendwerk. Werber gehören ohnehin schon lange zu dem Berufsstand mit der geringsten Glaubwürdigkeit.

Pauschalurteile sind wie immer selbstverständlich Blödsinn. Ich halte gutes Marketing für alle – Großunternehmen, Mittelständler und Start-ups – für unabdingbar. Ich komme selbst aus diesem Bereich und setze Marketing intensiv für unsere Produkte ein. Von meiner Seite aus wird es also kein Marketing-bashing geben. Aber ich halte ein Plädoyer für ein langfristig angelegtes Vorgehen, das sich vielleicht nicht im nächsten Quartal, aber in den nächsten Jahren auszahlt. Und sehr wohl auch mit Hedonis-

WAHRHAFTIGKEIT – ECHT JETZT?
KONSISTENTE BOTSCHAFTEN ÜBER ALLE STAKEHOLDER-EBENEN

Bei der Marke Frosch gilt in Bezug auf die Kommunikation der Grundsatz »innen wie außen«: Nur was das Unternehmen intern tatsächlich lebt und verwirklicht, kommuniziert es als Erfolg auch nach außen. Das ist kurzfristig mit Sicherheit etwas aufwendiger, langfristig belohnt es das Unternehmen aber durch hohe Vertrauenswerte.

mus und positiven Emotionen verbunden sein sollte. Die Kommunikationsprofis müssen sich insgesamt schon fragen, wieso ihr Ruf so verheerend ist. Immerhin ist ihre Arbeit unmöglich, wenn ihnen niemand mehr Glauben schenkt. Deshalb muss die PR-Branche ihrem eigenen Ideal auf breiter Front gerecht werden und eine echte und vertrauensvolle Vermittlerrolle zwischen Interessengruppen wie Unternehmen, Organisationen und Kundinnen übernehmen.

Meinungen zu vertreten und Informationen zu liefern ist vollkommen legitim. Die Medien und die öffentliche Meinung aus-

DER NACHHALTIGKEITSMARATHON: AWARENESS-VERTRAUEN VS. UMSETZUNGS-VERTRAUEN

Wenn immer mehr Unternehmen sich auf der Kurve nach rechts bewegen, verändert sich auch die Grenze zwischen Vertrauensgewinn und Vertrauensverlust: Bei einer Verschiebung der Grundlinie von 1 nach 2 stellen Appelle und Ankündigungen keinen Vertrauensgewinn mehr dar, sondern das Gegenteil – einen Vertrauensverlust. Auch der heutzutage viel beschworene Unternehmenspurpose droht, wenn er nicht mit wesentlichen Maßnahmen hinterlegt ist, als »Instant-Purpose« in die Vertrauensverlustzone abzusinken.

zutricksen und zu manipulieren nicht. Denn das zerstört Vertrauen und beschränkt so vor allem auch die Möglichkeiten, Ökologie mit Ökonomie miteinander zu verbinden. Unternehmen müssen über ihre Kommunikation stattdessen das Vertrauen ihrer Stakeholder wiederherstellen. Nur so können sie den schwierigen und langwierigen Weg zum Purpose-Unter-

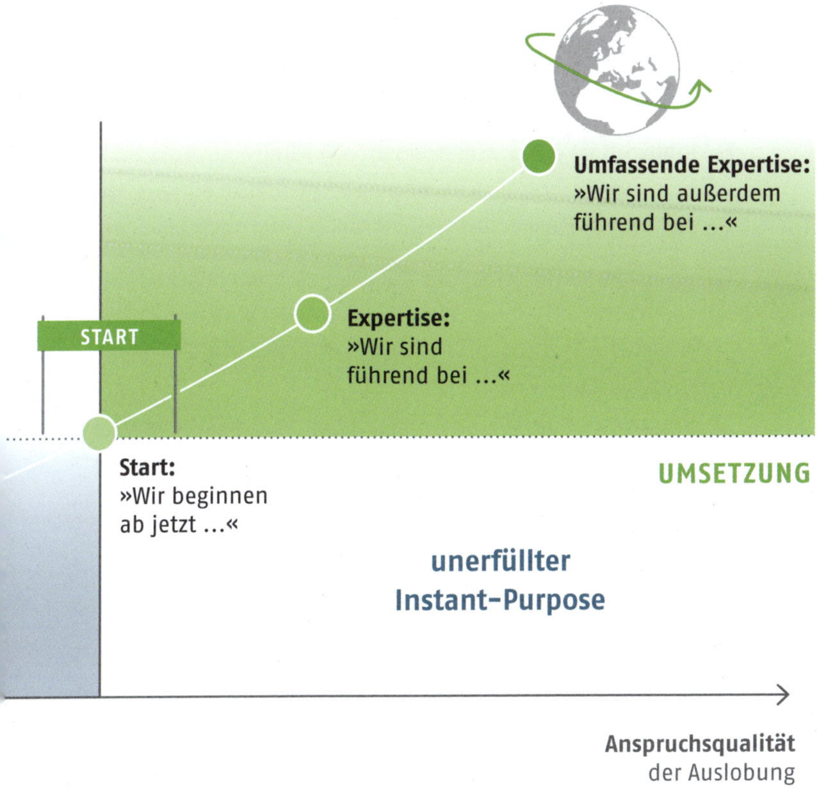

nehmen schaffen. Werbung, Marketing und PR müssen dafür eine wichtige Voraussetzung erfüllen: Sie müssen ehrlich sein können. Und das geht nur, wenn sie auf echter Qualität und Nachhaltigkeit aufbauen können, wenn sie ein Unternehmen, ein Produkt oder eine Dienstleistung verkaufen, die sie selbst als wirklich sinnhaft und gut wahrnehmen. Dann können und müssen sie dies kreativ und originell kommunizieren, denn auch Qualitätsprodukte verkaufen sich nicht von allein. Nur so eine authentische Kommunikation ist eine echte Antwort auf die längst gewachsene Kompetenz der kritischen Konsumenten. Es ist also wichtig, ehrlich zu sein und auch ehrlich sein zu können, weil das, was man anpreist, auch im Kern stimmt. Auch der Hedonismus ist dabei willkommen. Allerdings muss die Reihenfolge stimmen: erst das nachhaltige Qualitätserzeugnis, dann die kommunikative Begleitung für einen passenden Lebensstil.

Purpose-Marketing ist so ein integriertes Vorgehen, das Unternehmensziele und Allgemeinwohl unter einen Hut bringt und die Verbraucher ernst nimmt. Ist das der Fall, braucht es viel Transparenz. Das kann über unterschiedlichste Kanäle geschehen. Bei Frosch gibt es zum Beispiel detaillierte Werksführungen, Broschüren, Webauftritte, Erklärvideos, Pressearbeit in Fernsehen, Radio und Podcasts sowie alle möglichen Formen der Social-Media-Kommunikation. Zur Transparenz gehört dann auch eine offene Fehlerkultur. Wir verheimlichen nicht, wenn einmal etwas nicht funktioniert und etwa ein Produkt nicht den erwarteten Erfolg hatte.

Die positiven Reaktionen auf unsere Kommunikationskampagnen bestätigen mich in dieser Ansicht. In Umfragen steht die Marke Frosch mit Abstand an der Spitze der sogenannten *most trusted brands* – also der vertrauenswürdigsten Marken. Mit der gleichen Argumentation erhalten wir unter unabhängigen Fachjurys ebenso regelmäßig Preise und Auszeichnungen. Es funktioniert, da wir erst auf die Substanz unserer Produkte achten und erst dann die Kommunikation daraus ableiten. Hohle Werbesprüche, gar irreführende Slogans gibt es bei uns nicht. Ein gutes Image bedeutet natürlich noch nicht automatisch auch guten Verkauf. Bei Frosch aber verbindet sich das Markenvertrauen mit steigenden Umsatzzahlen sowie wachsenden Marktanteilen, und zwar über alle demografischen Gruppen hinweg, ganz besonders aber auch bei den jüngeren Konsumentinnen. Wir können mit unserer Purpose-Orientierung deshalb klar zeigen: Ökologie und Ökonomie lassen sich miteinander verbinden. Und dieser Weg schafft Wachstum. Der Ansatz wirkt auch bei denen, die die künftigen Märkte bestimmen. Wenn die Menschen einmal davon überzeugt sind, dass ein Unternehmen tatsächlich das gleiche Ziel verfolgt wie sie – nämlich den echten Schutz der Biosphäre –, dann werden sie zu Multiplikatoren. Das wiederum dient nicht nur dem geschäftlichen Erfolg. Es dient auch dem gemeinsamen Purpose. Diese Haltung geht mit einem inzwischen hohen sozialen Status einher. Auch hier gibt es in unserem Unternehmen eine Wechselbeziehung: Wir versuchen einerseits, die Konsumenten von unseren ökologischen Produkten zu überzeugen. Wir nehmen andererseits aber auch gerne ihre Ideen und Inspirationen auf. Denn uns geht es um das geteilte Interesse: Wir wollen gemeinsam mit unseren Stakeholdern die Welt lebenswerter machen.

Qualifiziertes Vertrauen

Vertrauen ist nicht nur ein unerlässlicher Faktor für eine belohnende psychologische Entlastung in einer krisengeschüttelten Welt, es ist auch elementar, um Ökonomie und Ökologie miteinander zu verbinden. Genauer gesagt, ist es das qualifizierte, also das begründete Vertrauen. Leider hat der an sich positiv besetzte Begriff »Vertrauen« auch eine Konnotation in Richtung Naivität, als unberechtigtes, blindes Vertrauen. Das qualifizierte Vertrauen, von dem ich hier spreche, ist jedoch anders. Es entsteht, weil Unternehmen durchgängig auf Basis von Prinzipien handeln und ihre Produkte und Prozesse eine faktisch überprüfbare Qualität liefern.

Qualifiziertes Vertrauen ist gekennzeichnet durch Gedanken und Werte, die auf die europäische Idee der Aufklärung zurückgehen. Es ist ein tragfähiges, gut vermitteltes Vertrauen, weil es auf lange

TOP 10 DER MEISTGENANNTEN NACHHALTIGEN MARKEN

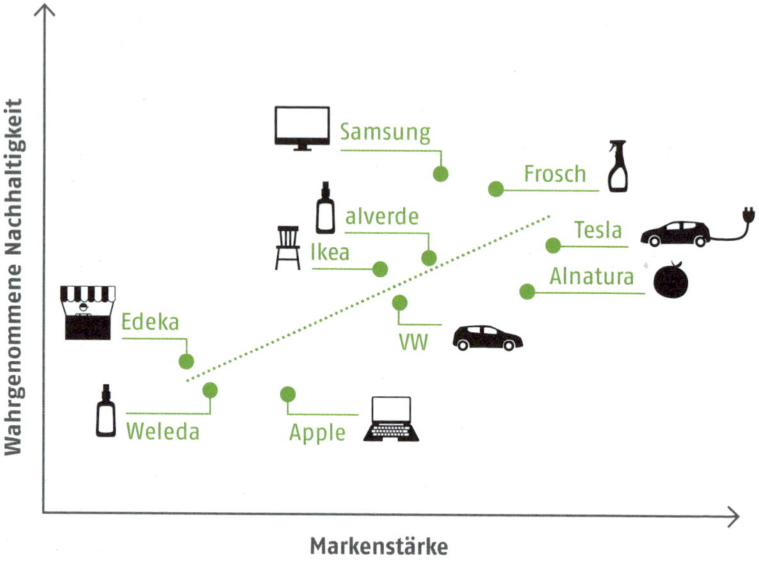

Quelle: ESCH Nachhaltigkeitsstudie 2022

Sicht entsteht: Wenn die Menschen – oder ihre Freundinnen oder Bekannten – bereits in der Vergangenheit entsprechend positive Erfahrungen mit einem Unternehmen machen konnten, gehen sie eher davon aus, dass es auch heute kein Greenwashing betreibt. Oder auch wenn eine unabhängige Wissenschaft, objektive Fachgremien, öffentliche Auszeichnungen und nicht zuletzt eine positive Medienresonanz einem Unternehmen eine einwandfreie Reputation bescheinigen. Dieses qualifizierte Vertrauen zu gewinnen, es zu pflegen und in angrenzende Marktbereiche hineinzutragen gehört zu den wichtigsten und hilfreichsten Mitteln, mit denen wir unsere Umweltherausforderungen lösen können.

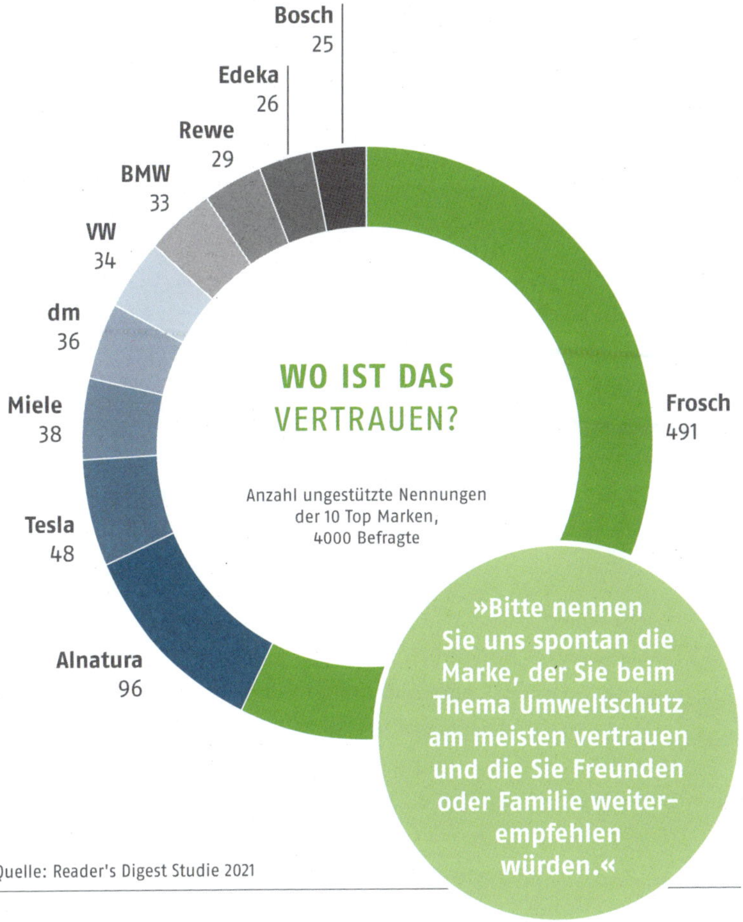

Quelle: Reader's Digest Studie 2021

Unabhängige Repräsentativstudien zeigen, dass die Marke *Frosch* einen überragenden Anteil aller spontanen Nennungen als nachhaltige bzw. Umweltschutzmarke erreicht. Und zwar sowohl bei der Frage, welche Marke einem beim Thema Nachhaltigkeit als Erstes *in den Sinn* kommt (links) als auch bei der Frage, welcher Marke man beim Thema Umweltschutz am meisten *vertraut* (rechts).

Das qualifizierte Vertrauen bestimmt zusammen mit einem positiven Lebensgefühl deshalb auch das Leitbild der Marke Frosch, unser sogenanntes Marken-Mindset. Die beiden Grafiken zeigen, wie uns die Konsumenten sehen. 2021 war Frosch mit überwältigendem Abstand die vertrauenswürdigste Marke im Bereich »Nachhaltigkeit« (rechte Grafik). Entschieden hat das eine unabhängige, von *Reader's Digest* initiierte, repräsentative Umfrage ohne Vorgabe von Antwortmöglichkeiten.

Diesen Erfolg haben wir nicht nur, weil wir gutes Marketing machen, sondern vor allem, weil wir es aus Überzeugung tun. Und das macht mich nicht nur persönlich stolz und motiviert alle Mitarbeitenden, sondern gibt uns als Unternehmen auch ein unbezahlbar stabiles Fundament für unsere Unternehmenskultur und unsere Position im Markt. Es macht uns resilient und ein Stück weit fast unangreifbar. Es wundert mich daher immer wieder, dass nicht viel mehr Unternehmer diesem Weg folgen.

Mein Klagelied ist daher auch nur noch halblaut. Denn früher oder später – hoffentlich nicht zu spät – wird unser Erfolg sowie der von Gleichgesinnten auch diejenigen überzeugen, die jetzt noch kurzfristig in Quartalen denken und handeln. Statt Menschen mit Kommunikationstricks zu verwirren, gewinnen wir sie mit Eindeutigkeit, Ehrlichkeit und Freude am Konsum nachhaltiger, angenehm anmutender und nützlicher Produkte. Und wir bauen ein verantwortungsvoll handelndes, soziales Netzwerk auf, in dem sich alle gegenseitig stärken. Die Unternehmerinnen, die sich diesen Werten verschreiben, sind dann nicht mehr »die da oben«. Sie verwirklichen vielmehr das, was zwar immer wieder gesagt, bislang aber immer noch nicht in aller Konsequenz getan wird: Sie werden Partner, Wegweisende und Vorreiterin für eine überlebensfähige und lebenswerte Zukunft. Zu erkennen sind sie an ihrer Haltung, die auf bewiesenen Fakten und Überzeugungen basiert, und ihrem konstruktiven Handeln, das Vertrauen weckt. Sie setzen alles daran, der nächsten Generation eine wiederhergestellte Natur zu hinterlassen. Deshalb ist ihr Handeln langfristig angelegt.

Veränderung ist ein Prozess

Damals, als ich als Berufseinsteiger zu Einstellungsgesprächen ging, wurde mir oft die Frage nach meinen negativen Eigenschaften gestellt. Eine beliebte Antwort auf diese ebenfalls beliebte Frage ist immer »die Ungeduld«. Denn dieses vermeintliche Handicap lässt sich im Sinne der Leistungsgesellschaft ganz leicht in eine Stärke ummünzen – nämlich eine vermeintlich besonders starke Motivation. Für mich gilt Geduld mittlerweile allerdings als eine wichtige Tugend. Vor allem dann, wenn es darauf ankommt, gründlich und nachhaltig zu arbeiten oder vorübergehende Rückschläge auszuhalten und zu überwinden. Und das ist wichtig. Denn der Weg hin zu einem Purpose-Unternehmen ist ein kontinuierlicher und, ja, auch langwieriger Prozess. Das schließt plötzliche Erkenntnis- und Handlungsspitzen nicht aus. Ohne drastische Umbrüche gäbe es keinen technologischen und sozialen Fortschritt. Doch die Kontinuität ist eher die Regel. Dazu gehört natürlich auch die Bereitschaft, Impulse aufzugreifen, zu bewerten und in ein flexibles Gesamtkonzept einzubauen. Aber zum Beispiel unseren Weg mit dem Konzept der Open Innovation und der Rezyklat-Initiative sehe ich weniger als Teil einer Art Revolution. Es gibt keinen plötzlichen Erkenntnisausbruch, keine Offenbarung, keine Erweckung. Wichtiger ist es, dass wir unsere Schlussfolgerungen immer wieder kritisch überprüfen. Schritt für Schritt gehen wir dabei vorwärts, ohne dass wir vorher eine fertige Vorlage hätten. Der Prozess kann, muss aber nicht spektakulär sein, das Ergebnis schon. Zumindest sollte es mit einem positiven Erlebnis verbunden sein.

Damit ein Unternehmen das leisten kann, muss man eine besondere Balance herstellen. Auf der einen Seite muss man eingeschlagene und bewährte Routinen fortführen. Auf der anderen Seite muss man aber auch regelmäßig kalkulierte Risiken eingehen und innovative Ideen in die Praxis umsetzen. Evolutionär und wissenschaftlich gilt hier das Motto von begründetem Versuch und lehrreichem Irrtum. Da können auf den ersten Blick seltsame Entwicklungen zu ganz neuen Lösungen und wichtigen Reaktionen führen, die vorher niemand so hätte absehen oder suchen können. Damit Mitarbeitende sich das zutrauen, müssen sich die Menschen im Unternehmen aber auch gefahrlos zwischen den Polen »Anpassung an die Unternehmenskultur« einerseits und »Ausbruch aus den Normen« andererseits bewegen können. Eine Herausforderung für Führungskräfte. Gleichzeitig ist es wichtig, eigene Annahmen und Entscheidungen regelmäßig kritisch zu überprüfen und zu hinterfragen. Hier helfen Lektionen aus der Wissenschaft, insbesondere die des Philosophen Karl Popper. Erkenntnis war für ihn ein stetiger Fluss aus Annahme und Überprüfung, also ein evolutionärer Prozess. Natürlich müssen Unternehmen Resultate liefern, die länger halten, als Popper sich das vermutlich vorstellte. Zwar lässt sich auch ein gutes Produkt immer noch durch ein noch besseres ersetzen. Doch das sollte lieber geschehen, weil es umweltfreundlicher ist, und nicht einfach nur, weil es größer, schneller oder teurer ist. Neues zu entwickeln ist daher – bei aller Begeisterung für Innovation – nie ein Zweck an sich. Jedes Ergebnis bestimmt die nächste Erkenntnis. Der Weg ist zwar nicht das Ziel. Aber er ist mindestens so spannend wie das Resultat.

Für diese Art der Pionierarbeit braucht es die Offenheit, von anderen zu lernen. Mich hat der Austausch von Erkenntnissen mit einer großen Bandbreite an Gesprächs- und Verhandlungspartner aus der Familie, dem Freundeskreis, der Wirtschaft, der Wissenschaft, der Politik, den Medien und den informellen Interessengruppen geprägt. Ohne sie und ihre Inspirationen würde ich heute nicht so überzeugt und hoffnungsvoll an die Machbarkeit einer umweltfreundlichen Wirtschaft glauben. Damit der Marathon zum Purpose-Unternehmen gelingt, sind meiner Erfahrung nach die folgenden Verhaltensweisen besonders hilfreich:

1. Erreichtes kommunizieren: Permanentes Understatement ist ehrenhaft. Doch auch gute Produkte verkaufen sich nicht von selbst. Deshalb ist eine positiv beeindruckende Kommunikation unerlässlich. Die entscheidende Frage dabei ist: Reicht das Erzählte oder zählt das Erreichte? Das heißt, dass die Öffentlichkeit den Weg des Unternehmens vor allem durch das bereits Erreichte bewerten können muss – und weniger aufgrund von Zukunftsversprechen. In Europa müssen die Verbraucherinnen nämlich nicht mehr vorrangig davon überzeugt werden, dass umweltfreundliche Produkte besser sind. Aber sie müssen sehr wohl davon überzeugt werden, dass ein Unternehmen sie tatsächlich umsetzt.

2. Wettbewerb der Ideen: Einen Einzelaspekt vorübergehend ökologisch zu perfektionieren schafft kein qualifiziertes Vertrauen. Unternehmen müssen die ökologische Wirkung ihres gesamten Sortiments nach dem aktuellen Stand der Wissenschaft konsequent optimieren. Was das derzeit Machbare ist, sollte sich – vor allem in preisaggressiven Massenmärkten – weder am aktuell Billigsten noch am Aufwendigsten orientieren. Die Ausrichtung auf Maßnahmen, die finanziell für das Unternehmen erträglich sind und dabei die höchste tatsächliche Umweltentlastung bieten, ist langfristig der beste Beitrag zum Unternehmenserfolg. Ein regelmäßiger Wettstreit im Unternehmen um die besten Konzepte sorgt für eine ausreichend breite Ideenauswahl.

3. Externe Prüfung: Unternehmen sollten ihre ökologischen Innovationen so oft wie möglich auf den Prüfstand unabhängiger Experten stellen. Auch wer der Meinung ist, die besten Ideen zu haben. Nur wenn wissenschaftlich bewiesen ist, dass eine Technologie tatsächlich dem Schutz der Biosphäre dient, sollte sie eine Chance auf Umsetzung haben. Dann sollten Unternehmen ihre Konzepte auch von externen Fachleuten einordnen lassen. Zum Beispiel, indem sie sich für hochrangige Umwelt-Awards bewerben und so der Bewertung einer Jury stellen. Das hilft, die normale Betriebsblindheit zu reduzieren, wertvolles Feedback zu erhalten und einen Überblick über die Best Practices zu bekommen.

4. Sparringspartner: Non Government Organizations (NGOs) – also Nichtregierungsorganisationen wie etwa Umweltschutz- oder Fair-Trade-Organisationen – sind als Sparrings-, Beratungs- und Kommunikationspartner von unschätzbarem Wert. Unabhängige und kompetente NGOs unterstützen die Glaubwürdigkeit eines Unternehmens. Die Auswahl der richtigen NGO kann dabei jedoch eine anspruchsvolle Aufgabe sein. Eine ausreichend kritische, aber dennoch konstruktive Haltung ist ein maßgebliches Kriterium. Auch hier werden auf Dauer gegenseitiges Vertrauen, Respekt und Verständnis wachsen. Unsere Kooperation mit dem NABU (Naturschutzbund) Deutschland begann beispielsweise bereits vor Jahrzehnten. Damals starteten wir gemeinsam ein lokales Projekt, das den Lebensraum des Laubfrosches in den renaturierten Rheinauen wiederherstellen sollte. Heute haben wir eine vielfältige strategische Zusammenarbeit mit der Umweltschutzorganisation – bis auf nationaler politischer Ebene.

5. Open Innovation: Selbstverständlich haben unternehmenseigene Fachgremien eine wichtige Kontroll- und Filterfunktion. Vor allem wenn es darum geht, kleinere Themen zu bewerten. Ein nüchterner Abgleich zwischen Selbst- und Fremdwahrnehmung aus der Perspektive unterschiedlichster Gruppen ist jedoch unerlässlich, um sich selbst zu testen und die eigenen Schwächen aufzudecken. Eines der faszinierendsten Instrumente dafür ist aus meiner Sicht die Open Innovation. Dadurch lassen sich hilfreiche Technologien mit Gleichgesinnten teilen. So steigt nicht nur der Nutzen einer Innovation. Es macht auch die Stückkosten akzeptabel. Selbst mittelständische Unternehmen überschaubarer Größe können durch die Open Innovation die Wirkung ihrer neuen Umweltverfahren über die Grenzen ihrer Marke und ihres Unternehmens erweitern und damit eine veritable Pionierleistung für den Umweltfortschritt vorweisen, die sich auch in der Kommunikation gut macht. Das wiederum stärkt das Vertrauen in die Marke. Idealerweise entsteht so eine Umwelttechnologieplattform, bei der andere Unternehmen nicht nur mitmachen, sondern ebenfalls ihre Innovationen einbringen. So wächst über längere Zeit ein Innovations- und Know-how-Netzwerk, das für alle Beteiligten attraktiv und profitabel ist und immer weitere mittelständische Innovatoren anzieht.

Der Projektphasenirrtum

Jede Erfindung braucht Ideengeber. Diese zu finden ist in der Regel keine plötzliche Eingebung, sondern ein mehrstufiger Prozess. Zu Beginn sind alle Mitarbeitenden offen für alle möglichen Richtungen. Dann wählen sie nach und nach die vermeintlich besten Ideen aus: Was passt sofort? Welche Vorschläge sollten wir weiterverfolgen? Welche stellen wir erst einmal zurück? Schließlich müssen die Teams ihre Entscheidungen treffen. Nun braucht es eine gewisse Disziplin, damit sie den gewählten Kurs nicht verlassen. Auf der einen Seite machen frühzeitig geäußerte Einwände Produkte und Verfahren besser und effektiver. Deshalb sollten Entwicklungsteams Kritik immer aufnehmen und das verbessern, was notwendig ist. Gleichzeitig muss das Ziel jedoch klar bleiben.

In Deutschland kommt man leider schnell an den Punkt, an dem Innovationsteams keinen Schritt mehr vorwärtsmachen und sich selbst blockieren. Ich nenne dies den Projektphasenirrtum. Es ist die gefährlichste Phase für ein Projekt. Dann fangen Entwickler an, um Perfektion zu ringen, kurz vor Schluss alle ihre Entscheidungen infrage zu stellen oder an neuen Teilen herumzupuzzeln, weil sie gerade eine wahnsinnig kreative Idee hatten. Doch man muss schon sehr gute Argumente haben, um ein gutes Projekt kurz vor dem erfolgreichen Abschluss noch einmal komplett aufrollen zu wollen. Neue Ideen haben dann eher die Chance, in einem neuen Projekt verwirklicht zu werden.

Mein Denken und Handeln sind geprägt von der Idee und den Erkenntnissen der Evolution. Wenn ich hier nun von Evolution in einem weiteren Sinne spreche, so meine ich damit immer auch einzelne Elemente, Organismen, Zeitabläufe, dynamische Prozesse und Weiterentwicklungen. Ein Unternehmen und seine Einzugsbereiche sind aus meiner Perspektive eine Art Organismus, der sich ständig evolutionär weiterentwickelt. Permanent produziert er neue Prozesse, Herausforderungen und Ergebnisse.

Unsere Kreislaufwirtschaft ist so eine am evolutionären Denken ausgerichtete Antwort. Sie bringt Ökologie und Ökonomie in Übereinstimmung. Erfolgserlebnisse dieser Art sind meiner Erfahrung nach die beste Motivation. Immer mehr Menschen sind bereit für Veränderungen. Unser Beispiel und viele andere sind sozial ansteckend. Sie führen im besten Fall zu weiteren Innovationen. So kann sich die Vorstellung immer weiter ausbreiten, dass Ökonomie und Ökologie sehr wohl miteinander im Einklang stehen können – dass also eine insgesamt ökologische Lebensweise möglich ist und damit ein gutes Leben für unsere Nachkommen. Das reicht bis hinein in die Politik. Ich habe es selbst erlebt, nachdem der sogenannte Superminister für Wirtschaft und Klimaschutz, Robert Habeck, unsere Ideen aufgegriffen hat. Diese Ausbreitung ist dringend notwendig.

Kapitel 11

Verantwortung und Vertrauen

»Alles Reden ist sinnlos,
wenn das Vertrauen fehlt.«
Franz Kafka

In den 1920er-Jahren ahnten Denkerinnen, Künstler sowie manche Politiker die Katastrophe eines neuen Weltkriegs, unvorstellbarer Massenmorde und entscheidender sozialer Umbrüche in der Geschichte voraus. Genau in der Mitte zwischen damals und heute, in den 1970ern, beschrieb die Rockband Supertramp das Gegenteil, die Ignoranz in Bezug auf die Krisen und Katastrophen, die uns heute erwarten. Eines ihrer Alben damals hieß *Crisis? What Crisis?*. Dieses Motto könnte man heute auf die Verweigerung zur Übernahme von Verantwortung übertragen, da so viele Menschen schlichtweg die Augen vor den notwendigen Handlungskonsequenzen für die Durchsetzung von Nachhaltigkeit verschließen: Verantwortung? Welche Verantwortung? Wer sich aber als Unternehmerin, Politiker sowie allgemein als Entscheidungsträgerin so ignorant verhält, wird kaum Vertrauen vonseiten der Kunden, der Bürgerinnen, der Menschen insgesamt erwarten können. Eine solche Erosion des Vertrauens erleben wir im globalen Maßstab in den 2020er-Jahren.

Nicht nur das Vertrauen schwindet: Wir erleben, wie zahlreiche Werte in Gefahr sind. Werte, die uns im sogenannten Westen lange unverrückbar erschienen. Die Demokratie etwa oder die Menschenrechte. Die Ereignisse seit 2020 haben die Sicherheit und Gewissheit dieser Werte infrage gestellt. Der Aufstieg extremer Populisten. Die bedrohlichen Momente beim Sturm auf das Capitol in Washington am 6. Januar 2021. Die Vernachlässigung der Menschenrechtsfrage vor und während der Fußballweltmeisterschaft in Katar. Es scheint, als stünden immer weniger Länder weltweit hinter diesen Werten. Tröstliche Geschehnisse wie das möglicherweise gescheiterte Comeback eines Trump oder die Abwahl eines Bolsonaro zeigen nicht zwangsläufig eine Trendumkehr an. 2022 sprachen auch die Medien von einer Zeitenwende. Die Coronapandemie war noch nicht vorüber, da überfiel Putin die Ukraine, und niemand konnte wissen, wie genau sich dadurch die globalen Machtkonstellationen verändern und neu ordnen würden. Europa war desillusioniert. Die Idee, dass Frieden und Wohlstand im Sinne des Fortschritts ein irgendwie vorgezeichneter, geradezu evolutionärer Prozess seien, war erschüttert. Darüber schweben, ständig präsent, die sich zuspitzenden Umweltkrisen. Trotz der vielen Appelle und Bekundungen, Verantwortung zu übernehmen und die bekannten Lösungspfade zu beschreiten, wurde so gut wie nichts, in jedem Fall viel zu wenig getan.

All diese Faktoren haben ein Angstszenario geschürt, das an die erwähnten Katastrophenahnungen der 1920er-Jahren erinnert. Zuversicht fällt in diesen Zeiten schwer. Verantwortung wird auf andere abgeschoben, immer weniger Menschen vertrauen darauf, dass sie von einer verantwortungsbewussten politischen und wirtschaftlichen Elite durch die unsicheren Zeiten geführt werden. Optimismus ist passé und mag es wohl auch für längere Zeit bleiben. An seiner Stelle verbreitet sich ein Ohnmachtsgefühl. Die bereits beschriebene erlernte Hilflosigkeit wird zum Leitprinzip.

Das alles ist aber kein zwangsläufiger Zustand. Je mehr Menschen im Alltag handlungsorientierte Verantwortung übernehmen, desto stärker wird das kollektive Sicherheitsgefühl. Erst recht, wenn Menschen an entscheidender Stelle dies tun. Diese Sicherheit entsteht, wenn Vertrauen geschaffen oder wieder hergestellt wird. Wenn die Menschen wieder das Gefühl haben, ihr Leben weitgehend unter Kontrolle zu haben. Dazu gehören auf der Seite der gesellschaftlichen Entscheidungsträger akzeptierte Glaubwürdigkeitsinstanzen wie seriöse Medien oder wahrhaft ökologische Unternehmen. Durch sie erfahren Menschen über längere Zeiträume hinweg, dass keine Tricks wie Ablenkungsfallen zum Einsatz kommen. Sie können ihnen vertrauen, da Worte und Taten übereinstimmen.

Spätestens durch den Ausbruch der Coronapandemie wurde für wirklich alle klar, dass die Natur nicht nur ein nettes, harmloses Werbebild aus einer der vielen Greenwashing-Kampagnen ist. Mit Naturphänomenen und -gesetzen lässt sich nicht verhandeln. Die Natur schlägt nicht einmal zurück. Sie macht einfach ihr Ding. Mit katastrophalen Folgen auch und besonders da, wo menschlicher Eingriff ihre üblichen Abläufe stört und unterbricht. Beim Virus mag nach wie vor nicht klar sein, ob seine Verbreitung durch menschliches Verhalten ausgelöst wurde. Beim Klimawandel und bei der Vermüllung des Planeten gibt es daran keinen Zweifel. Wider besseres Wissen wurde Verantwortung dennoch hin und her geschoben. Vertrauen entsteht so nicht. Als vermeintliche Beherrscherinnen der Welt durch Naturwissenschaft und Technik hatten wir Menschen uns über zu lange Zeiträume eine gewisse Hybris angewöhnt. Aus Mangel an Erfahrung überstieg es unsere Vorstellungskraft, dass die Existenz der Welt, wie wir sie kennen, in Gefahr ist. Über Jahrhunderte hatten wir Menschen uns die Erde scheinbar untertan gemacht. Scheinbar. Die Wirtschaft boomte, der Konsum stieg, der Menschheit ging es angeblich so gut wie nie zuvor. Hunger, Krankheiten und Kriege schienen für uns hier in der westlichen Wohlstandsblase allenfalls eine Bedrohung für weit entfernte Regionen der Erde. Frühere Epidemien wie Pest und Cholera kannten wir nur noch aus den Geschichtsbüchern. Ja, man hatte fast das Gefühl, der Mensch könnte schon bald mithilfe der Biotechnologie unsterblich sein.

Das änderte sich mit dem Jahr 2020. Fast wie zu den Zeiten der Pest oder der großen Kriege war der Tod durch die Coronapandemie wieder im alltäglichen Leben präsent. Die Bürger der westlichen Hemisphäre, die so lange durchaus vertrauensvoll, aber blind vertrauensvoll in Sicherheit gewogen hatten, mussten sich plötzlich wieder ihre Machtlosigkeit gegenüber Naturereignissen eingestehen. Ein Gefühl von Hilflosigkeit und kollektivem Kontrollverlust verbreitete sich. Viele versuchten, durch Schuldzuweisungen oder Verharmlosungen die kognitive Dissonanz zu reduzieren, in die sie gerieten, weil sie die Tatsachen nicht einfach beseitigen konnten. Und dennoch: So groß der Schock auch war, er führte nicht zu einem Umdenken oder der Bereitschaft, die noch viel eindeutiger absehbaren Katastrophen einzudämmen. Nicht einmal nach Katastrophen wie den Überflutungen an Ahr und Rhein im Jahr 2021 fingen die Menschen an, präventiv zu handeln.

Wir haben als Gesellschaft aus der Coronapandemie nicht gelernt. Anstatt denjenigen zu vertrauen, die schon lange vor den Folgen der menschlichen Eingriffe in die Natur gewarnt und konkrete Lösungen entwickelt und umgesetzt hatten, nutzten viele Wirtschaftsvertreterinnen sowie Lobbyisten das blinde Vertrauen argloser Verbraucherinnen aus. Es gab ja genügend Tricks, damit billig davonzukommen. Aus Bequemlichkeit oder kurzfristigem ökonomischen Interesse.

Große Teile der Menschheit waren während der Lockdowns entsetzt angesichts menschenleerer Städte. Im Nachhinein muss man vielleicht sogar vom Beginn einer neuen Ära der völligen Hilflosigkeit und eines totalen menschlichen Kontrollverlusts sprechen. Ausgelöst von einem Virus, dann vielfältig fortgesetzt von weiteren, langfristig noch schlimmeren Krisen. Der französische Präsident Macron hatte da bereits von einem kriegsähnlichen Zustand gesprochen. Und dann brach auf europäischem Boden auch noch ein echter Krieg aus. Ein Krieg, der deutlich machte, wie wenig weit es her ist mit der Vorstellung, die meisten politischen Führer seien bereit, globale Verantwortung zu übernehmen, wenn es zum Ernstfall kommt. Ganz im Gegenteil. Nicht nur das Vertrauen in einzelne Führungspersonen bröckelte. Auch der Glaube an international operierende Organisationen wie die Vereinten Nationen und ihre Wirkmechanismen und an eine immer bessere Welt waren erschüttert.

Bereits in Bezug auf die Coronapandemie hatte es intensive öffentliche und politische Debatten über Verantwortung, Prävention und Reaktion gegeben. Auf der einen Seite gab es die Hoffnung, man könne die Situation kontrollieren, die Gesundheit der Menschen schützen und Sicherheit wiederherstellen. Auf der anderen Seite die Sorge um die Freiheit und bürgerlichen Grundrechte. Irgendwann wirkten die Durchhalteparolen der Politik eher beunruhigend als tröstlich. Manche schüttelten den Kopf angesichts scheinbar ungezielter politischer Maßnahmen und bezeichneten sie sogar als Aktionismus. Aber: In solchen Situationen ist es zynisch, Sterberaten gegen Unternehmensverluste aufzurechnen, völlig egal, wie gigantisch Letztere sind. Zudem hat es eine gute, flexibel angelegte Wirtschaft noch immer verstanden, neue Stärken zu entdecken und neue Felder zu erschließen. Die Industriegeschichte ist voll von Beispielen solcher Einbrüche und anschließenden Erholungen. Die Vorgehensweise der Politik während der Coronapandemie war angesichts der großen Ungewissheit richtig und hatte im Großen und Ganzen zumindest in den europäischen Ländern – mit Ausnahme von Querdenkerinnen sowie Verschwörungstheoretikern – das Vertrauen der meisten Bürgerinnen. Meist ehrlich, auch bei Ungewissheit, immer begründet, zu Korrekturen bereit und zunehmend auf anerkanntem wissenschaftlichen Sachverstand aufbauend. Das Vertrauen hielt zumindest so lange, bis mit unterschiedlichen Lösungsansätzen wie Tests, Maskenpflicht oder Impfungen parteipolitische Auseinandersetzungen wieder losgingen und regional und national unterschiedliche Strategien die Orientierungslosigkeit zunehmen ließen.

Derweil war es neu für viele von uns, dass einem die Freiheit, mehr oder weniger spontan und egoistisch handeln zu können, im Gemeinschaftsinteresse für unbestimmte Zeit genommen werden konnte. Ein unsichtbares Virus hatte das freie Handeln in der Demokratie massiv eingeschränkt. Es kostete über ein Jahr und Millionen von Toten, bevor in Europa und anderen Weltregionen konsequente Impfungen und weitere strikte Maßnahmen spürbare Verbesserungen brachten. Viele Menschen mussten noch sehr viel länger ein hohes Risiko in Kauf nehmen. Von Europa aus betrachtet, schien der Menschheit zum ersten Mal seit dem Zweiten Weltkrieg die Kontrolle wirklich spürbar entglitten. Ob diese Kontrolle bis dahin tatsächlich bestanden hatte, ist eine andere Frage.

Schlechte und gute Seiten

Das alles zeigte neben der Bereitschaft vieler zur positiven Verantwortungsübernahme und zur Hilfsbereitschaft auch die potenziell negativen Seiten unserer Gesellschaft. Gerade die juristischen und politischen Umstände waren es, die während der Pandemie häufig eigenverantwortliches Handeln verhinderten. Privat organisierte Lüftungsapparate durften aus Haftungsgründen nicht in Klassenzimmern angebracht werden. Die Faxgeräte bei den Gesundheitsämtern übermittelten zunächst ab Freitagnachmittag keine aktuellen Daten mehr. Wir erlebten, dass manche Menschen lieber zu wenig taten, als Regeln zu überschreiten oder diese ohne Absicherung »von oben« etwas auszudehnen. Im Cyberspace entlud sich parallel dazu gezielte Bösartigkeit, gar Hass. Fake News über die Entstehung des Virus und seine Auswirkungen machten die Runde, ebenso wie wir dies schon beim Klimawandel erlebt hatten und leider immer noch erleben müssen.

Manche sahen gar eine schweigende, aber strafende *hidden hand* am Werk, die das egoistische Handeln der Menschen bestrafe. Und während die einen nach Schuldigen suchten, um eine scheinbare Ordnung in dieses beängstigende Chaos zu bringen, verfielen andere in blinden Aktionismus. Panische Hamsterkäufe ließen Supermarktregale leer werden – eine Reaktion auf den drohenden Kontrollverlust. Irgendetwas müssen Menschen anscheinend tun, um der Ungewissheit etwas entgegenzusetzen. Und sei es auch nur, Toilettenpapier zu horten. Die Bandbreite der Versuche, sich Sicherheit zu verschaffen, ist jedenfalls groß. Dabei handelt es sich umso mehr um eine Scheinsicherheit, je geringer das qualifizierte Vertrauen in die Verantwortlichen ausfällt. Bei der Nachhaltigkeit ist das übrigens viel einfacher und zielführender. Hier kann echte Kontrolle durch Handeln zumindest für den persönlichen und auch unternehmerischen Bereich leichter hergestellt werden, wie ich im letzten Kapitel zeigen will.

Während der Pandemie und den darauffolgenden Krisen bewiesen viele Menschen aber auch jede Menge Improvisationsgeist, Selbsthilfe, gegenseitige Unterstützung und Entscheidungsfreudigkeit, kurz Verantwortungsbereitschaft. Es gab öffentliche Maßnahmen und unbürokratische Hilfen, zum Beispiel durch Kredite für kleine und mittelständische Unternehmen. Dabei bezog die Politik auch die Umwelt in die Maßnahmen und das Leben nach der Krise mit ein. Das Umweltbundesamt wollte dazu die Konjunktur- und Investitionspakete, die die Wirtschaft nach der Krise wieder in Gang bringen sollten, mit Nachhaltigkeitszielen verbinden. Klimaschutz, Ressourcenschonung, Emissionsminderungen und eine nachhaltige Digitalisierung. Zudem sollten die Maßnahmen den europäischen Green Deal umsetzen. Europa wollte zeigen, dass Strukturveränderungen in Richtung Klimaschutz und Nachhaltigkeit möglich sind. Leider immer abgebremst durch die vielen Partikularinteressen der einzelnen Nationen.

Und so hätte in dieser Krise auch eine Chance liegen können. Mag der Satz auch noch so abgegriffen klingen. Hätte. Partiell hatten wir Menschen während der Pandemie das Klima geschützt. Indem wir vorübergehend nicht flogen und unsere Mobilität massiv einschränkten, reduzierten wir zeitweise schädliche Treibhausgasemissionen in einem Ausmaß, von dem kaum jemand zuvor zu träumen gewagt hätte. Die Pandemie hatte mutige Entscheidungen und drastische Veränderungen ausgelöst. Warum nur konnte und kann man bei den ungleich dramatischeren ökologischen Krisen nicht Ähnliches erleben?

Ein Grund ist sicherlich, dass das Virus plötzlich ausbrach und im Sinne einer Disruption in wenigen Tagen dramatische Nachrichtenbilder schuf. Die Situation war von jetzt auf gleich unkontrollierbar. Wir mussten sofort reagieren – egal wie. Die globalen Umweltkrisen haben sich dagegen allmählich entwickelt. Wir haben uns daran gewöhnen und Abstumpfungsmechanismen oder Ablenkungstricks aufbauen können. Wir konnten uns zudem damit beruhigen, dass wir sie irgendwann irgendwie angehen und dann auch kontrollieren könnten. Bis die Anzahl der Katastrophen so groß, so regelmäßig und so global flächendeckend geworden war, dass diese Beruhigung eigentlich nicht mehr hätte funktionieren können. Eigentlich, denn die Realität zeigt, dass der Wille zu konsequentem Handeln bei vielen gesellschaftlichen Akteuren selbst jetzt noch erschreckend gering ist.

Aus diesem Grund braucht unsere Gesellschaft unabhängige Instanzen, die uns durch fachliche Expertise kompetent Orientierung und Klarheit verschaffen. Eine unabhängige und praxisrelevante Forschung müsste in regelmäßigen Audits klar die Unternehmen, Technologien und Produkte benennen, die die Bewältigung der ökologischen Krisen verhindern. Das hat nichts mit Brandmarkung zu tun. Es geht darum zu überprüfen, ob Unternehmen die dringend überlebensnotwendige Verantwortung übernehmen, und diese gegebenenfalls auch einzuklagen.

Stattdessen gibt es regelmäßig Sciencewashing, ähnlich dem Greenwashing. Dazu benutzen Unternehmen die Ergebnisse von Wissenschaftlern, um Argument gegen Handlungsnotwendigkeiten zu erfinden – zum Teil ohne das Wissen und gegen den Willen der Wissenschaftlerinnen. Dazu verallgemeinern Unternehmen zum Beispiel wissenschaftliche Einzelergebnisse, um ihre einseitige Kommunikation zu unterfüttern. Oder sie interpretieren sie in einem Ausmaß, das die Forscher selbst als unzulässig empfinden. Ein Missbrauch der Wissenschaft.

Wirklich unabhängige Forscherinnen zeigen, wie es besser und präziser geht. Denn bei den Folgen von Klimawandel und Umweltverschmutzung gibt es in der Wissenschaftsgemeinschaft keinen Dissens mehr. Wissenschaftler müssen in allen Bereichen aktiv für ihre Erkenntnisse einstehen, nicht nur bei übergreifenden Themen. Um Menschen echte Handlungsalternativen und damit echte Feedbacks zu ermöglichen, wären Forschungsgremien hilfreich, die sich aus unterschiedlichen Fachdisziplinen zusammensetzen und nicht nur Waren testen, sondern auch die Herstellungsprozesse, Produktionsstrategien und -philosophien verschiedener Unternehmen miteinander vergleichen. Unabhängige wissenschaftliche Kompetenzzentren könnten den Unternehmen verbindliche Rückmeldungen dazu geben, wie sehr oder wenig zielführend ihr Ansatz für Nachhaltigkeit ist. Zudem wäre es ihre Aufgabe, mit marketinggetriebenen und unseriösen Forschungsergebnissen aufzuräumen. Opfer eines Sciencewashing könnte die Forschung durch die Community so nicht mehr werden.

Neben diesem größeren Ansatz wünsche ich mir für den unternehmerischen Alltag auch viel eindeutigere Voten für die guten und solche gegen die schlechten Ideen und Scheinevidenzen in den Nachhaltigkeitsstrategien vonseiten der Wissenschaft. Ein Beispiel ist die bereits mehrfach genannte Pyrolyse, die angeblich perfekte Nachhaltigkeit schafft und inzwischen sogar politisch als vorbildlich deklariert wird. In Wirklichkeit aber bestenfalls nur etwas weniger schädlich ist als andere offensichtlich irreführende oder wirkungslose Maßnahmen. Das ist sicherlich kein Musterbeispiel für Verantwortungsbewusstsein und kein Anlass, qualifiziertes Vertrauen aufzubauen.

Zwischen der Wissenschaft, den Unternehmen und den Bürgern gibt es zum Glück noch die Medienöffentlichkeit. Gute Redaktionen übersetzen und sortieren die Forschungsergebnisse für die Zuschauerinnen, damit diese nicht in die ganze Komplexität des Themas einsteigen müssen. Hier ist die manchmal beklagte hohe Dichte an Wirtschaftsmagazinen und Konsumenteninformationen im deutschen Fernsehen hilfreich. Leider gibt es aber immer wieder auch Beispiele dafür, dass nicht zuletzt die Medien für Verbraucherinnen durch ungenaue Mess- und Testmethoden fehlerhafte oder gar falsche Aussagen über Produkte und Unternehmen veröffentlichen – und das sowohl in positiver wie in negativer Richtung.

Verantwortungsträger	Vertrauen durch	Notwendige Voraussetzungen	Kurzfristige Konsequenzen	Langfristige Konsequenzen
Politik	Persönlichkeit	Überprüfbarkeit	Echtheit	Wahlerfolg
Medien	Statuten	Pluralismus	Faktenorientierung	Aufklärungskultur
Wirtschaft (insb. Geschäftsführerinnen und Management)	Qualitätswettbewerb	Gesamtstrategie	Qualitätsorientierter Weg	Langfristige Kundenbindung
Bürgerinnen und Bürger	Gegenseitigkeit	Gruppenbezug	Emotionale Belohnung	Erfüllung persönlicher Ideale

Qualifizierte Verantwortung und Vertrauen: Die Tabelle zeigt die Rolle verschiedener gesellschaftlicher Gruppierungen und deren notwendige Voraussetzungen für qualifiziertes Vertrauen.

Vernunft, Vertrauen, Verhalten

Wir brauchen also Verantwortung, die sich überprüfen lässt. Nur dann können wir unsere kognitive Dissonanz tatsächlich abbauen und nicht nur so tun, als ob. Wenn wir etwa messen, wie sehr unser verändertes Verhalten als Verbraucher die Umwelt entlastet, zeigt das jedem Einzelnen und jeder Einzelnen, dass Verhaltensänderungen wirklich sinnvoll sind. Während der Coronalockdowns konnte man beobachten, dass der menschliche Stillstand zu einer wenn auch unfreiwilligen Umweltentlastung geführt hat. Stille. Saubere Luft. Gesunkene CO_2-Emissionen. Es geht also, grundsätzlich. Wir sollten nur für deutlich angenehmere Bedingungen sorgen, sodass wir in Humes Sinne die moralisch vernünftige Handlung mit einem guten Gefühl koppeln, damit genügend Menschen das auch dauerhaft wollen.

Eine wesentliche Rolle spielt dafür die Ökonomie. Neben nationalen und internationalen Organisationen und zahlreichen öffentlichen und informellen Instanzen kommt den Unternehmen eine Schlüsselfunktion zu. Es ist nicht einmal eine Frage der Moral, es ist schlicht eine des Überlebens der eigenen und der künftigen Generationen, Praxislösungen für mehr Umweltschutz zu entwickeln und anzubieten. Jede Volkswirtschaft muss darauf vertrauen können, dass die Unternehmerinnen auch Verantwortung für die Menschen, die Gesellschaft und die Umwelt aus Einsicht und auch Eigeninteresse übernehmen. Es muss Teil ihrer DNA, ihrer Firmenkultur sein. Und zwar nicht nur als Behauptungen in Hochglanzbroschüren oder Presseankündigungen, sondern als gelebter Unternehmensalltag.

Eine solche Rolle hat nicht zuletzt der Mittelstand. Er ist eine anerkannte Institution des öffentlichen Lebens. Zumindest in der jeweiligen Region, in der er als Arbeitgeber und auch kultureller Träger seinen Teil zum Gemeinwohl beiträgt. Die Politik und die Medien sehen diese Aufgabe häufig eher bei den Großunternehmen, denn sie sind omnipräsent. Aber in der Öffentlichkeit hat inzwischen das Ansehen der Großunternehmen gelitten. Auch weil sie zu häufig den Vertrauensvorschuss bei der Nachhaltigkeit verspielt haben. Manchmal, weil die Interessen ferner Unternehmenszentralen mehr zählen als die Belange von Gesellschaft und Öffentlichkeit vor Ort. Umso mehr ist es eine zentrale Aufgabe des Mittelstandes, das Vertrauen in die Wirtschaft wiederherzustellen und zu erhalten. Das passt zwar nicht zum Neoliberalismus im Stil des späten 20. Jahrhunderts. Es passt aber umso mehr zu der inzwischen ausgerufenen Zeitenwende im 21. Jahrhundert. Der früher häufig ins Spiel gebrachte Widerspruch zwischen Ökonomie und Ökologie ist Unsinn. Ganz ohne Pathos und romantische Verklärung verfolge ich entsprechend das Motto »Unternehmen für die Biosphäre«. Unternehmen, verstanden als ein Aufbruch für das große Ziel in einem allgemeineren Verständnis für die Biosphäre als die Gesamtheit der mit Leben erfüllten Räume, also für unsere Welt. Mit fast ungebrochenem Optimismus plädiere ich dafür, auf das Einfluss zu nehmen, was wir evolutionär noch in der Hand haben.

Es gibt trotz aller Krisen immer noch Grund zur Hoffnung. Die Bevölkerung hat die Vorhersagen der Klimaexperten noch nie so bereitwillig aufgenommen wie jetzt. Viele Fachdisziplinen, wie beispielsweise die Medizin, erleben seit der Pandemie ein deutlich gestiegenes Interesse an und Vertrauen in Forschung und Wissenschaft.[50] Und inzwischen werden die übereinstimmenden Forschungsvorhersagen zum Klimawandel endlich ernst genommen. Jetzt müssen wir nur noch handeln. Das ist die Crux.

So gesehen, hätte die Coronapandemie, die so starke Gefühle in uns geweckt hat, zu einer grundlegenden gesellschaftlichen Umorientierung führen können und müssen. Man hatte gemerkt, dass Freiheit keine Selbstverständlichkeit ist und unsere bisherige Alltagsnormalität ein Privileg. Man könnte auch sagen, die Pandemie war zunächst eine gute Übung in Demut für uns und müsste es noch immer sein. Eine Demut, die im Kontrast zum bisherigen Anspruchsdenken des verwöhnten Wohlstandsmenschen steht, der alles, was er von anderen Menschen oder der Natur bekommt, als schlichtweg selbstverständlich ansieht. Einige haben durch die Pandemie gelernt, weniger hedonistisch zu handeln, sich mehr zu hinterfragen und die Konsequenzen der eigenen Taten auf die gesamte Welt wahrzunehmen. Manche haben gelernt, wissenschaftlichen Ergebnissen zu vertrauen, vernünftig zu sein und auf einen kurzfristigen Lustgewinn zugunsten des Allgemeinwohls zu verzichten. Diese unfreiwillige Übung hätte auch beim Klimaschutz helfen können. Wenn nicht inzwischen die fast noch komplizierteren Krisen wie Krieg, Energienotstand, Wirtschaftseinbruch und eine Neusortierung der globalen Einflusssphären hinzugekommen wären.

Wir hätten es schaffen können, deutlich konsequentere Gesetze zu erlassen, verbindliche globale Vereinbarungen zu treffen und zu erkennen, dass es Wichtigeres geben kann als materiellen Gewinn um jeden Preis. Doch leider scheint das Überleben der Menschen und ihre Gesundheit kein vordringliches Thema auf der internationalen Agenda gemeinsamen Handelns zu sein, wie das Ergebnis der Klimakonferenz in Ägypten Ende 2022 einmal mehr zeigt. Trotz aller Bekundungen. Wir sehen nicht nur die Rückkehr zu nationalen Egoismen, sondern auch eine zur Verweigerung notwendiger Kooperation. Ob diese Lektion uns etwas lehrt, was dem ursprünglich formulierten Common Sense entspräche, also dem gemeinsamen Sinn für das, was dem Gemeinwohl dient? Ein globaler Common Sense wäre wohl, die Natur als Faktor für das Gemeinwohl genauso wichtig zu nehmen wie die Wirtschaft. Wenn wir mit diesem Bewusstsein an unser Klima denken, sollte sich auch unser Blick auf unsere »Um-Welt« verändern. Individuell, zwischenmenschlich, kulturell und auf die verschiedenen Branchen unserer Wirtschaft bezogen.

Wenn Staaten kurzfristig Hunderte Milliarden zur Bekämpfung von Corona freisetzen konnten, wenn mit dem Krieg Hunderte von Milliarden für die Sicherheitsarchitektur in Europa ausgegeben werden sollten, müsste das Gleiche für den Umweltschutz getan werden, also für unser aller Überleben. Das hieße verantwortliches Handeln. Es gibt keine Alternative. Globale Märkte können nur in einer gesunden Natur gedeihen. In dieser neuen Welt müssen die Interessen aller gehört und das Leben neu ausgerichtet werden. Das ist möglich, wenn wir nur endlich den Fortschritt schaffen, der im Einklang mit der Natur steht. Dazu müssen wir in der Tat vieles ändern. Verantwortung heißt dann: Die Politik muss bei ihrer Gesetzgebung der Nachhaltigkeit eine höhere Priorität geben. Wie oft sollen wir das noch fordern? Wie viel nach wie vor unsinnige Subventionen werden durch geschicktes Lobbying stattdessen weiterhin verschleudert? Die Wirtschaft muss neue Produktionsverfahren und ein neues Marketing umsetzen. Wir alle müssen unsere Einstellungen, unser Bewusstsein und unser Verhalten verändern.

Das war das Gute im Schlechten der COVID-19-Pandemie: Wir haben gelernt, dass entschlossenes Handeln sehr weitreichende Konsequenzen haben kann – auch positive. Denn wo der Mensch die Ursache des Dramas war und ist, wie bei der Zerstörung der Umwelt, kann er auch der Ausgangspunkt für das Gegenteil sein. Genau das lässt mich optimistisch sein. Die Erkenntnis, dass eine weitgehend positive Wendung immer noch möglich ist, lässt sich an vielen Beispielen belegen. Auch meine eigene Praxis bestätigt es. Es müssen jedoch viele Menschen und Organisationen sein, die bereit sind, Umweltschutz konsequent umzusetzen, wie das Beispiel der Kreislaufwirtschaft zeigt. Wir müssen damit aufhören, die Verantwortung auf die anderen zu schieben, dürfen nicht den Figuren in Dürrenmatts *Besuch der alten Dame* nacheifern.

Dass niemand mehr mit seinem zerstörerischen Verhalten durchkommt, dazu möchte ich beitragen. Nicht aus Rache, sondern weil es der aufgeklärte, der Mehrheitsmeinung der Wissenschaft verpflichtete Common Sense verlangt. Romantik und Sympathie helfen dabei wenig bis gar nicht. Pragmatismus und nüchterne Lösungsorientierung sind notwendig. Dabei kann und muss die Wissenschaft den Realitätscheck übernehmen. Über dynamische Zukunftssimulationen und digitale Modelle kann sie die ökologischen Zustände voraussehen.

Schuld, Verantwortung, Haltung

Nun wird bei einer solchen Debatte nur zu gerne die Schuldfrage gestellt. Das mag menschlich sein. Dabei besteht aber die (oft ungewollte) Gefahr, eine weitere Ablenkungsfalle zu installieren. Zum einen spielt man damit das klassische destruktive Spiel von endlosen Bezichtigungen, Verteidigungen und Gegenbezichtigungen. Das bringt uns nicht voran. Jedenfalls, wenn man dabei stehen bleibt. Im Gegenteil. Diejenigen, die eigentlich handeln müssten, können so die Verantwortung verlagern. Das kostet uns Zeit, die wir schlicht nicht mehr haben. Ich verweise auf Dürrenmatts schon erwähntes Stück *Der Besuch der alten Dame*. Auch Dürrenmatt erkannte: Wenn wir die Verantwortung auf ganz viele verteilen und jede und jeder sie wegschiebt, dann übernimmt sie am Ende niemand mehr. Damit muss nun Schluss sein, unser Überleben steht auf dem Spiel.

Wir können nicht immer darauf beharren, dass wir unsere maximale Freiheit haben wollen, wenn es uns passt, und darauf verweisen, dass wir nichts tun könnten, wenn es für uns unbequem oder erst einmal von Nachteil ist. Ja, der Wert der Freiheit wiegt schwer, doch eine sinnstiftende Ausrichtung unseres Handelns ist genauso wichtig. Wer seine Freiheit, auch auf Kosten anderer, über alles stellt, lehnt selbstverständlich jede Regulierung ab. So jemand wird sich nicht von seinem inneren moralischen Kompass leiten lassen. Deshalb müssen diejenigen, die nicht einsichtig sind, mit zunächst sanften, aber effektiven Mitteln sanktioniert werden können, wenn ihr Verhalten dem Allgemeinwohl schadet. Die folgende Tabelle zeigt dazu einige Stichpunkte im Spannungsfeld zwischen Freiheit und Orientierung (sprich Sicherheit), das auch in der Nachhaltigkeitsdebatte von Bedeutung ist. Optimal ist eine Balance zwischen ausgeprägter Freiheit, die aber mit Verantwortung einhergeht, und einem hohen Maß an Orientierung auf Basis kompetenter und vertrauenswürdiger Expertise. Bei großer Freiheit keine Orientierung zu bieten führt zu Beliebigkeit. Eine starke Orientierung im Sinne einer vorgegebenen Sicherheit bei geringer Freiheit entspricht einem autokratischen System. Wenig Orientierung bei geringer Freiheit schafft Dystopie und Hilflosigkeit. Um Nachhaltigkeit zu erreichen, braucht es die Balance zwischen beidem – maximal mögliche Freiheit *und* Orientierung.

	viel Freiheit	**wenig Freiheit**
viel Orientierung	Vertrauen Verantwortung	Fremdbestimmung Äußere Sicherheit
wenig Orientierung	Eigeninteresse Beliebigkeit	Willkürherrschaft Dystopie

Die Konsequenzen des Mix aus Freiheit und Orientierung

Die Schuldfrage ist auch deshalb letztlich müßig, weil sie dazu führt, dass sich Menschen im schlechten Gewissen suhlen. Dann müssen sie Buße tun, um sich reinwaschen zu können. Dann floriert der moderne Ablasshandel, bei dem Menschen, Unternehmen und Regierungen symbolische Umweltzertifikate kaufen. Oder man übt sich in Askese in der Hoffnung, der Umwelt damit etwas Gutes zu tun. Jeder und jede mag so asketisch leben, wie er oder sie es möchte. Dies allein ändert am Zustand der Welt grundsätzlich zu wenig – zumal Askese allein für viele Menschen zu wenig Belohnungswerte bereithält, um langfristig durchgehalten zu werden. Insofern dürfte eine enthaltsame Attitüde bei vielen auch eher das eigene schlechte Gewissen beruhigen. Oder es führt gar dazu, sich anderen moralisch überlegen zu fühlen. Statt auf Askese und Schuldgefühle zu setzen, plädiere ich dafür, konstruktive Erfahrungen und positive Leitbilder für umweltfreundliches Verhalten zu liefern und so zum Handeln zu motivieren. Dieses Handeln und Verändern wirken nicht nur durch Belohnung positiv auf den einzelnen Menschen, wie das folgende Kapitel zeigt. Sie vertragen sich auch mit einer Art von Hedonismus, bei dem Menschen naturfreundliche Produkte unbeschwert nutzen können und diese für ein positives Lebensgefühl stehen.

Zehn Kernsätze für den Biosphärensinn

Es wurden nun sehr viele Akteure und Instanzen beschrieben und analysiert, die an der Entwicklung der Nachhaltigkeit verantwortlich beteiligt sind. Auf der Basis der in diesem Buch vorgestellten Gedanken und Beiträge zur Debatte über Nachhaltigkeit, Vertrauen und den Biosphärensinn formuliere ich hier noch einmal zusammenfassend zehn Kernsätze zum künftigen Denken und Handeln. Denkansätze und Handlungsformen, die angesichts der sich zuspitzenden Krisen in der Welt dringend notwendig sind. Das Ziel ist ein System, das die Natur erhält und stärkt und nicht zerstört. Das können wir gemeinsam errichten. Mit Selbstbewusstsein und Demut; mit Enthusiasmus und Sachlichkeit; mit Reflexionsfähigkeit und dem Willen voranzugehen.

1. Wir brauchen Kreislaufwirtschaft statt Müll

Eine echte Kreislaufwirtschaft schont und bewahrt die natürlichen Ressourcen. Sie hilft, Schadstoffe zu reduzieren und Energie deutlich zu sparen. Entscheidend ist, dass sie das Prinzip der linearen Wertschöpfung durchbricht: Anstatt aus Rohöl immer mehr Plastikmüll zu machen, macht sie Plastikmüll zu einer wertvollen Ressource, die wir im Prinzip endlos weiterverwenden können. Echte Kreislaufwirtschaft braucht keine Ablenkungsfallen wie etwa die Pyrolyse. Sie gibt nicht vor, ein geschlossenes System zu sein – sie ist es. Eine echte Kreislaufwirtschaft verarbeitet Material so, dass seine Eigenschaften vollständig erhalten bleiben. Den Begriff »Müll« brauchen wir dann nicht mehr. Wir sprechen nun von »wertvollen Rohstoffen«.

2. Menschengemachte Krisen sind kein Naturgesetz

Menschen können die Krisen, die sie selbst gemacht haben, auch wieder lösen. Krieg ist zum Beispiel kein Naturgesetz. Frieden, Kooperation und soziales Verhalten sind weitaus typischer für die Menschheit als Zerstörung und Gewalt. Das gilt für den Umgang der Menschen untereinander und auch für unseren Umgang mit der Welt. Alles andere wäre paradox. Zudem ist der Mensch ein Mensch, weil er antizipieren kann. Er hat in seinem sozialen Gefüge seit der Antike, spätestens seit der Aufklärung, die Wissenschaft als Werkzeug, das es ihm erlaubt, mit verlässlichen und überprüfbaren Methoden die Gegenwart zu erfassen und die Zukunft zu antizipieren. Diese unabhängige Wissenschaft zeichnet uns derzeit ein Bild von einer Umweltkrise, die unsere größte Bedrohung seit Menschengedenken ist. Genau die gleiche Wissenschaft bietet uns aber in buchstäblich letzter Sekunde Wege aus dieser Krise. Die Wirtschaft, die Politik und die Zivilgesellschaft müssen sich dieser Möglichkeiten systematisch bedienen, ohne die Mehrheitsmeinung der Wissenschaft manipulieren zu wollen. Es ist schwierig und wird noch schwieriger werden, aber es geht.

3. Wir müssen die Ablenkungsfallen enttarnen

Jede Veränderung ruft Widerstände hervor. Auch die Auswege aus der Krise. Ein Grund ist, dass manche an Abkürzungen glauben. Ihnen sind die echten Lösungen zu teuer.

Ein anderer Grund liegt darin, das manche Angst vor dem Statusverlust haben. So aktivieren die Menschen ganze Systeme von Ablenkungsfallen, um Veränderungen zu verhindern. Es gibt Scheinkreisläufe, Greenwashing oder gar Greenbashing. Doch diese Ablenkungsfallen funktionieren immer weniger. Die Menschen brauchen Vertrauen in überprüfbar wissenschaftliche Kriterien und Unternehmen, die danach handeln. Die zunehmend durchsichtigen Ablenkungsfallen versuchen zwar immer noch, dies auszuhebeln. Doch nur wahrhaft vertrauenswürdige Unternehmen sind langfristig im Markt erfolgreich. Qualifiziertes Vertrauen ist das bessere Mittel gegen Widerstände und Ablenkungsfallen.

4. Medien müssen informieren

Unabhängige Massenmedien sind in unserer Gesellschaft die vierte Gewalt. Sie sollen die Bürger über relevante Themen informieren, Missstände und Fehlentwicklungen aufdecken und die anderen gesellschaftlichen Akteure kritisch hinterfragen. Dazu müssen sie gründlich recherchieren und die Entscheidungs- und Handlungskompetenz der Menschen stärken. Aus diesem Grund müssen sie auch über die Umweltkrise so objektiv wie möglich berichten. Das bedeutet auch, dass sie wissenschaftliche Analyse und praktische Lösungen – etwa beim Klimaschutz und zum Recycling – angemessen wiedergeben und diese nicht zugunsten spektakulärer, aber unseriöser Wortführerinnen zurückstellen. Eine False Balance muss dabei vermieden werden.

5. Marketing muss wahrhaftig sein

Marketing ist gut und wichtig, wenn es auf tatsächlich umweltfreundlichen und hochwertigen Produkten und Dienstleistungen aufbauen kann. Es sollte auf Sinn, also auf Purpose, basieren. Denn nur wenn ein Unternehmen tatsächlich sinnstiftend handelt und gesellschaftliche Verantwortung übernimmt – also über die billigen Greenwashing-Tricks hinausgeht – und eine glaubwürdige Gesamtstrategie im Dienst einer umfassenden Nachhaltigkeit verfolgt, kann Kommunikation tatsächlich überzeugend sein. Nur dann baut sie qualitatives Vertrauen zwischen Unternehmen und Markt auf. Egal, ob die Kommunikation über Traditionsmedien, Social Media oder den persönlichen Austausch läuft. Marketing muss Wahrhaftigkeit vermitteln!

6. Wir alle tragen Verantwortung

Jeder Mensch ist ein Teil des gesamten ökologischen Systems. Entsprechend können und müssen wir alle im Rahmen unserer Möglichkeiten Verantwortung übernehmen, zumindest für unser Leben, am besten aber auch für unser soziales Umfeld. Nachhaltiger Konsum darf dabei nicht automatisch Verzicht bedeuten. Er muss vielmehr verantwortliches Verhalten durch Belohnung verstärken. Wenn Qualitätsprodukte die Umwelt schützen und dennoch einen fröhlichen, trendkonformen, hedonistischen Lebensstil verkörpern, gelingt die Veränderung. Menschen übernehmen gerne Verantwortung, wenn sie sehen, was sie tun können, und dabei bestärkt werden.

7. Die Politik trägt noch mehr Verantwortung

Das Gleiche gilt erst recht für Politiker. Sie müssen ebenfalls Verantwortung übernehmen, sich gründlich informieren und eine Balance finden zwischen den Interessen Einzelner und denen der Allgemeinheit. Sie dürfen die Verantwortung nicht abschieben. Selbst wenn in den deutschsprachigen Ländern das Treiben der Lobbyistinnen für die Fossilindustrie nicht ganz so verheerend und umweltzerstörerisch sein mag wie in den USA. Ihr Einfluss auf die Politik muss noch deutlich transparenter werden, als das bislang geplant ist. Es fragt sich, ob öffentliche Absprachen und Hinterzimmerdeals überhaupt noch legitim sind. Stattdessen muss die Regierung etwa auf dem Verordnungsweg klare Vorgaben und vor allem Anreizsysteme schaffen. Ein funktionierender Markt für Rezyklate könnte zum Beispiel ein echter deutscher Exportschlager werden.

8. Wirtschaft muss Ökonomie und Ökologie verbinden

Jedes Unternehmen muss in den Augen der Gesellschaft eine Glaubwürdigkeitsinstanz für Nachhaltigkeit werden. Mit anderen Worten: Es muss Ökonomie und Ökologie tatsächlich miteinander verbinden. Andernfalls schadet sich die Wirtschaft letztlich auch selbst. Wenn die Munich RE den weltweiten Schaden des Klimawandels im Jahr 2022 auf 250 Milliarden Dollar beziffert, wirkt sich das auch auf jede einzelne Firma aus.[51] Nur wenige dürften von diesen Krisen noch profitieren. Daher müssen wir nachhaltiges Verhalten in der Wirtschaft überprüfen, ähnlich wie eine Steuerprüfung vor Ort. Eine Orientierung können dabei die drei Kriterien liefern, die wir im Laufe unserer Erfahrungen aufgestellt haben: Ganzheitlichkeit, Wesentlichkeit und Durchgängigkeit. Ob ein Unternehmen diese erfüllt oder nicht, lässt sich wissenschaftlich prüfen und in Form eines Index darstellen. Der dann in regelmäßigen Audits verifiziert werden müsste. Ähnlich einer Steuerprüfung. Es mag mühsam klingen und nach zusätzlichem administrativen Aufwand. Doch dieser ist gerechtfertigt, leistbar und berechenbar. Denn noch mehr als zum Beispiel bei der Steuer geht es hierbei um einen gerechten Beitrag aller für das Gemeinwesen. Dieser administrative Aufwand zahlt sich mittel- und langfristig aus, weil wir und unsere Nachkommen dadurch überleben. Solche Audits würden zum einen die Verantwortung der Wirtschaftsakteure einklagbar machen. Zum anderen würde dies das Vertrauen der Menschen in die Unternehmen und den Staat stärken.

9. Qualifiziertes Vertrauen ist die Basis

Der Kitt, der all die genannten Kernsätze zusammenhält, ist das qualifizierte Vertrauen. Es entsteht, wenn ein Unternehmen kontinuierlich ehrlich nachhaltige, attraktive und wirksame Produkte auf den Markt bringt sowie entlang der gesamten Wertschöpfungskette im besten Sinne verantwortlich handelt.

10. Open Innovation führt zu Win-win-Situationen

Wer Innovationen im Dialog mit anderen entwickelt und danach mit Unternehmen teilt, hat mehr davon. Vor allem mittelständische Unternehmen profitieren bei der Entwicklung nachhaltiger Produkte von intelligenten Kooperationsmodellen, die den Return on Investment gemeinsam sicherstellen. Dass sie Innovationen liefern, die alle bereichern, trägt zu ihrer Glaubwürdigkeit und Reputation bei und ist damit ein Imagegewinn. So zahlt sich Open Innovation in jeder Hinsicht für das Unternehmen aus und trägt auch zu einer besseren Welt bei.

Die Realisierung all dieser Aspekte durch angemessene Mittel schafft nicht nur größere Verantwortungsbereitschaft. Sie stärkt auch zugleich das Vertrauen in die, die Verantwortung übernommen haben. Freiwillig, auf sanften oder gar auf weniger sanften Druck hin – in jedem Fall steigt das Vertrauen aller, dass klare Nachhaltigkeitskriterien auch tatsächlich eingehalten werden. Zusammengenommen sind damit Grundlagen gelegt für das, was man in Erweiterung des Begriffs soziale Marktwirtschaft die nachhaltig-soziale Marktwirtschaft nennen kann.

Kapitel 12

Belohnungswerte und Evolution

»Es gibt in der Natur keine Belohnungen oder Bestrafungen. Es gibt nur Konsequenzen.«

Robert Green Ingersoll

Dieses Buch begann mit einer Beschreibung der dramatischen Situation, in der sich die Welt heute befindet. Kurzfristige Kriege und Katastrophen sind schlimm genug. Wirklich unerträglich aber ist die Tatsache, dass wider besseres Wissen so gut wie gar nichts Grundlegendes gegen die menschengemachte Zerstörung unseres Planeten und seiner Natur getan wird. Pamphlete gibt es zuhauf. Aber noch nicht einmal globale Klimakonferenzen wie die in Ägypten 2022 erreichen auch nur einhellige Beschlüsse gegen die Zuspitzung der Katastrophen. Zu groß sind die nationalen und wirtschaftlichen Partikularinteressen. Geschweige denn, dass es im Weltmaßstab eine Durchsetzung von wirklich wirksamen Maßnahmen geben würde, um die Katastrophen aufzuhalten oder zumindest zu verlangsamen. Beschämend.

Und dennoch muss man an den Themen dranbleiben. Jeder und jede muss für sich entscheiden, welche konkreten Möglichkeiten für Lösungen es im Kleinen und Großen gibt. Das sollte und kann dauerhafte Konsequenzen bis in den täglichen Konsum aufzeigen. Neben der reinen Funktionalität der Produkte müsste es mittlerweile mehr und mehr um die sinnstiftende Botschaft gehen, die ein Hersteller glaubhaft vermittelt. Wenn dies näm-

DIE GFK-BEDÜRFNISPYRAMIDE

Quelle: GfK, 40. Unternehmergespräch. Kronberg (2021)

In Anlehnung an die Bedürfnispyramide von Maslow ist hier eine hierarchische Abstufung des Nachhaltigkeitsverhaltens von Konsummarken dargestellt.

lich geschieht, entsteht laut Europas größtem Marktforschungsinstitut-GfK eine sogenannte Visionsmarke. Ihr wird »Engagement über Nachhaltigkeit des eigentlichen Produktes hinaus,« von den Konsumenten attestiert. Ich gebe zu, dass es mich mit Stolz erfüllt hat, als die GfK 2021, unsere Marke Frosch als, *das* Beispiel für eine solche Visionsmarke innerhalb der Konsumgüterbranche gewählt hat.

Meine eigenen Möglichkeiten als Unternehmer erfahre ich als durchaus wirksam und hilfreich, auch über Branche und Industrie hinaus. Eine konsequente, energiesparende Kreislaufwirtschaft kann nicht nur das Problem des Plastikmülls größtenteils lösen. Sie bietet ebenso zahlreiche Erkenntnisse, wie wir vom Denken, Planen und Handeln her weitere Umweltherausforderungen angehen können.

Dazu habe ich in den vorangegangenen Kapiteln von Beispielen aus meiner Unternehmenspraxis erzählt. An vielen meiner Erfahrungen lassen sich generalisierbare Strukturen und Verhaltenstendenzen nicht nur für die Wirtschaft, sondern auch für Politik, Kommunikation und nahezu alle Bürgerinnen ablesen. Daher war mir besonders bei den beschriebenen Ablenkungsfallen die Diagnose über das Wie, Wieviel und Woher wichtig, genau wie die Analyse über das Warum und die Umstände solcher Tendenzen und Strukturen. Entscheidend aber ist, welche Konsequenzen man aus den Resultaten solcher Diagnosen und Analysen zieht. Welche Veränderungen von Denken und Handeln kann man mit welchen Mitteln bewerkstelligen?

Wie oft – zu oft in der Umweltdebatte – wird dem individuellen unternehmerischen oder nationalen Nutzen der Vorzug gegeben gegenüber dem langfristigen Überleben aller. Das ist eigentlich noch höflich formuliert: Aus Profitgier, materiellen Gründen, aus Eigeninteressen und Machtbedürfnissen einzelner Entscheidungsträger heraus wird dieser Vorzug gegeben. Ein besonders übles Beispiel dafür sind die skrupellosen Lobbyaktivitäten der US-amerikanischen und arabischen Fossilindustrie, die ihre Interessenverbände auf den Klimasummits nicht nur auftreten, sondern massiv auf Beschlüsse Einfluss nehmen lässt. Sogar indem sie Forscherinnen einkaufen. Diese spielen zwar in der unabhängigen Wissenschaftscommunity keine Rolle, sie reichen aber allemal aus, um die Mär vom mangelnden Konsens der akademischen Gemeinschaft fortzuschreiben. »If you can't convince them, confuse them«, lautet das Motto. Alles für den persönlichen Gewinn.

Dass man den Niedergang der Natur in Kauf nimmt, ist dennoch keine Frage eines wie auch immer gearteten Bösen. Es ist eine Frage des wahrgenommenen eigenen Nutzens, der wahrgenommenen Belohnungswerte, die höher angesiedelt werden als das Allgemeinwohl. Es ist auch eine Frage der vorherrschenden Weltbilder. Im zynischen Weltbild regelt ausschließlich der Egoismus das wirtschaftliche und das gesellschaftliche, zwischenmenschliche Geschehen. Im extremen Neoliberalismus ist das die Grundlage für vermeintlichen Fortschritt. Zum Glück stehen diesem Ansatz die Erkenntnisse der Evolutionsforschung entgegen. Denn obwohl sich die Protagonisten des Neoliberalismus oft auf die Evolution beziehen, haben sie die Evolutionsforschung missverstanden. Bewusst reißen sie einzelne Zitate aus dem Ursprungskontext heraus, um diese für ihre eigenen, eingeschränkten Ideen von Wettbewerb und Selektion zu verwenden und zu missbrauchen. Ein Beispiel dafür ist das Recht des Stärksten. Dieses Modell mag einen vorübergehenden Vorteil für Einzelne bedeuten. Es schadet aber den meisten Menschen, was man besonders an der Umweltzerstörung durch Teile der Großindustrie sieht.

Wenn aber das rein ökonomische Belohnungsprinzip im engsten Sinne zu kurz greift, gar schädlich für die meisten ist, braucht man breiter definierte Belohnungssysteme. Und zwar solche, die die Menschen, besonders in Schlüsselstellungen, doch noch von längerfristiger Verhaltensänderungen und einem Umschwenken ihrer Auffassungen überzeugen können. Auch wenn die Anlässe dazu früher noch abstrakt erschienen – die zunächst statistischen Prognosen über den Niedergang der uns bekannten Welt –, so sind sie dies inzwischen nicht mehr. Sie sind sehr real. Die Katastrophe kann nahezu täglich überall besichtigt werden. Aber offenbar reicht das nicht. Die Furcht vor dem Untergang ist groß, nicht aber so groß wie die Gier nach dem Immer-noch-mehr. All dies durch eine rigide Flut von Verboten, Zwängen und Vorschriften regeln oder gar korrigieren zu wollen würde dem Wesen des Menschen jedoch auch nicht gerecht. Das Beispiel der Kindererziehung sei hier nochmals angeführt. Zu viel Zwang erzeugt auf Dauer meist Reaktanz, also eher trotziges Umgehungsverhalten statt dauerhafter Einsicht. In einer Demokratie erst recht – und die Demokratie deswegen auszuhöhlen, kann nicht der Sinn sein!

Also brauchen wir positive Belohnungssysteme. Ohne sie läuft wenig oder gar nichts. Für Verändern und Lernen trifft das in jedem Fall zu. Und lernen müssen wir. Wir müssen lernen, uns umweltfreundlich und zukunftsfähig zu verhalten. Wir müssen lernen, Ablenkungsfallen zu erkennen und zu vermeiden. Das gilt für uns alle. Ob Unternehmer, Verbraucherin, Politiker, Journalistin oder Analyst. Um nicht bei Appellen stehen bleiben zu müssen, so hehr sie auch sein mögen, können wir uns die Lerngesetze zunutze machen. Sie gehören zu den wichtigsten Grundlagen der modernen Psychologie und waren für mich ein wichtiger Ausgangspunkt, um Ablenkungsfallen zu erklären. Wieso ändert sich trotz wissenschaftlicher Erkenntnisse so wenig? Zahlreiche Forschungen haben bewiesen, dass abstrakt bleibende Statistiken, wohlmeinende Appelle oder auch Angst vor Strafe selten längerfristig wirken. Ein zu einer Person, ihrer Situation und sozialen Umgebung passendes positives Belohnungssystem hat nahezu immer einen viel größeren Erfolg. Wir müssen also die richtigen Belohnungen identifizieren und dann anwenden.

Lange Zeit glaubte man, dass nur eine direkt persönlich erfahrene Belohnung die erwünschte Wirkung erzielen könnte. Dass sich komplexere Herausforderungen kaum mit Belohnungssystemen lösen ließen. Doch inzwischen weiß man in der Wissenschaft und in fortschrittlichen Unternehmenskreisen, dass dies auch bei miteinander verflochtenen Einflussfaktoren funktioniert. Nicht mal eben und nicht von heute auf morgen. Aber wir können Prozesse initiieren, die zum Beispiel beim bekannten und beliebten Changemanagement zu langfristigen Erfolgen in der gewünschten Richtung führen. Bei der Nachhaltigkeit brauchen wir sie mehr als alles andere.

Belohnungswerte motivieren Menschen dazu, sich um Handlungen zu bemühen, mit denen wir die nötigen Umweltziele erreichen können. Häufig verbunden auch mit einer Neuorientierung. Vielleicht sind hier Krisen tatsächlich einmal Chancen, der Anlass zu einer Umkehr bei den eingefahrenen Pfaden, zu einem Neubeginn. Selbstverständlich geht es im Wirtschaftsleben immer auch um finanzielle Anreize. Sie stehen aber nicht für sich, sondern wirken meist nur noch dann, wenn sie langfristig auch mit Wohlgefühl, Imagegewinn und Zufriedenheit von Mitarbeitern sowie Kundinnen verbunden sind. Diese strahlen nach außen und tragen dazu bei, neben dem eigentlich selbstverständlichen Überlebensinteresse unternehmerische, soziale und politische Strukturen in Richtung Nachhaltigkeit zu verändern. Der Erfolg des Umweltschutzes hängt genau davon ab.

Wir müssen das Prinzip rein egoistischer Denkweisen und Taten umkehren. Wir brauchen Belohnungssysteme, von denen möglichst viele Menschen *und* die Natur profitieren. Nur so können wir überleben. Deshalb geht es hier nicht nur um Moral, sondern noch mehr um reine Vernunft. Im besten Fall ergibt sich die Moral aus der Vernunft, wird Moral mit vernünftigen Mitteln, eben zum Beispiel den genannten Lerngesetzen, umgesetzt, bei denen Mittel und Zweck einander nicht widersprechen.

Mir scheint dabei zusätzlich ein Begriff zu passen, der jenseits rechtlicher und religiöser Normen liegt und zudem auch etwas aus der Mode geraten sein könnte: Anstand. Man muss nämlich nicht immer groß begründen, warum man bestimmte Dinge einfach nicht tut. Selbst wenn sie sich im juristischen Graubereich bewegen. Man schlägt Kinder nicht. Man schreit seinen Partner oder seine Partnerin nicht vor aller Augen an. Man würdigt Mitarbeiter nicht herab. Das sind Verhaltensweisen, die die meisten Menschen intuitiv als falsch beurteilen würden. Jedenfalls die, die einem humanistisch-aufgeklärten Weltbild folgen und keine Beliebigkeit sozialer Normen propagieren. Wobei diese Intuition auch das Resultat eines kulturell bedingten indirekten Lernprozesses sein kann, wenn Anstand durch Respekt seitens anderer belohnt wird. So wie es immer noch die Norm in der Populärkultur ist, die Menschen durch Beobachten erlernen, etwa im Kino: Der Anstand der Heldinnen dort lohnt sich – die Skrupellosigkeit der fiesen Protagonisten bei aller Faszination am Bösen meist nicht. Achtung statt Ächtung.

Eine solche Achtung kann man auch als Unternehmen erreichen, wenn Anstand eines der Leitprinzipien ist. Es strahlt aus und schlägt sich in einem Positivimage und letztlich guten Umsatzzahlen nieder. Aufgeklärte Verbraucherinnen achten nicht mehr nur auf den Preis. Sie achten auch auf ein glaubwürdiges Verhalten im Sinne des Allgemeinwohls. Selbst beim Konsum von Alltagsprodukten, den sogenannten Low-Involvement-Waren, denen die Menschen eher wenig Aufmerksamkeit widmen. Aber auch hier leitet sie ihre Intuition. Sie bekommen sehr wohl mit, was an qualitativ hochwertigen und nachhaltigen Produkten, mit ehrlicher Kommunikation vermittelt, aus ebenso nachhaltig und ehrlich aufgestellten Unternehmen kommt. Kein Resultat kurzfristiger Hypes, Labels und Slogans. Sondern ein Vertrauen, das sich über Jahre durch die Bereitschaft aufgebaut hat, nicht nur Verantwortung für den eigenen Gewinn, sondern für das Zusammenleben und die Welt zu übernehmen. Genau so ein Anstandsempfinden brauchen wir auch in Bezug auf unsere Umwelt insgesamt. Wir brauchen einen Biosphärensinn, analog zum bekannten Moralsinn des 18. Jahrhunderts, wie ihn David Hume propagierte.

Leider sind wir in der Politik und Wirtschaft trotz eindeutiger Willensbekundungen global immer noch weit davon entfernt. Den großen Investorengruppen und den Greenwashing-Kampagnen hätte ich bislang eine primitive Form des Biosphärensinns sogar noch attestiert. Sie erkennen ja immerhin an, dass Nachhaltigkeit wichtig ist, selbst wenn sie diese mit Etikettenschwindel und Ablenkungsfallen unterlaufen wollen. Doch inzwischen ist es teilweise wieder regelrecht verpönt, für nachhaltige Investitionen einzutreten. Jedenfalls bei den Gruppen, die direkt vom Fossilgeschäft profitieren und dabei auch von US-republikanischen Kreisen unterstützt werden. Ein Beispiel ist die mit 10 Billionen Dollar verwaltetem Vermögen global größte Investorengruppe BlackRock. Vielleicht auch, da sich die Republikaner in den USA auf sie eingeschossen hatten (sie fanden sie zu klimafreundlich), reduzierte die Gruppe 2022 ihr Engagement für nachhaltige Investitionen massiv von 43 Prozent im Vorjahr auf 27 Prozent.[52]

Bestenfalls lässt sich das dadurch erklären, dass strengere Beurteilungskriterien für Umweltschutz eingeführt wurden – so könnten einfach nicht mehr so viele Investitionen den Ökobluff bemühen, den ich selbst mit ausgesprochen windigen Empfehlungen einiger Bankberater erfahren hatte, als ich investieren wollte. Ehrlichere Nachhaltigkeitskriterien wären ein positives Zeichen. Leider sprechen fast alle jüngsten Fakten eher gegen eine solche Ehrlichkeit. Viele Fakten im Sinne der Ablenkungsfallen oder gar aggressiver Versuche, im Konkurrenzkampf Nachhaltigkeit oder echt nachhaltig operierende Unternehmen zu diskreditieren, habe ich beschrieben. In dem Punkt lautet die Diagnose zunächst: Achtung, lebensgefährdend. Im wörtlichen Sinne.

Inzwischen kann man auch in Europa, gerne begründet durch die angeblichen Sachzwänge der kriegsbedingten Energiekrise, einen Trend zurück zur Missachtung oder gar Bekämpfung von Nachhaltigkeit erkennen. Solch ein Greenbashing ist sogar noch wesentlich schlimmer als die »nur« irreführenden Greenwashings. Denn sie erheben den Kampf gegen Nachhaltigkeit zur Königsdisziplin. Umweltschutz wird wieder bekämpft. Man mag es kaum glauben.

Belohnungsmodelle

Dennoch sollten wir uns nicht entmutigen lassen. Jetzt erst recht! Setzen wir stattdessen auf die richtigen und überprüfbaren Belohnungssysteme für Nachhaltigkeit. Für Konsumentinnen besteht die Belohnung darin, dass umweltfreundliches Handeln keinen Verzicht bedeutet, nicht bestraft wird – so wie es die Lernprinzipien aus der psychologischen Forschung nahelegen.

Mein kleines, aber mittlerweile durchaus wirksames Beispiel: Die Käufer der Marke Frosch werden belohnt, indem die gekauften Produkte durch die Kreislaufwirtschaft nachweislich und bekanntermaßen umweltfreundlich sind. Dennoch ist der Sauberkeitsnutzen mindestens genauso groß wie bei herkömmlichen Produkten. Die Verbindung von Nachhaltigkeit und unmittelbarem Nutzen mit Genuss steht für uns ganz oben. Ein Grund, warum unsere Produkte alle drei Überzeugungsfaktoren vermitteln: den ökologischen Mehrwert, die eigentliche Produktleistung und eine fröhliche moderne Anmutung. Diese positiven Gefühle verstärken wir mit unserer Kommunikation. So sprechen wir immer mindestens drei psychologische Modi an: den physiologisch-emotionalen Modus für das angenehme Gefühl, den mental-kognitiven für den direkten Nutzen und den ethisch-sozialen für die Verantwortung gegenüber der Umwelt.

Für die Mitarbeitenden von Frosch schaffen unsere Produkte neben der Zufriedenheit über die gelungenen Missionen auch noch den Imagegewinn und den wirtschaftlichen Gewinn, weil wir all das nicht nur behaupten, sondern ehrlich leben und umsetzen. Alle werden belohnt.

Indirekte Belohnung

Belohnungen funktionieren nicht nur direkt, sondern auch indirekt, indem man sieht, wie andere belohnt werden, zum Beispiel für umweltfreundliches Handeln. Bereits das Beispiel von Eltern für ihren Nachwuchs illustriert dies. Kinder nehmen vieles auf, was man ihnen vorgemacht hat: Es reicht eine Aua-Geste, um zu signalisieren, dass man ein heißes Bügeleisen besser nicht anfasst. Im übertragenen Sinne müsste es auch eine elterliche Aua-Geste für umweltschädliches Verhalten geben. Vor allem aber für das Gegenteil, nämlich um richtiges Verhalten zu belohnen. Das macht die Beispielfunktion von Unternehmern, Politikern und Meinungsführern so wichtig.

Für das Lernen durch indirekte Belohnung gibt es unzählige Praxisbelege aus der Pädagogik, der Wirkungsforschung, dem Marketing und der Kampagnenforschung. In der digitalen Welt sind es die Influencer sowie virale Inhalte, die aufzeigen, welches Verhalten sich lohnt. Es gibt ganze Heerscharen von Meinungsführerinnen auf den Social-Media-Plattformen, die die positiven Folgen umweltfreundlichen Verhaltens preisen. Sie integrieren dieses Ideal in viele ihrer Kampagnen, wie die mit Millionen Followern äußerst erfolgreichen TikTok- und YouTube-Stars Lisa und Lena. Oder sie setzen sich aus Überzeugung und auf Basis überprüfbarer Fakten sogar an die Spitze derer, die die Umwelt retten wollen. Manchmal ist das riskant. Sie werden nicht ernst genommen oder sogar angegriffen, wie anfangs auch Greta Thunberg. Manchmal liegen sie auch falsch oder schießen in ihren Mitteln über das Ziel hinaus. Wer aber auf Argumente setzt und freundliche, aufmerksamkeitsstarke Aktionen durchzieht, wird im Sinne der positiven Belohnung mit Respekt und Anerkennung honoriert und verbreitet damit Überzeugungen und Handlungsmöglichkeiten im Rahmen der Nachhaltigkeit. Nebenbei ist unter der Jugend wohl das Bedürfnis nach Idealen und Werten viel größer, als ihnen von Erwachsenen häufig attestiert wird. Und viel größer als das nach dem schönen äußeren Schein. Die Marke Frosch ist in dieser Altersgruppe übrigens besonders beliebt.

Belohnungen müssen also nicht zwangsläufig materiell sein. Neben eher kurzfristigen Image- und Lebensstilfaktoren gibt es auch langfristige außerökonomische Belohnungen für unsere Gesellschaft. Hier kommen die psychologischen Dimensionen von Selbstwirksamkeit zum Tragen – nicht mehr nur durch ein entsprechendes Produkt, sondern durch die Ausprägung eigener Verhaltensmuster. Ein Beispiel ist die Möglichkeit, die unangenehme kognitive Dissonanz zwischen der Erkenntnis, eigentlich nachhaltig handeln zu müssen, und der Kapitulation vor der angeblich übermächtigen Komplexität der Umweltprobleme (erlernte Hilflosigkeit) durch entschlossenes Handeln zu reduzieren. Das geht zum Beispiel, indem Verbraucher ihren Müll trennen. Aus hauseigenen qualitativen Studien wissen wir, dass es Menschen einen merklichen Moment der Befriedigung verschafft, wenn sie Kunststoffverpackungen in die richtige Tonne werfen. Das bedeutet, sie verbinden damit ein physisches Wohlbehagen, ein kleines Annehmlichkeitsgefühl, Zufriedenheit, konstruktives Handeln, Zusammengehörigkeit und Stolz auf sich und ihr fortschrittliches Dorf oder ihre Stadt. Es ermöglicht Menschen, für ein vermeintlich abstraktes, fernes, eher statistisch erfasstes und über die Medien kommuniziertes Umweltproblem eine sehr konkrete und erlebbare Lösung selbst umzusetzen.

Die Psychologie spricht hier von »instrumentellem Lernen«.[53] Menschen erleben im eigenen Handeln, dass ihre individuelle Verhaltensveränderung ein kollektiv besseres Ergebnis zur Folge hat. Das positiv erfahrene Tun verstärkt sich selbst. Und vermittelt sich auch anderen positiv: Familie, Freunden, Nachbarn. Beobachtungslernen funktioniert. Es stellt eine viel größere Befriedigung und damit Belohnung dar als die Verdrängung des Problems mit dem Müll. Selbst dieses noch so kleine Verhalten im Sinne der Umwelt stellt die Kontrolle über das eigene Leben ein stückweit wieder her.

So erwarten mittlerweile als 80 Prozent der Menschen von Unternehmen nicht nur günstige oder qualitätsvolle Produkte, sondern vor allem, dass dic Unternehmen verantwortungsvoll entscheiden und handeln.[54] Schon dies verdeutlicht, dass eine vermeintlich kleine Lösung wie die Mülltrennung durch den Ansteckungseffekt des indirekten Lernens eine große Wirkung entfalten kann. Bis dahin, dass Menschen von Unternehmen ein verantwortungsvolles Verhalten erwarten. Diese regieren darauf positiv, und so entsteht eine Art Kreislauf.

Im Unternehmen selbst, unter den Mitarbeiterinnen, funktioniert das Ansteckungsprinzip ebenfalls. Viele kennen das Gefühl, für eine Idee Feuer und Flamme zu sein. In dieser Stimmung war ich schon etliche Male, wenn wir im Team ein neues Verfahren entwickelt haben. Sie beginnt mit einer körperlichen Reaktion, einem angenehmen Nervenkitzel, der sich schnell auf andere überträgt. Dann, wenn das Vorhaben gelungen ist, kommen zum Enthusiasmus die anhaltende Freude und die Zufriedenheit dazu, das Richtige getan zu haben. Bei uns im Unternehmen herrscht dann eine Stimmung ein bisschen wie im Kontrollzentrum nach einer gelungenen Weltraummission. Nun gut, bei uns sind die Reaktionen nicht ganz so extrem wie beim Raketenstart. Wir bleiben auf dem Boden. Doch die Atmosphäre ist ebenfalls enthusiastisch. Und ein so gutes Gefühl brauchen wir, um etwas zu verändern, zu bewegen, eine Idee voranzutreiben. Dieser physiologische Faktor von Belohnungen ist auch intern ansteckend und braucht keine großen Worte. Er ist grundlegend und sehr einfach. Damit er entsteht, müssen sich alle ernsthaft dazu eingeladen fühlen, sinnvolle neue Ideen einzubringen. Der Funke der Begeisterung für das Engagement im Dienst einer besseren Umwelt muss überspringen.

Die Basis dafür ist eine angenehme tägliche Umgebung. Es beginnt bei der nachhaltigen, naturnahen Gestaltung der Firmengebäude und des Arbeitsumfeldes und erstreckt sich über den für uns wichtigen guten Teamgeist und eine positive Grundstimmung in der Belegschaft und endet im Handel bei einer guten Anmutung von Marketing, mit dem die Verbraucher unsere Produkte im Alltag wahrnehmen und nutzen. Der physiologische Zustand der inneren Balance zwischen Anregung und Entspannung ist dabei im Unternehmen ein ebenso starkes Motiv der Belohnung wie für die Kunden.

Der Übergang von der inneren Balance zur bewussten Emotion verläuft fließend und unscheinbar. Das positive Stimmungsfundament erhöht die Aufmerksamkeit der Verbraucherinnen für unsere Produkte, unser Unternehmen und unsere Mission. Physiologisch betrachtet, wirkt das anregend bis hin zum echten körperlich spürbaren Kick eines Motivationsschubs, der Zufriedenheit auslöst. Und es entsteht die beschriebene emotional freundlich gefärbte Bindung, wie wir es in unserer eigenen Marktforschung bestätigt fanden.

Der Sinn als ultimative Belohnung

Damit Selbstwirksamkeit wiederhergestellt werden kann, die erlernte Hilflosigkeit überwunden, die kognitive Dissonanz konstruktiv aufgelöst und damit ein tiefes Gefühl von Belohnung empfunden werden kann, müssen ganz im Geiste David Humes unsere Gefühle, unser Denken und die Moral zusammenwirken. Hume fordert dabei eine philosophische Neufassung von Moral. Spätere Denker haben diesen Ansatz weiterentwickelt.

Bahnbrechend für diese Überlegungen war zweifellos Charles Darwin. Der britische Forscher prägte die Idee der Evolution, also dass das Leben ein Prozess der ständigen Anpassung und Veränderung ist. Die Vertreter des knallharten Manchester-Liberalismus haben seine Gedanken später umgedeutet und falsch interpretiert: Darwins »Survival of the Fittest« sollte nach ihrer Vorstellung das Überleben des Stärksten im Sinne der Selektion bedeuten. Also einen Sieg in der Schlacht eines gnadenlosen Verdrängungswettbewerbs. Ein schwerwiegender Irrtum, der zu vielen der heute so fatalen Verhaltensweisen in der Wirtschaft geführt hat. Zum Beispiel dem Triumph, mit Ablenkungsfallen und Kommunikationstricks Verbraucherinnen erfolgreich beeinflusst zu haben. Triumph vielleicht. Glück durch gesellschaftliche Verantwortung stelle ich mir allerdings anders vor. Und dem Ansehen des Berufsstandes der Manager ist es auch nicht gerade zuträglich. Dabei müssten die in der Regel gut ausgebildeten und auch potenziell ethisch reflektierenden Topleute eigentlich an der Spitze gesellschaftspolitischer Glaubwürdigkeitsinstanzen stehen. Manche mögen sich an das fast offiziell institutionelle Ansehen der Bankenbranche vor Jahrzehnten erinnern. Versemmelt. Wodurch wohl? Weil laut der ganz am Anfang des Buches zitierten Studie fast die Hälfte der führenden Managerinnen Nachhaltigkeit für ein reines Marketingthema hält. Wie mögen da erst Lobbyisten dastehen? Schlimmstenfalls sind sie moderne Söldner, die sich gar nicht erst den Luxus und die Freiheit einer eigenen Meinung oder eines Desinteresses leisten müssen. Sie verdingen sich bei dem oder der Bestzahlenden, treiben dann die Kunst der Kommunikation auf die Spitze, die mal scheinbar differenzierenden, mal verwirrt, häufig aber schlicht erpresserisch ist – und operieren so, dass sie dem kritischen Urteil einer breiten Öffentlichkeit nicht ausgeliefert sind, also so unauffällig wie möglich.

Tarnung hat auch in der Natur, in der Evolution eine zentrale Bedeutung. Das Chamäleon ist ein besonders beliebtes Beispiel. All das in der Natur im Sinne des angeblich ständigen Selektionsprozesses. Auf den ersten Blick mag es in der Natur tatsächlich einen ständigen Verdrängungswettbewerb und dauernde Selektion geben. Es gibt den Kampf ums Überleben, wenn ein Tier ein anderes jagt und frisst. Tiere verteidigen ihre Territorien oder bekämpfen sich in der Brunftzeit. Sie tarnen sich, um geschützt zu sein oder auch überraschender zuschlagen zu können. All das mag mitunter schrecklich anzusehen sein, es ist aber Bestandteil der Natur. Dies hat nichts damit zu tun, dass Rassisten und ähnlich Orientierte glauben ihren »Lebensraum« verteidigen zu müssen. Sie wollen in einer biologisch möglichst homogenen Großgemeinschaft leben. Genau das dient dem Überleben langfristig jedoch nicht. In einem Unternehmen sowieso nicht. Denn bei uns Menschen gilt, wie in der Natur insgesamt, das lebenserhaltende Prinzip der Biodiversität. Und zwar nicht nur zwischen uns Menschen, sondern auch zwischen uns und dem Rest der Lebewesen auf diesem Planeten. Wir müssen deshalb den zerstörerischen Kampf der Menschen untereinander und gegen die Natur ersetzen durch die Kooperation. Das schließt den Wettbewerb in einer Marktwirtschaft mit ein. Allerdings nur einen, der dem Wohl aller dient, also der gesamten Biosphäre.

Nennen wir es einen Wettbewerb um Qualität. Eine Qualität der Ideen, der besten Produkte, der besten Lösungen. Hier kommt zum Tragen, was Darwin nämlich ursprünglich mit seinem »Survival of the Fittest« meinte: das Überleben des Klügeren. Nicht des Stärksten. Kluge Menschen können auch mal nachgeben, wenn es richtig ist. Sie können manchmal sogar feige sein, wenn das dauerhaft vernünftig ist. Vor allem aber zeichnet sie die Fähigkeit zur Kooperation aus. Das bedeutet, sie sind in der Lage, unterschiedliche Interessen um des großen Ganzen willen miteinander zu vereinbaren. Ich will nun nicht so weit gehen, die dafür notwendigen Bewusstseinsveränderungen bei den Menschen als Teil eines natürlichen Evolutionsprozesses darzustellen. Trotzdem folge ich nur zu gerne der Idee, dass es eine Verbindung gibt zwischen der Evolution der Natur und dem Wirken der menschlichen Kultur. Wir tragen die Fähigkeit zum Kampf und zur Zerstörung in uns. Wir besitzen aber auch die Fähigkeit zur Antizipation, Einsicht, Kreativität und Empathie. Empathie ist eine der notwendigen Voraussetzungen, damit sich ein möglichst vielfältiges Leben auf Erden entwickeln kann. Im Zwischenmenschlichen mag das recht schnell einleuchten. Zum Beispiel, wenn sich Familien- oder Gruppenmitglieder gegenseitig helfen. Ohne jede Romantik und Sentimentalität gilt das aber auch für die Natur insgesamt. Damit wird umweltschützendes Verhalten zu einer Art Moral im Sinne der Vernunft. Das bedeutet, dass wir den destruktiven Egoismus ersetzen müssen. Sei es der materielle Egoismus, der dazu führt, dass wir wie im Rausch Güter zulasten anderer anhäufen. Sei es der Egoismus unserer Spezies, der uns Menschen über alle anderen Lebewesen stellt, diese ausbeutet und vernichtet. Oder der Egoismus, der das eigene Wohlgefühl zum Maß aller Dinge macht.

Evolutionsforscherinnen wie Jane Goodall zeigen, dass Altruismus und Empathie keineswegs nur Konstrukte oder Projektionen gutwilliger Menschen sind. Diese Eigenschaften sind bei vielen Lebewesen nachweislich vorhanden. Wenn im Ahrtal oder in der Ukraine unzählige Menschen selbstlos und unter Lebensgefahr anderen spontan helfen, mag das auch religiöse Gründe haben. Meist geschieht es aber reflexhaft und selbstverständlich. Niemand denkt lange darüber nach oder hinterfragt das. Denn Hilfe und Kooperation sind etwas völlig Natürliches, Angeborenes. Das gilt nicht immer und unter allen Umständen, doch in der Regel geschieht es selbst über Kultur- und andere Zugehörigkeitsgrenzen hinweg. Warum? Weil in uns ein Überlebensinstinkt steckt, nicht nur für uns, sondern auch für die uns umgebenden Lebewesen. Soldaten helfen trotz vorheriger Indoktrination an der Front bestenfalls dem verwundeten »Feind«. Menschen helfen Menschen in Notsituationen, auch wenn sie diese sonst eigentlich ablehnen und abwerten. Die kognitive Dissonanz lösen manche sogar bei kollektiven Gegnern mit der Erklärung auf, die einzelne Person sei die Ausnahme im Vergleich zu den abgelehnten anderen gewesen. Selbst Tiere helfen sich übrigens gegenseitig, und das über ihre Art hinaus und auch unter Lebensgefahr.

Kriege, also das Gegenteil von Kooperation und Hilfe, sind, so eine Bestandsaufnahme von historischen und sozialwissenschaftlichen Forschungen an der Cambridge University, in der Menschheitsgeschichte eher die Ausnahme und keineswegs die Regel.[55] Altruismus ist nur nicht so spektakulär und aufregend wie Krieg, Mord und Gewalt, deshalb kommt er in den Erzählungen der Menschen seltener vor. Uns erscheint die menschliche Spezies damit oftmals gewaltbereiter, als sie tatsächlich ist. Das Aggressive ist dramaturgisch auffälliger. In der Unterhaltung sowieso, aber auch in Dokumentationen und Geschichtsbüchern. Dadurch ist es in der öffentlichen Wahrnehmung überrepräsentiert. Das führt zu einem dominanten Menschen- und Weltbild, das nicht realistisch ist. In Wirklichkeit sichert nicht der zerstörerische Wettbewerb unser Überleben, sondern Hilfe und Unterstützung, im Sinne des Allgemeinwohls zu denken und zu handeln – und dadurch dann unternehmerisch und wirtschaftlich erfolgreich zu sein.

Der Überlebenssinn

Das führt mich zu der zentralen Frage, was uns Menschen denn nun tatsächlich antreibt. Auf jeden Fall die beschriebenen Belohnungen. Unzählige Denker haben dazu Motivationsstudien durchgeführt und sogenannte Bedürfnishierarchien geschaffen. Die Bedürfnispyramide des amerikanischen Psychologen Abraham Maslow ist in Wirtschaftskreisen besonders beliebt geworden, sie taucht in letzter Zeit auch immer wieder bei Marketingleuten und in der Marktforschung auf. In diesem Zusammenhang wird immer öfter von der Sinnhaftigkeit gesprochen, dem Purpose, nach dem Menschen streben. Intensiver Konsum, lange Zeit das primäre Credo auch im Marketing, reicht den meisten offenbar als Belohnung nicht mehr – und hat eigentlich noch nie gereicht. Er liefert kein endgültig erfülltes Leben. Man wünscht sich Werte, die über materielle Güter hinausgehen. Selbstverständlich streben alle zunächst danach, unmittelbar zu überleben. Essen, Trinken, körperliches Wohl, räumliche Sicherheit sind unabdingbare Grundbedürfnisse. Ebenso die Zugehörigkeit zu einer Gruppe, Akzeptanz und Liebe. Erst wenn all diese Bedürfnisse befriedigt sind, haben wir laut Maslow und vielen Motivationspsychologen nach ihm die Muße, uns mit unserer Selbstverwirklichung zu beschäftigen. Damit ist nicht die rein hedonistische Selbstverwirklichung der Yuppies bis hin zu den heutigen Konsuminfluencern seit den 1980ern bis hin zu den 2020ern gemeint. Vielmehr geht es um den Wunsch, das eigene Leben in den Dienst einer größeren Sache zu stellen – eine naturwissenschaftlich begründete *raison d'etre*, ein Lebenssinn im Zusammenhang mit der Evolution. Dieser hat die Jugendkultur schon immer mindestens so sehr ausgezeichnet wie oberflächliche Trendorientierungen.

Wir sind für andere Menschen in unserem Umfeld da, Familie, Freunde, Kolleginnen, Nachbarn, bringen uns in die Gesellschaft ein oder schützen die Umwelt. Das ist, evolutionsbiologisch betrachtet, sehr sinnvoll. Denn sehr, sehr langfristig gesehen, leben wir heute nur deswegen, weil vor Abermillionen von Jahren der Prozess des Lebens, also die Evolution, begonnen hat. Zynikerinnen mögen das mit einem »Na und?« abtun. Ich aber stehe immer noch mit Staunen vor diesem Wunder. Und sehe zugleich auch die Verantwortung, all dies zu schützen. Erst recht, da wir Menschen im Anthropozän eben nicht mehr nur den Naturprozessen ausgeliefert sind, sondern diese uns ebenso preisgegeben sind. Das nicht zu sehen erscheint mir, als würden wir mutwillig ein faszinierend perfekt ineinandergreifendes System zerstören. Es ist der pure menschliche Frevel.

Über religiöse Sinnsuche

Frevel ist ein zentraler Begriff aus der christlichen Religion. Wenn wir über Belohnungen, aber auch die Evolution sprechen, stellt sich die Frage, ob es einen strafenden oder belohnenden Gott gibt. Dies hätte im westlichen Mittelalter bis hin zur Aufklärung niemand infrage gestellt. Die meisten Kulturen gingen früher davon aus, dass Menschen eine Rolle im groß angelegten kosmischen Plan spielen, entworfen von einem allmächtigen Gott, einer Göttin, mehreren Göttern oder von den ewigen göttlichen Naturgesetzen. Man sah sich außerstande, daran etwas zu ändern. Der kosmische Plan gab dem Leben Sinn, schränkte den Menschen aber auch ein. Wenn etwas Schreckliches geschah, etwa ein Krieg oder eine Seuche, konnte man sich trösten und auf die höhere Instanz verweisen. Alles folgte einem göttlichen Plan. Selbst furchtbare Schicksalsschläge hätten damit ihren Grund in der größeren Ordnung der Dinge. Außerdem verließen sich die Menschen darauf, dass Gottes Geschichte ein gutes Ende nehmen werde. Notfalls in einer anderen Welt. Der Zweck heiligte demnach sprichwörtlich die Mittel.

All das ist für Gläubige sehr tröstlich und reduziert die kognitive Dissonanz zwischen dem gewünschten Wohlergehen und der häufig tristen Realität. Die Umstände sind vermutlich göttlich gewollt, die Belohnung für richtiges Verhalten auf Erden besteht in fast allen Religionen in einem späteren, also aufgeschobenen Paradies oder Glückserreichen.

Mit der Moderne und der starken Orientierung an einem naturwissenschaftlichen Weltbild hat dieser Glauben seine Allgemeingültigkeit allerdings verloren. Denn das Leben heute beinhaltet für sehr viele Menschen keinen Glauben an ein vorher festgelegtes Drehbuch mehr, keinen Autor, keine Regisseurin und auch keinen Produzenten. Wir sind selbstbestimmt, aber auch selbst verantwortlich. Damit hat dieses Leben sehr wohl einen Sinn. Allerdings innerhalb unserer Wahrnehmungsgrenzen einen eher diesseitigen. Er folgt dem Behüten und Weitergeben des Lebens und dem Überleben und Fortbestehen im Sinne der Evolution.

Rund um die Vernunft dieses Systems kann man viele menschliche Verhaltensweisen mithilfe der Evolution erklären. Sogar die auf den ersten Blick scheinbar unvernünftigen, solange sie nicht systematisch zerstörerisch wirken. Jeder Versuch und jeder Irrtum könnten dem langfristigen Überleben auf unserem Planeten dienen. Es muss allerdings nicht zwangsläufig auch das der Spezies Mensch sein. Irgendeine Art von Leben wird es auf diesem Planeten wohl immer geben. Vielleicht erst recht, wenn wir für uns die menschliche Existenzgrundlage zerstört haben und damit uns selbst. In einem Zeitalter nach dem Anthropozän. Das klingt brutal, ist aber erdgeschichtlich plausibel. Der Mensch braucht die Natur, er ist ein Teil von ihr. Die Natur aber braucht den Menschen nicht. Sie war vor uns da und wird auch nach uns existieren. Wenn wir die Errungenschaften der Evolution, unsere Fähigkeit zu denken, uns die Zukunft vorzustellen, zu sprechen, zu planen, zu fühlen, zu gestalten, Gemeinschaften zu bilden und zu helfen, nicht zugleich in den Dienst dieses Lebenssystems stellen, welchen Sinn hat dann unser Dasein?

Gegenseitige Hilfe und Kooperation, ja sogar Altruismus erhalten aus dieser Perspektive eine viel weitergehende Bedeutung. Ich maße mir nicht an, über die Existenz eines Gottes, einer Göttin oder Gottheit zu spekulieren. Aber allein die Welt um uns herum bietet genug Gründe, warum wir Menschen nicht allein für unseren Eigennutz leben sollten. Ein rein materiell und verdrängungswettbewerbsorientiertes Denksystem ergibt überhaupt keinen Sinn und bietet damit auch mittelfristig und langfristig keinerlei Belohnung. Im Gegenteil. Die Evolution trägt trotz aller bedrohlichen Situationen, die wir immer wieder erleben, dazu bei, dass wir vertrauensvoll mit uns und anderen sowie der Welt insgesamt umgehen könnten. Zumindest, wenn die Mehrheit der Menschen bereit ist, die Verantwortung dafür zu übernehmen. Das »Wie«, die bereits beschriebene Verbindung aus Verantwortung und Vertrauen, die notwendigen Voraussetzungen für Vertrauen und die kurzfristigen sowie langfristigen Konsequenzen daraus sind Teil eines lebenserhaltenden menschlichen Verhaltenssystems. Sie funktionieren nur, wenn wir Verantwortung nicht wegschieben und direkte Selbstwirksamkeit erfahren. Dann entsteht ein sich selbst verstärkendes Belohnungsprinzip, das der amerikanische Psychologe Albert Bandura beschrieb. Wir handeln, gestalten unsere Umgebung umweltfreundlicher, beziehen daraus innere Zufriedenheit und belohnen uns von vornherein selbst.

Damit das gelingt, müssen wir uns auf unsere positiven Kapazitäten konzentrieren. So leicht dabei kurzfristige Hilfereflexe funktionieren, so schwer tun wir uns, dort aktiv zu werden, wo unser aller Leben mittelfristig auf dem Spiel steht. Es überfordert wohl trotz aller Kommunikation und Berichterstattungen unsere Vorstellungskraft. Wir müssen aber endlich alle Verantwortung übernehmen. Nicht aus äußerem Pflichtbewusstsein, sondern weil uns unsere Vernunft und unsere Erkenntnis dazu bringen.

Immer mehr Menschen sind dazu bereit. Sie kaufen nachhaltige Produkte. Sie hoffen, mit einer relativ kleinen Handlung immer mehr zu einer großen gemeinsamen Lösung beizutragen. Ablenkungsfallen passen da nicht mehr. Mit ehrlicher Kommunikation und ehrlichen Produkten unterstützen wir die kleinen und die großen haltungsbezogenen Antworten auf die aktuellen Probleme im Prozess der Evolution.

Es gilt sinngemäß, was einmal über die Gestaltungskraft der Menschen und ihrer Kultur gesagt wurde: Wir haben das Vermögen, Kriege zu beginnen. Oder schlimmer noch, die Natur unwiederbringlich zu zerstören. Die Menschheit hat aber auch einen Ludwig van Beethoven hervorgebracht. Entsprechend können wir die technologische Kapazität in der sogenannten Zivilisation weiter zur Zerstörung der Welt einsetzen, sie aber ebenso zu deren Erhalt nutzen. Diesen Weg gehen wir, wenn wir uns in der Zivilisation zivilisiert verhalten. Das kann jeder und jede innerhalb des eigenen Gestaltungsspielraumes. Es bedeutet, qualifizierte Verantwortung zu übernehmen. Und es bedeutet, uns unserer gestaltenden Rolle in einer nicht mehr positiv selbstregulierenden Evolution bewusst zu sein.

Wir können zum Guten wie zum Schlechten willentlich in die Abläufe der Natur eingreifen. Und tun es permanent. Zum Schlechten tragen wir durch Fahrlässigkeit, Hybris und Ablenkungsfallen bei und laufen damit unserem eigenen Abschied aus der weiteren evolutionären Entwicklung entgegen. Zum Guten tragen wir bei, wenn wir unsere Fähigkeit zur Antizipation und zur systematischen Ursache-Wirkungs-Analyse im wissenschaftlichen Sinne nutzen, um Darwins »Survival of the Fittest« eben nicht falsch zu interpretieren. Nicht als Überleben der kurzfristig Stärksten und Trickreichsten. Sondern als Überleben der Klugen und umsichtig Handelnden – und der Anständigen, möchte ich hinzufügen. Dann funktioniert Evolution ganz nach ihrem ureigensten Prinzip.

Je mehr Menschen dazu bereit sind, je mehr dabei aktiv teilnehmen, desto größer kann und wird unser gegenseitiges Vertrauen sein. Und dieses so qualifizierte Vertrauen schafft die Renaissance eines scheinbar aus der Zeit gefallenen, in Wirklichkeit aber hochaktuellen und notwendigen Prinzips: das des Anstands. Der Anstand bedarf, einmal gesetzt und hergeleitet, nicht mehr vieler Worte. Er steht für eine Haltung, einen intuitiven Reflex im Umgang miteinander unter uns allen und von uns allen gegenüber der Welt, in der wir leben. Gegenüber unseren Nachkommen ganz nach den Prinzipien der Evolution. Es ist der Anstand gegenüber der Biosphäre. Der Anstand *für* den Biosphärensinn.

Anmerkungen

1 UN News: Guterres calls for ›coalition of the world‹ to overcome divisions, provide hope in place of turmoil, https://news.un.org/en/story/2022/09/1127071

2 UN News: Guterres calls for ›coalition of the world‹ to overcome divisions, provide hope in place of turmoil, https://news.un.org/en/story/2022/09/1127071

3 Christian Stöcker: Im Würgegriff der Feinde der Menschheit, in: Spiegel, 03.07.2022, https://www.spiegel.de/wissenschaft/mensch/supreme-court-urteil-im-wuergegriff-der-feinde-der-menschheit-kolumne-a-b5397f8a-415b-4787-a3b3-e189b243273d

4 Es gibt eine Vielzahl exzellenter, gründlicher und lesenswerter Publikationen zum Thema Klimawandel, Umwelt und Nachhaltigkeit. Die Fakten und Zahlen in den folgenden Abschnitten entstammen einigen der wichtigsten wissenschaftlichen Quellen und aktuellen Analysen, an denen Dutzende von Forschern unterschiedlichster Disziplinen mitgearbeitet haben. Die Ergebnisse basieren also auf hohem wissenschaftlichem Konsens und können als in höchstem Maße zuverlässig und generalisierbar gewertet werden.

Club of Rome (Hrsg.): Earth for All. Ein Survivalguide für unseren Planeten, 2022.

Ernst Ulrich von Weizsäcker, Anders Wijkman et al.: Wir sind dran. Was wir ändern müssen, wenn wir bleiben wollen, 2022.

Intergovernmental Panel on Climate Change: IPCC Report. Impacts, Adaptation and Vulnerability, 2022.

Intergovernmental Panel on Climate Change: IPCC Synthesebericht. Hauptaussagen, 2022.

National Centers for Environmental Information: Global Climate Report, August 2022.

5 Heinrich-Böll-Stiftung: Plastikatlas, 2019.

6 Heinrich-Böll-Stiftung: »Klimawandel: Plastik heizt das Klima an«, https://www.boell.de/de/2019/06/06/klimawandel-plastik-heizt-das-klima

7 Einen guten wissenschaftlich fundierten Überblick über die Entwicklung der Erde unter geologischen und biologischen Aspekten bietet das Buch *Die Entwicklung des Systems Erde* von Olaf Elicki und Christoph Breitkreuz (2016).

8 Siehe dazu WWF: Plastikmüll im Meer. Die wichtigen Antworten. 2020. Die Analyse verweist zudem auf eine Schätzung, nach der sich mehr als 80 Millionen Tonnen Plastikmüll in den Gewässern der Erde abgelagert haben.

9 https://www.weforum.org/agenda/2018/01/world-without-waste-recycle-plastic/ (21.01.2018)

10 https://www.watson.ch/wirtschaft/international/790442756-wieso-coca-cola-als-groesster-plastikverschmutzer-der-welt-gilt (06. 06. 2022)

11 Jo Groebel: »Erlebnisse durch Medien«. In: Max Kaase & Winfried Schulz (Hrsg.): Massenkommunikation. Sonderheft Kölner Zeitschrift für Soziologie und Sozialpsychologie, 1989.

Jo Groebel: Das neue Fernsehen, 2014.

12 Siehe dazu auch: Livia Cabernard, Stephan Pfister et al.: Growing Environmental Footprint of Plastics Driven by Coal Combustion. In: Nature Sustainability (5), 2022.

13 DUH, Zero Waste, EEB, Ecos, Gaia, Rethink Plastic, NABU: Die Umweltauswirkungen des chemischen Recyclings von Kunststoffen. Zehn Kritikpunkte an vorliegenden Ökobilanzen, 2020. Zero Waste Europe: Annual Report, 2021.

14 Interessierte finden alle Infos unter: https://recyclat-initiative.de

15 Frauke Schobelt: »Warum die Öko-Marke Frosch die Henkel-Zentrale umkreist«. In: Werben & Verkaufen, 2018. https://www.wuv.de/Archiv/Warum-die-%C3%96ko-Marke-Frosch-die-Henkelzentrale-umkreiste

16 Herbert Zech: »Defensive Patentstrategien« und technischer Fortschritt im Wettbewerbsrecht … Einsatz von Sperrpatenten als Behinderungsmissbrauch?« In: Zeitschrift für Wettbewerbsrecht, 2015. https://doi.org/10.15375/zwer-2011-0304

17 Deutsches Patent- und Markenamt: WIPO-Bericht für 2019, 2020.

18 Bertelsmann Stiftung (Hrsg.): Weltklassepatente in Zukunftstechnologien, 2020.

19 Patric Sandri, Yves Wegelin: Coronaimpfung. Ein Stoff, der reich macht. WOZ.ch, 2021.

20 Ärzte ohne Grenzen: Omikron. Ärzte ohne Grenzen fordert sofortige Aussetzung von Patenten. Pressebericht, 2021.

21 Kevin Dutton: Psychopathen. Was man von Heiligen, Anwälten und Serienmördern lernen kann, 2013.

22 Nachdem bekannt geworden war, dass Arthur Andersen beim Fall der Insolvenz des Energiegiganten Enron im großen Stil aufklärungsrelevante Unterlagen dieses Kunden hatte vernichten lassen, wurde die Beratungsfirma aufgelöst.

23 Andrew Clare et al.: Bayes Business School. Monkey Business, 2013.

24 Siehe dazu unter anderem: Grüne Fonds. Staatsanwaltschaft und Bafin ermitteln gegen DWS wegen Prospektbetrug. In: anwalt.de, 7. 6. 2022.

25 Die Zeit: »Plant for the Planet: Der Märchenwald«, Dezember 2020.

Die Zeit: »CO_2-Projekte im Kongo: Der rätselhafte Wald«, Juli 2022.

26 Lobbycontrol: Jahresberichte 2019 und 2021.

27 Rinus van Schendelen: Beinvloeding in Nederland en Europa. Achter de schermen van beinvloedingsgroepen (Beeinflussung in den Niederlanden und Europa. Hinter den Kulissen von Lobbygruppen), 2017.

28 »How One Senator Doomed the Democrats' Climate Plan«. In: New York Times, 15. 07. 2022.

29 Advantag: Emissionshandel. CO_2-Marktbericht, 2020.

30 Siehe unter anderem: »Mehr CO_2-Emission als Indien: Beton und Zement befeuern den Klimawandel«, n-tv, 23. 10. 2021.

31 ZDF, Frontal: CO_2-Zertifikate. Extragewinne dank Emissionshandel, 2021.

32 Barbara Baerns: »Öffentlichkeitsarbeit oder Journalismus?« sowie K. D. Altmeppen et al. (Hrsg.) (2004): »Schwierige Verhältnisse. Interdependenzen zwischen Journalismus und PR«.

33 Siehe unter anderem: Michael Windzio et al.: Kriminalitätswahrnehmung und Punitivität in der Bevölkerung. Welche Rolle spielen die Massenmedien? Kriminologisches Forschungsinstitut Niedersachsen, 2007.

34 Geoffrey Baym (2005): »The Daily Show: Discursive Integration and the Reinvention of Political Journalism. Political Communication«.

35 Siehe dazu die klassische Frustrations-Aggressions-Theorie von Dollard, J., Doob, L. W., Miller, N. et al.: Frustration and Aggression, 1939; sowie die zahlreichen Folgestudien dazu.

36 Christian Stöcker: »Was Australiens Wahlergebnis mit Psychologie zu tun hat«, in: Der Spiegel, 22. 05. 2022.

37 Daniel Kahnemann: Schnelles Denken, langsames Denken, 2016.

38 Martin E. P. Seligman: Erlernte Hilflosigkeit, 2013.

39 Siehe dazu unter anderem Luiz Pessoa: The Entangled Brain. How Perception, Cognition, and Emotion Are Woven Together, 2022; sowie: Michael D. Robinson et al. (Hrsg.): Handbook of Cognition and Emotion, 2013.

40 Siehe dazu unter anderem: David Hamilton. Social Cognition, 2005.

41 Siehe dazu das spannende Buch von Bernhard Pörksen: Die große Gereiztheit, 2021; sowie grundlegend Dolf Zillmann: Excitation transfer in communication-mediated aggressive behavior. in: Journal of Experimental Social Psychology, 1971.

42 Uwe Hasebrink et al.: #UseTheNews. Studie zur Nachrichtenkompetenz Jugendlicher und junger Erwachsener in der digitalen Medienwelt, Hans-Bredow-Institut, 2021.

43 Siehe dazu u. a. D. S. Goldstein & I. J. Koplin: Evolution of concepts of stress, in: Stress, 2007.

44 Heinz W. Krohne: Repression-Sensitization, in: M. Amelang (Hrsg.): Enzyklopädie der Psychologie, Band 3, 1996.

45 Statista Research Department: Umweltprobleme. Umfrage zu den wichtigsten aktuellen Umweltthemen weltweit 2020, 2022.

46 Siehe die umfangreiche Sekundärliteratur zu David Hume, zum Beispiel James A. Harris: Hume. An Intellectual Biography, 2015; sowie das Original: David Hume: A Treatise of Human Nature, 1739.

47 https://de.wikipedia.org/wiki/David_Hume#Ethik

48 David Hume: Ein Traktat über die menschliche Natur: Buch I–III. Übersetzt von Theodor Lipps. Meiner, Hamburg 1973, S. 153.

49 Bernhard Weidenbach: Umfrage zur Wahrnehmung von störender Werbung nach Medien, 2018: Statista, 2020. Bob Hoffmann: Bad Men – How Advertising Went from a Minor Annoyance to a Major Menace, 2017.

50 Siehe: Wissenschaft im Dialog (2021): Wissenschaftsbarometer.

51 Siehe dazu etwa S. Sokolow (2023): Naturkatastrophen verursachten 2022 Schäden in Höhe von 250 Milliarden Euro, in: Berliner Tageszeitung, 10.01.2023.

52 ESG round-up: BlackRock halves support for environmental and social proposals, in: responsible-investor.com, 27.07.22.

53 Siehe etwa Dorsch (2021): Lexikon der Psychologie.

54 Laut einer auf der Webseite absatzwirtschaft.de am 12. September 2022 zitierten Studie.

55 Robert A. Hinde, Jo Groebel (Hrsg.) (1991): Cooperation and Prosocial Behaviour, Cambridge University Press.